本书系

全国教育科学"十一五"规划 2007 年立项国家一般课题

资助项目（编号：BHA070042）

基础教育学区管理模式研究

JICHU JIAOYU XUEQU GUANLI MOSHI YANJIU

叶选平 题

蔡定基 ◎ 著

PEOPLE'S EDUCATION PRESS 人民教育出版社

·北京·

图书在版编目（CIP）数据

基础教育学区管理模式研究/蔡定基著. —北京：人民教育出版社，
2013.4

ISBN 978-7-107-25426-0

Ⅰ.①基… Ⅱ.①蔡… Ⅲ.①基础教育 — 教育管理—管理模式—
研究—中国 Ⅳ.①G639.2

中国版本图书馆 CIP 数据核字（2012）第 277453 号

人民教育出版社出版发行

网址：http://www.pep.com.cn

保定市中画美凯印刷有限公司印装　全国新华书店经销

2013 年 4 月第 1 版　2013 年 4 月第 1 次印刷

开本：787 毫米×1 092 毫米　1/16　印张：20.5

字数：312 千字　印数：0 001 ~ 3 000 册

定价：31.10 元

如发现印、装质量问题，影响阅读，请与本社出版科联系调换。

（联系地址：北京市海淀区中关村南大街 17 号院 1 号楼　邮编：100081）

序 一

　　根据教育部《关于进一步推进义务教育均衡发展的若干意见》的精神，按照总体规划、分步实施、优化资源、注重实效的原则，构建学区管理模式，以学区内资源共享及交流合作为途径，推动教育优质均衡发展，促进教育公平；以均衡发展为主题，形成学区学校协调可持续发展的格局；以资源共享为主线，探索学区资源优化整合的有效途径；以学校发展为主导，构建学区教育质量共同提高的管理模式。通过学区建设使学区内学校共享资源，共同发展，合作共赢。在此教育理念下，广州市越秀区教育局组织了"构建学区管理模式促进教育均衡发展"课题研究及学区建设实践推进工作，以推动越秀区教育优质均衡发展。

　　学区建设是为了解决区域教育均衡，实现教育公平和教育现代化的基础。北京市东城区于2004年实现区域内学校间设施资源的共享。沈阳市从2006年8月起，将和平区、沈河区、大东区、铁西区、皇姑区确定为沈阳市义务教育均衡发展综合实验区，不仅统一组织备课，统一组织教学，还统一安排教学人员，在一定程度上实现了区域内学校间人力资源的共享。广州市越秀区教育局进行学区建设三年来，从硬件资源（设备设施资源）、软件资源（课程资源、人力资源）、信息资源多方面综合研究区域教育均衡问题，以发挥资源利用的综合效益，实现区内教学资源、人力资源和信息资源的共享，推进区域教育在可持续、优质、特色发展基础上的均衡发展。

　　为了进一步研究学区理论假设及实践绩效，课题组做了如下工作。第一，以文献综述和实证研究的方式，比较分析国内外学区管理发展研究的现状和案例区（越秀区）进行学区管理研究的背景。第二，从管理学和区域经济学的角度分析教育的属性、教育均衡发展的条件，阐述教育资源配置的特点、方式与途径；分析影响义务教育均衡发展的因素，阐释学区、学区管理的内涵、特点、原则构成要素的关系，构建促进区域义务教育均衡发展的学区管理理论框架。第三，通过对"基于知识管理的联盟模式"、"基于资源管理的集群模式"和"基于品牌管理的集团模式"三种学区管理典型模式的案例研究，阐述了三种典型学区管理模式的内涵、特征和操作方式及各自的优势与不足，探索和建立了适合南方沿海发达地区中心城区促进区域义务教育均衡发展的行动方式。第四，从区域、学区两个层面及知识资源、人力资源和硬件资源三个方面阐述了学区管理机制的内涵、特征和运行方式，勾画出区域义务教育均衡发展的整体构想。同时，通过学区均衡发展的绩效评价，探索了促进区域义务教育均衡发展的指标体系和测度方法，并通过数据分析，了解区域义务教育均衡发展的现状、存在的问题及原因，从而进一步完善研究方案和提高实践效能。

当今的教育改革带给人们希望与憧憬，促使人们进行艰难的探索与研究、合作与发展，从而产生了丰富多彩的世界，通过教育发展的衡量标尺——教育均衡发展，以及在此基础上所建立起来的学区管理模式，达成科学主义与人文精神的和谐统一，促使义务教育均衡发展为教育现代化奠定重要的基础，使中国教育发展得更加斑斓夺目，精彩纷呈。

喻世友

2012 年 8 月 20 日

（本序作者系中山大学副校长、博士生导师）

教育是民族振兴、社会进步的基石，是提高国民素质、促进人的全面发展的根本途径，寄托着亿万家庭对美好生活的期盼，而义务教育均衡发展则是国力强盛带给广大人民群众的福祉。越秀区作为广州市的中心城区，历届区委、区政府都高度重视教育，实施科教兴区、人才强区的战略，优先发展教育，大力提高区域教育综合竞争力。越秀区率先被评为"广东省教育强区"、教育部"教育管理信息化标准应用示范区"、"广东省信息化示范区"，2010 年通过了"广东省推进教育现代化先进区"督导验收。尽管越秀区基础教育优势非常显著，但由于长期以来受教育投入机制等多种因素的影响，目前在经费投入、师资质量、生源质量等资源配置和教育教学质量水平方面，依然存在着地域差异，校与校之间的发展也不平衡，由此也带来了诸如择校风愈演愈烈、强校与弱校之间差距愈来愈大等一系列的问题，从而影响到社会的和谐发展。如何进一步提高义务教育质量，最大限度地合理配置并充分利用优质教育资源，促进区域内义务教育均衡发展，满足人民群众期盼优质教育的愿望，已成为越秀区教育发展的首要任务。而要促进义务教育均衡发展，满足人民群众期盼优质教育的愿望，就要求教育在组织结构和管理体制上进行变革，以适应社会发展的需要。

目前，越秀区推进的"基础教育学区管理模式研究"建设项目，正是根据社会发展对教育发展的需要和教育自身发展的需要，通过教育组织结构与管理体制的创新，引起区域内部教育发生变革，从而合理地配置教育资源，缩小教育差距，实现接受义务教育机会和保障条件的均衡，达到促进区域义务教育均衡发展的目标。同时，以促进区域基础教育均衡为目的的"学区管理"是民主、合作的扁平管理，是以县域为单位教育管理体制上的一次变革；它是在教育均衡化发展的过程中，强调"优质发展"与"特色发展"，促进区域内各级教育机构教育资源的共享，实现自身的优质与特色发展，实现不同群体间的教育均衡。

在区委、区政府的领导下，越秀区教育局通过近四年的探索与研究，初步形成了学区管理模式的创新机制，逐步彰显了知识资源、硬件资源和人力资源三大学区资源共享的特色活力，学区管理理念为学校发展注入了活水。同时，从理论与实践层面形成学区管理的理论体系，建立了适合南方沿海发达地区中心城区促进区域义务教育均衡发展的学区管理与行动策略，为广州市、广东省乃至全国类似地区推进义务教育均衡发展提供了有价值的理论参考与操作范式。

促进义务教育均衡发展是"基础教育学区管理模式研究"建设项目的出发点和落脚点，也是区委、区政府促进社会公平、构建和谐社会的重要举措。在新世纪，越秀区将在原有基础上进一步完善和深化学区管理机制与质量监控体系，进一步推进学区管理模式，促进区域教育优质均衡发展，使学区建设成为越秀区义务教育均衡发展的一道美丽风景，为办人民满意的教育作出更大贡献。

于欣伟

2012 年 8 月 22 日

（本序作者系广东省广州市越秀区人民政府副区长）

目　录

联合国教科文组织发布的《2010 年全民教育全球监测报告》，首次就金融危机对世界教育特别是对发展中国家教育的影响作出评估。报告将全纳教育作为全民教育议程的核心，并指出："公平且全纳的教育是消除社会不公，实现机会均等，使所有儿童、青年和成人均享有受教育的权利，建设创新和民主社会的有效途径。"进入 21 世纪以来，随着新科技革命的迅猛发展，世界正在全速跨入以"科技和创意"双驱动的知识社会。如何将科学与技术融为一体，科学、合理、综合、高效地利用现有资源，同时开发尚未利用或可再生资源取代已近耗竭的稀缺自然资源，就成为世界各国持续发展进程中亟待解决的关键问题。而要解决这些发展中的问题，就要依靠科技与教育的进步。因此，教育在经济发展和社会进步中的基础性作用日益增强，成为促进社会变革的重要力量。正因为如此，美国未来学家托夫勒在其《大未来》一书中指出："知识是敲开 21 世纪经济'霸权之门'的钥匙。"为了更好地应对未来世界的变化，早在党的十三大会议上，我国就提出了"百年大计，教育为本"的基调。教育是民族振兴、社会进步的基石，是提高国民素质、促进人的全面发展的根本途径，寄托着亿万家庭对美好生活的期盼，而义务教育均衡发展则是国力强盛带给广大人民群众的福祉。因此，要促进义务教育均衡发展，就要求教育在组织结构和管理体制上进行变革，以适应社会变革的需要。学区管理正是根据社会变革的需要，通过教育组织结构与管理体制的创新，引起区域内部教育发生变革，从而合理地配置教育资源，缩小教育差距，实现接受义务教育机会和保障条件的均衡，达到促进区域义务教育均衡发展的目标。

第一节　本研究的背景和意义

义务教育均衡发展是区域经济、社会和谐发展的重要条件。随着我国经济的快速发展，社会的贫富差距越来越大，社会不公平现象也越来越严重，各种社会矛盾越来越突出，这将不利于我国经济与社会的稳定与和谐发展。教育牵涉到千家万户，在众多的社会矛盾中，教育问题尤其是义务教育公平问题是一个非常敏感的问题，它与整个社会、经济、文化、环境等因素相互交织，成为牵一发而动全身的重要问题。因此，区域义务教育均衡发展在推进社会经济发展、缩小社会差距、构建和谐社会等方面具有重要的意义。诺贝尔经济学奖得主詹姆斯·赫克曼（James Heckman）在对中国经济发展投入不平衡状况进行分析后，在北京大学演讲时指出："中国经济增长的绩效将通过人力资本教育的增加而强化。"① 区域义务教育均衡发展的意义具体如下。

第一，是区域经济高速发展的"助推器"。区域义务教育均衡与优质发展，不仅可以长效投资的方式吸引和留住人口，同时又可以提升人力资源的水平，优化投资环境，促进文化交流与融合，提升区域竞争力。因此，区域义务教育均衡发展在推进区域经济高速发展、提升区域竞争力等方面具有重要的作用。

第二，是提升区域竞争力的"孵化器"。区域综合实力的竞争归根结底是教育的竞争和人力的竞争，一个区域的教育体系所蕴含的教育竞争力反映了该区域的科技能力、生活质量、社会发展水平及其对外影响力。可以说，区域教育竞争力既是区域竞争力的核心构成要素，又对区域竞争力的其他要素具有重要影响；既直接影响着这个区域的现实竞争力，更深刻地影响着其潜在的竞争力。要提高区域的竞争力，就必须提高区域的教育竞争力。而区域教育竞争力具体体现为教育竞争主体的素质与能力、配置

---

① 《国际金融报》2003年12月5日第12版。

资源的能力以及最终获得的教育效益，也可以说是区域教育均衡发展的能力。因此，区域义务教育均衡发展对提升区域竞争力具有重要的推动作用。

第三，是实现社会公平的"平衡器"。教育公平是社会公平中最基本的公平，在"知识改变命运，教育成就未来"的时代，区域义务教育均衡发展能够为来自不同阶层家庭的孩子提供均等的教育机会、教育过程和教育成功的概率，为未来的社会公民提供良好的健康成长环境，为他们日后成为合格的公民和国家的建设者奠定扎实的基础。

第四，是构建和谐社会的"稳压器"。在社会矛盾日益突出的今天，通过推进区域义务教育均衡发展，可以将社会文明和先进的思想通过"学校—学生—家庭—社区—社会"的渠道进行传播，提高他们对国家与社会发展的认同感和作为公民的责任感，化解社会矛盾，稳定社会环境，为构建人人安居乐业的和谐社会奠定思想基础。

然而，在区域义务教育优质发展过程中，我国众多城区由于政府教育投入不足，导致资源匮乏。因此，为了集中力量办教育、快出人才，政府和教育行政部门曾经集中有限资源向重点学校倾斜，吸纳大量社会资源投向重点学校，并以很多优惠政策扶持了一些名优学校，致使区域内学校之间的办学条件、师资水平、教育质量等方面表现得很不均衡，并成为制约区域义务教育优质发展的关键因素。在区域义务教育优质发展过程中，作为研究对象的广州市越秀区也和全国众多城市一样存在区域义务教育发展不均衡的问题。

其区域义务教育发展不均衡主要表现在四个方面。

一是办学条件的不均衡。从总体看，区域内学校在校舍建设方面存在较大差距。区属义务教育阶段学校共有 89 所（中学 26 所，小学 61 所，九年一贯制学校 2 所），对照《广州市义务教育规范化学校督导验收方案（试行）》，区内生均占地面积及生均建筑面积均达标的学校仅有 24 所，占 26.97%；不达标学校有 65 所（中学 17 所，小学 50 所），占 73.03%。其中生均占地面积不达标 67 所，占 75.28%；生均建筑面积不达标的共 12 所，占 13.48%。区域内学校在教学设施设备方面也存在较大差距。在 2006 年区划调整前，原越秀区和原东山区的财力和投入的不同，加上部分国企移交学校、城乡结合部学校的教育基础设施建设标准较低、设备简陋，教学设施设备大多存在着陈旧且功能低的问题。虽然在 2006 年原越秀区和原东山区进行合并，新越秀区提高了生均公用经费标准，并加大了对学校办学条件的改善力度，但未能完全改变这些学校设施设备的配置状况。

二是师资力量的不均衡。由于部分学校生源分散，教学班少，教师编制存在"整体余编，结构性缺编"，以及部分学校专业教师配备不足的问题。部分小学的教师学历层次相对较低，教师年龄偏大，青年教师较少，有的学校存在着一个教师兼任多门学科教学工作的情况。一些学校规模较小，校本培训及校本教研开展较为困难，教师的教学能力、专业水平和教科研水平无法得到较快提高。名校长和名优骨干教师大多集中在名优学校和部分校型较大、办学效益相对较高的学校，而其他学校的师资力量较为薄弱。

三是办学水平的不均衡。办学水平不均衡主要表现在教学水平、教育质量及学校管理等方面。以 2008 年广州市初中毕业升学考试成绩为例，越秀区 5 所示范性中学初三年级的平均合格率为 86.84%，平均优秀率为 36.26%，而矿泉地区及国企接收学校初三年级的平均合格率为 65.28%，平均优秀率为 7.33%。尽管越秀区的省、市重点高中总体升学率已经位居全市前列，但是就个体而言，升入省、市重点高中的毕业生大多集中在名优学校，一般学校特别是薄弱学校的重点高中升学率仍然很低。同时，部分学校教师配置紧张，并受学校场地、设施设备等条件限制，无法有效开展各类社会实践及特色教育活动，学生在参与社会实践、课外活动、兴趣小组方面与优质学校相比有差距。此外，优质学校能根据自身特点确立体现时代特点、素质教育及创新精神的办学思想及理念，学校管理者参加培训、研讨的机会较多，对现代教育管理理念与管理方法掌握较好。

四是学校生源的不均衡。有条件的家长纷纷送自己的孩子入区内名优学校就读，致使部分名优学校学额膨胀，班额过大，很多专用教室被挤占，生均校园面积严重不足。同时，基础建设较差、办学条件不好的学校以及部分薄弱学校，因学校生源外流，致使部分学校的生源不足并呈逐年下降的趋势，使教室大量闲置。这些学校，由于学生来源参差不齐，家庭状况多样，家长素质及家庭教育与优质学校相比较为滞后，学校的社会声誉有待进一步提升。

因此，为了进一步深化课程改革，全面推进素质教育，促进区域义务教育均衡优质发展，我们在深入探索的基础上撰写了《基础教育学区管理模式研究》。其研究意义主要表现如下。

一是学区管理对促进义务教育均衡发展有着重要的实践意义。整合区（县）域内各种教育资源，实现"强强联手"、"强弱扶持"、"优势互补"，使强校更强，弱校变强，缩小学校间发展的差距，大力提高资源使用效益，最大限度地提升优质教育覆盖面，促进教育的优质、均衡、公平发展。

从公平与效益的关系认识。改革开放以来，我国实施让一部分人先富起来的政策，打破"大锅饭"的分配体制，以效率为导向，活跃了市场经济，拉开了国民收入的差距。1993 年，党的十四届三中全会提出了"效率优先，兼顾公平"。从此，我国经济获得了快速的发展，但社会不公平问题则越来越突出，贫富差距越来越大。目前，我国基尼系数已处于倒 U 形曲线的上升阶段，收入差距客观上还有继续扩大的趋势，并一时难以扭转。这种以效率优先导致社会不公平的现象在教育领域也得到了充分的体现。我国教育体制改革的主要目的是提高教育的效率，以迅速提高教育在实现国家现代化中所作的贡献。这就导致教育不公平的问题比比皆是。不同地区由于经济发展的水平不同，教育的有效投入与供给则不同；重点学校的设置制度，加剧了义务教育内部教育资源配置的不公平，导致区域内学校间的差距不断加大，造成了一大批"薄弱学校"；学校办学条件和办学质量的差距，导致了目前社会上的"择校"现象。这促使我们反思，需要通过怎样的途径与方式才能缩小义务教育的不公平现象，促进义务教育的均衡发展。因此，要实现教育公平，促进教育均衡发展，需要对现有义务教育的行政管理机制和方式进行改革，通过教育管理机制和方式的改革，缩小教育的不公平，促进教育的均衡发展，提升教育质量。这不仅是现代教育的理念，更是我国义务教育均衡发展的迫切需要，也是学区管理模式研究的意义所在。

从优化资源配置的角度认识。20 世纪 80 年代以来，随着九年义务教育的逐渐普及，特别是义务教育管理权限的下放，大大加快了教育现代化的进程。但在这一进程中，"公平与效率"的矛盾日渐突出。区域为了追求效率，教育资源的配置、教育经费的划拨不是以学生的人数为标准，而是以学校的层次、学校的等级为标准。这就使公共教育资源配置不均衡，导致学校的教育质量存在很大的差距，公民享受教育的权利严重不公平。

二是学区管理对于深化素质教育有着重要的现实意义。1985年，邓小平在第一次全国教育工作会议上，从社会主义现代化战略和中华民族根本命运的高度，强调把我国沉重的人口负担尽快转化为人力资源的优越性和紧迫性。同年，《中共中央关于教育体制改革的决定》明确指出："在整个教育体制改革过程中，必须牢牢记住改革的根本目的是提高民族素质，多出人才，出好人才。"从此，我国义务教育在不断地进行改革，其目标之一就是探索素质教育的目标、途径和实施方式。1993年，中共中央、国务院在总结广大教育工作者改革经验的基础上制定发布的《中国教育改革和发展纲要》指出："中小学要从'应试教育'转向全民提高国民素质的轨道。"素质教育作为我国义务教育改革的热点，引起了全社会的广泛重视。1997年，国家教委下发了《关于目前推进中小学实施素质教育的若干意见》，第一次以文件的方式对素质教育进行了规范性的表述，指出："素质教育是以提高民族素质为宗旨的教育，它是依据《教育法》规定的国家教育方针，着眼于受教育者及社会长远发展的要求，以面向全体学生，全面提高学生的基本素质为根本需要，以注重培养受教育者的态度、能力，促进他们在德智体等方面生动、活泼、主动的发展为基本特征的教育。"1999年，中共中央发布了《中共中央国务院关于深化教育改革全面推进素质教育的决定》，这充分体现了中央对素质教育的重视和推进素质教育的决心。但是，在现实的义务教育中，由于"应试教育"的观念仍然深深地扎根于人们的心中，导致义务教育的人才选拔制度仍以考试为主，教育评价制度不是以提升学生的综合素质为前提，教育质量在不同层次的学校间存在着显著的差异。这就需要我们反思。素质教育不仅要有目标，也要有途径、方法和措施，这样才能深化素质教育。因此，要深化素质教育就要打破学校间的壁垒，提升学校的教育质量。而要做到这一切，就需要对现有义务教育的行政管理机制和方式进行改革，通过教育管理机制和方式的改革，打破学校间的壁垒，均衡提升学校的教育质量，促进每一个学生的全面与持续发展。这不仅是现代教育的理念，更是我国义务教育均衡发展的迫切需要，也是学区管理模式研究的意义所在。

三是学区管理是教育体制改革的一种创新。教育要改革创新以适应社会发展的需要。这让我们思考需要通过怎样的途径与方式，才能够通过"改革创新"满足社会对教育发展的需求。因此，要改革、创新教育体制机制，就需要对现有义务教育的行政管理机制和方式进行改革，通过教育管理机制和方式的改革，促进教育公平，提高教育质量。这不仅是现代教育的理念，更是我国义务教育持续发展的迫切需要，也是学区管理模式研究的意义所在。

第二节 相关研究综述

有关学区管理的研究开始于19世纪初，目前已经成为教育均衡与公平理论与实践研究中的一个热点。与本研究相关的研究成果主要集中在以下几个方面：一是学区的管理体制，二是学区管理体制产生的动因，三是学区的运行机制，四是学区管理的方式，五是学区发展的影响因素，六是学区评估的讨论。

一、学区管理体制的相关研究

在学区管理中采用何种管理体制，学者们将其分为三类，其代表主要是以美国为代表的分权管理体制、以法国为代表的集权管理体制和以英国为代表的介于集权与分权之间的管理体制。

国内的薛弥等一些学者认为，美国的学区管理体制主要是实行自上而下的联邦政府、州政府、学区三级地方分权的管理体制。在这种自上而下的分权管理体制中，联邦政府行使有限协调和服务的行政职责，州政府拥有绝对的管理和决定权，学区则拥有具体的教育教学事务管理权。[①] 这种管理体制的优势在于能够较好地发挥民主，激发民众的参与，有利于教育的公平。但其不足之处在于不利于政府对教育的整体规划和统筹管理，不利于教育的均衡发展。

---

① 薛弥、许良：《美国三级教育行政管理体制的简介及启示》，载《现代企业教育》2007年第14期。

法国的雅基·西蒙（Jack Simon）和热拉尔·勒萨热（Gerard Lesage）认为，法国的学区管理体制主要是实行中央集权管理，全国教育大臣是法国整个教育体制的首脑，他的领导主要通过各大学区的教育管理、督导和行政管理得以实现。这种管理体制的优势在于有利于政府对教育的整体规划和统筹管理。① 但不足之处在于不能够较好地发挥民主，不能较好地激发民众的参与，易造成各省教育的不均衡发展。

在 1895 年，英国的"布赖斯（James Bryce）报告"就已指出：英国的学区管理体制主要是实行中央与学区二级的集权与分权相结合的管理体制。其中，教育大臣领导中央教育行政机构，并承担全国初等教育和中等教育的统一管理；学区是地方教育管理机构，有一定的管理权。② 这种管理体制的优势在于不仅有利于政府对教育的整体规划和统筹管理，也有利于较好地发挥民主，较好地激发民众的参与，有利于教育的公平与均衡发展。

在中国，学区管理体制起步较晚。大规模的探索是从 2006 年开始的，全国部分地区进行了学区管理体制的改革实验。例如，河北省教育厅印发《关于开展农村学区建设试点工作的意见的通知》（冀教基〔2006〕44 号文），在现有学校布局调整的基础上，在全国率先推进学区制改革试验，探索"以县为主"教育管理体制下，县政府、教育局和"学区总校"管理义务教育学校的新教育管理体制的改革实验。③ 这种集权管理体制改革的优势在于以"教育学区"代替"乡镇行政区"，打破了政府对学校管理的条块分割，促进了区域内教育的均衡发展。

从上可以看出，各国的教育管理体制与其政治制度和传统历史文化价值观有着密不可分的联系，主要表现在以下几个方面。第一，权利集中的程度不同。在美国，由于教育被看成是地方的公共事业，因此中央和地方的关系不是领导与被领导的关系，教育归地方所有，地方政府独立自主地管理教育事业，中央对地方只起援助作用。第二，政治文化价值观不同。

---

①② 陈孝彬主编：《外国教育管理史》，人民教育出版社 2003 年版，第 239、245 页。

③ 周生芳：《学区制改革中的机构调整与挑战——基于 F 县的案例分析》，载《当代教育科学》2009 年第 8 期。

美国是高度民主社会和三级政治体制，因此学区管理体制是以分权管理为主；法国是传统的君主制国家，社会阶层的等级明显，中央和地方的关系是领导与被领导，因此学区管理体制是以集权为主；英国虽然也是传统的君主制国家，社会阶层的等级明显，但由于社会的民主进程较快，因此学区管理体制是以集权与分权相结合的方式。第三，行政服务意识强弱不同。在美国，学区选民积极参与本学区的教育事业，学区注意听取民意，因地制宜地制定适合本学区的教育政策，使教育能够为本学区的民众服务。

而在中国，由于长期受儒家思想的影响，等级观、道德伦理观、集体意识等传统思想深深影响着一代又一代的中国人，这使得中国的教育体制是高度的集权型。这主要体现在：教育事业是国家事业，一切教育方针政策、发展规划、教育内容都由国家统一规定，教育部或政府教育主管部门与学校之间的关系是上下级的科层关系，教育部直接干预教育事业。

基于以上中国与世界主要国家的政治体制和传统历史文化价值观的分析，我们要对我国教育管理体制中的弊端进行改革，而改革的焦点主要集中于管理理念和管理权力。在管理理念方面，要改变过去政府教育行政部门与学校之间的上下级科层关系，将其转变为一种服务与合作的关系，通过立法、政策引导、督导、信息服务等方面为学校发展提供服务；在管理权力方面，教育行政部门要将更多的权力下放到学校，使学校在课程设置、人事安排、财政、资源分配等方面拥有更多的自主权。

二、学区管理体制产生动因的相关研究

学区管理体制产生的动因，从集权管理的角度看，古典理论认为，效率是衡量生产力的唯一尺度，人的行为是理性的，工作应该分成多个部门并接受高度监督；为确保较好地进行管理，统一的政策、规则和规范是必要的；人不是生来就喜欢勤奋工作的，为建立一个共同的目标，同时较好地协调实现目标，权力的等级制式是有必要的。[①] 在这一理论指导下，集权是一种理想的教育组织形式，它有利于提高教学效率和教学成果。因

---

① Theodore J. Kowalski（2004）. *Public Relations in Schools*. Upper Saddle River, NJ: Merrill, Prentice Hall, pp. 9-12.

此，为了实现这一教育组织形式，政府通过法律的方式，促使学区督导和董事会采用规范化行为和政策来管理学区。同时，政府也对学区在立案程序、财政控制和课程指南等方面进行直接干预。

从分权管理的角度看，在教育决策方面，分权管理的灵活性和快捷性不仅可以更好地体现民众的需求，促使学区管理的政策与决策更具有适用性和灵活性，而且有利于学校灵活地作出决定和进行适当的变革，以适应社区居民对教育的需要。在资源利用方面，学区有了权力就可以灵活地利用各种资源，处理各种事务，这有利于提高学区员工的工作热情和工作效率。在针对性方面，分权管理不仅可以使权力金字塔底层人员获得更多的权限，也可以使教师在面对学生需求、家长要求和新出现的问题时，提出更有针对性的解决方案。①

三、学区运行机制的相关研究

对学区管理运行机制的相关研究，众说纷纭。国内的郭朝红等学者认为，美国学区教育委员会的运行机制是州法律范围内和州教育领导管理体制协作配合。地方学区教育委员会成员因州而异，一般5～9人；学区教育委员会的执行机构是教育局，其负责人是教育局长或学区总监，任期是2～6年。学区内各校的重大事项都要由教育委员会决定，教育局长负责执行，教育局长对地方财政要了如指掌，他的责任重大，既要考虑把教育办好，又要顾及纳税人的利益，还要与社区附近的企业保持联系和良好的合作关系。他们充分利用网络获取信息，开展工作。如遇到重大事项，教育局长不能独断专行，必须征得教育委员会的同意。学区内各学校校长在教育局长的指挥下通过三种渠道进行工作：第一，通过办理教育经费和订立契约等，处理日常事务性工作；第二，通过教学视导和科学研究等，处理专业性工作；第三，通过实际参加各级学校授课等活动，处理教学工作，教育局长也要视察学校。② 这种运行机制的优势在于学区内

---

① 冯刚、姚志强：《美国学区管理权利分布发展态势》，载《世界教育信息》2009年第5期。

② 郭朝红、王彬：《美国学区的特点与运行机制》，载《上海教育科研》2001年第1期。

的教育局长和学校校长都通过法律，明确了各自的工作职责和工作范围，不仅有利于依法办学，也有利于教育真正地为学区内的民众服务，体现教育公平。它的不足之处在于当遇到紧急问题要解决时，则程序复杂，缺乏灵活性。

法国的雅基·西蒙和热拉尔·勒萨热认为，由于政府从不对学区的运行机制进行干涉，因此各学区间没有统一的运行机制。例如，巴黎学区的运行机制是在中央政令下由学区长委员会领导管理体制运行，学区长委员会由学区长主持。学区长委员会的职责是对国民教育投资规划和大区的大中小学的装备计划的预测和研究进行协调、审核并通过有关建议，并将其交给大区区长。在其他方面，委员会保证联系和协调大区内各个学区的关系，并对各学区的事务进行通报。学区长下设两个助手，其职责是完成学区长不可能完成的代表与联络的职能。学区长及其助手主要负责首都的高等教育和高中的行政管理。学区长下有学区督学和秘书。① 这种运作机制成功与否的关键在于机构的因素和人的因素，当机构因素和人的因素配合得当时，各学区可以因地制宜地发展各自的教育事业，体现教育的特色，反映学区内民众的民意和需求。但当机构因素和人的因素配合不得当时，各学区的发展则可能受制约。

在中国，北京市东城区教育委员会认为，学区管理的运行机制是在学区协作组织的领导规划之下，依托学区工作组建立的、与学校联网的、随时更新的资源信息平台（各成员校资源细目、目前状态、使用协议、联系方式等信息），实现网上交互，然后依托学校工作网络实现现实交互共享，这两个步骤相互结合完成。② 同时，在中国的一些大型高中，也进行了学区管理的尝试，其管理运行机制是在以学区为功能模块的管理体系下，各学区紧紧围绕学校的中心效益——"育人"效益，通过"教学关系"和"行政事务管理"为载体的两大功能模块，从相应的评价指标体系入手，

---

① ［法］雅基·西蒙、热拉尔·勒萨热著，安延译：《法国国民教育的组织与管理》，教育科学出版社 2007 年版，第 127—128 页。

② 北京市东城区教育委员会：《新型学区管理组织结构与运行机制》，载《北京教育》2005 年第 2 期。

借助学区这个平台来优化学校的功能。①

从上可以看出，不论是以县为单位的学区管理运行机制，还是大型高中的学区管理运行机制，它们的共同优势在于下放权力，改变管理层级，减小管理的幅度，调动学校的积极性，发挥学校的潜能，解决目前难以解决的教师人事和专业发展动力问题及教学资源、硬件资源、人力资源配备不均衡的问题。特别是在中国这种高度集权的教育管理体制下，其权力下放的意义，正如汤姆·彼得斯在《管理的革命》中指出的，一个企业组织要去适应难以预测的情况，那么权力下放是很有意思的事，"把公司变成一个组织性网络"，"把巨大的组织分成小型的真正独立的单位，要远远超过传统意义上的权力下放"。②

四、学区管理方式的相关研究

各国因其管理体制和传统历史文化价值观的不同，其学区管理方式也各不相同。如美国的学区管理基本方式是联邦政府下有若干个州，一个州下面可以有若干个郡，郡下面设学区（school district）；一个郡可以有一个或几个学区，一个学区由若干个学片（school zone）组成。学生基本上也是在学片范围内就近入学。美国的学区管理方式经历过三次变革。第一次变革是 20 世纪 80 年代的学区校本管理，其价值在于提出了学区松绑放权和学校自主管理的思想。③ 第二次变革是 90 年代的特许学校，其意义在于从根本上摆脱了传统公立学校的运作方式，以学区与学校签约的形式保障了学校真正意义上的自治。④ 第三次变革是 21 世纪初出现的特许学区（charter district），它是由地理位置相对靠近的特许学校组成，其意义在于学区与学校不是一般意义上的上级和下级的关系，而是一种契约合同

---

① 查品洋：《大型高中"学区"运行机制及管理体系的构建与实施》，载《义务教育参考》2005 年第 7 期。

② ［美］汤姆·彼得斯著，韩金鹏译：《管理的革命》光明日报出版社 2004 年版，第 150 页。

③ 冯大鸣主编：《沟通与分享：中西教育管理领衔学者世纪汇谈》，上海教育出版社 2002 年版，第 165—167 页。

④ K. S. Felton (2001). *Indispensable Tools：A Principal Builds His High School*. New York：University Press of America. p. 238.

关系，双方关系的调节主要依靠法律手段。① 在特许学区中，中心办公室承担着日常的管理工作，其承担的职责主要是对特许学校开办申请和磋商特许章程时进行把关；对特许学校许多来自校外的支持性服务进行介绍；对特许学校的一些服务进行供应服务；对特许学校的办学状况进行阶段性评估，并将评估的结果向公众披露。②

美国学区管理方式变革的优势在于大面积地推进了学校的自治管理，并将教育行政机关对学校的管理定位为服务，即行政服务。同时，结合教育行政评估与家长评估，对特许学校进行评估，促进学校在言行一致、表里如一、国家利益和社区民众利益都兼顾的情况下改进学校的教育质量。例如，2003 年 11 月《纽约时报》披露，某学校为了在学校评估中骗取获得优秀，隐瞒了校园中发生的暴力事件，但这一事件被家长获悉，并向媒体披露了事件的真相。③

中国也出现了一些不同的学区管理方式。例如，北京市东城区提出的"亚单元结构"下的新型学区化管理方式，其具体操作为：在现有体制方式中，构建一个中间层组织，即"单元协作组织"。单元协作组织由区教委领导、教育系统内各级各类教育机构负责人组成（称委员），负责单元内总体建设规划、资源的年度配置、重大问题的决策、年报编制、资源运行评议等；单元协作组织下设工作组，工作组为常设机构，其具体负责单元内资源交易、更新信息动态、统计资源利用、编制每条资源细目状态表、跟踪每个资源节点状态、统计资源空置率、协调资源运行工作、编制周报、向单元协作组织提交报告、负责单元协作组织会议议题和会务等工作；单元内各协作单位成员签署协议，承诺资源共享，有利于优质资源。④

湖北省武汉市东湖区提出了"中心校"学区管理方式，具体操作为：

① 　N. Smith. *The New Central Office*：*How Chart Districts Serve Schools and Public Interest*.

② 　B. Hassel. Friendly competition. *Education Next*，2003，3 (1)，p. 15.

③ 　S. Dillon. Houston school violence data under cloud. *New York Times*. 2003-11-7.

④ 　杨清、詹伟华：《构建区域教育管理的"亚单元结构"》，载《中小学信息技术教育》2006 年第 2 期。

在学区推选一所学校为"中心校",成立"中心校"的组织领导机构,"中心校"统一调配学区内的师资,统一学区内所有学校的后勤保障,统一学区内所有学校的制度建设,统一学区内的学校开展丰富多彩的活动,统一学区内所有学校的质量管理,统一进行学区学校的教育科研。①

从上可以看出,无论是"亚单元结构"管理方式还是"中心校"管理方式,其优势在于打破了传统的教育管理方式,使管理重心下移,有利于教育行政部门从"行政管理"走向"服务管理",有利于发挥资源利用的最大效益,有利于提升优质教育的覆盖面。但其不足之处在于,统一后可能导致学区内的学校没有了自身发展的特色。

五、学区发展的影响因素研究

目前,国内外学术界对影响学区发展的研究主要聚焦在学区经费的筹集、教师的专业发展和学校质量的管理这三个方面。

从学区经费筹集的角度,在学区教育筹资决策研究方面,商丽浩等学者认为,美国的学区拥有地方自治权。在财政体制中,地方政府有税收立法权,可自主决定学区内的财产税税率、债券支持的教育项目、学校建筑、教师工资和福利等。同时,政府有责任向公众公布教育财政信息,学区预算的确立需要通过行政预算听证会和立法听证会。在中国,义务教育财政体制是以县为主,而县的税收立法权和民众的选举权尚在培育中。但是由于目前中央并没有下放税收立法权,因此县级政府没有独立的教育财政资源的动员权,县政府提供公共物品的数量在很大程度上取决于地方政府获取非预算收入的能力。②

在学区教育经费筹措与分配研究方面,美国有学者认为,美国学区自筹教育经费大部分来自财产税。如 1998 年,全美地方政府自筹经费5.11 亿美元,其中税收为 3.15 亿美元;在税收中,财产税的收入为

---

① 邱运山:《践行中心学校管理模式 推进学区教育均衡发展》,载《湖北教育(教育教学)》2009 年第 2 期。

② 商丽浩:《审视美国教育筹资制度》,载《比较教育研究》2004 年第 5 期。

2.28 亿美元，占税收的 72%。① 学区和上级地方政府分别承担着义务教育经费筹措的任务，其筹资责任随着教育目标的提高和经济的发展而调适。同时，学区对州补助的普通经费、分类经费和要求配套经费三种教育经费可拥有自由分配的权力。②

这种筹措与分配的方式，其优势在于保障了学区内的教育经费筹措，有利于学区自筹公共教育经费机制的稳定发展。在中国，学区基本上是没有教育经费筹措与分配权的。因为县教育财政经费的筹措不仅依赖于县财政筹措机制，也受政府间纵向收入分配的制约。

从教师专业发展的角度，美国一些学者认为，教师专业标准可以促进学区教师的专业发展。正如美国教育家拉维奇（Ravitch）所说：标准不仅是一种目标（goal），标准也是测量通向目标进展的测量仪。对于申请标准评定的教师来说，评定过程本身就是专业提升的过程。③ 因此，美国为了提高教师的素质和改善学生的学习状况，各学区都把教师评价作为切入点。美国的教师评价虽然要依据标准，但又不拘泥于标准。美国教育家塞卡达（Secada）认为，标准不是固定不变的，而是灵活动态的。因此，目前美国许多教育界人士推崇发展性评价（developmental appraisal）。④ 美国教师专业标准体系主要包括教师资格认证（TQC）、新教师资格认定制度（NTQC）、优秀教师资格证书（ABCTE）和杰出教师教育专业标准（QTEPS）。其中，美国全国教师教育认证委员会（NCATE）标准的内容主要包括：熟悉学科内容，明白有效的教学策略，反思自己的教学实践并调整自己的教学，能从不同的文化背景角度给学生提供教学，接受教学导师的监督，能把教育技术运用于教学中。同时，依据这六条标准，又制定

---

① US Census Bureau. *United State & Local Government Finances by Level of Government*：*1998-99*.

② Tsang Mun. The Impact of International Grants on Educational Expenditure. *Review of Educational Research*. 1983，Vol. 53. No. 3. pp. 329-336.

③ Diane Ravitch（1995）. *National Standards in American Education*：*A Citizens Guide*. Washington DC：The Brookings Institution，p. 7.

④ A. T. Lockwood（1998）. *Standards*：*From Policy to Practice*. Thousand Oaks，California：Corwin Press. p. 39.

了 22 套学科教师专业标准。① 美国州际新教师评估与支持联合会
（INTASC）标准内容主要包括学科知识、学生学习、学生的多样性、教
学策略、学习环境、交流手段、教学计划、评价策略、教师的反思与专业
发展及合作关系 10 条标准，而且每条标准下又包括知识、倾向和表现三
部分，10 条标准下又分 8 个学科标准。② 美国国家专业教学标准委员会
（NBPTS）标准的主要内容包括：教师应该致力于学生的发展和学生的学
习，教师应该知道所授学科领域的知识及该学科的教学方法，教师应该负
责学生学习的管理和监督，教师应该系统地反思自己的行为及向有经验的
人学习，教师应该是学习共同体的成员。同时，又依据这 5 条标准制定了
24 个学科标准。③ 美国优质教师认证委员会（ABCTE）标准的内容主要
包括扎实的学科知识、出色的专业化概念和领导水平、优秀的教学实践和
巨大的正面影响力。同时，又依据这 4 条标准，制定了数学、英语、物理
等 12 个学科的评价标准。④ 从上述研究我们可以看出，这些促进学区教
师专业发展的标准，其优势在于对教师的工作进行科学、合理的鉴定，引
领教师从评价中获悉自己专业上的不足，从而促进教师专业发展，提高教
学水平。

　　在中国，促进学区教师专业发展的评价标准体系尚没有建立，学区教
师的专业发展仅停留在学区教师培训、学区科研、学区教研的层面，这不
利于科学、合理地评价教师的专业发展水平。

　　从学校质量管理的角度，20 世纪 90 年代，美国教育界提出了"向管
理要质量"的口号，因此美国的学者将企业的质量管理和保障机制引入教
育领域，制定了参加马尔科姆·波多里奇（当时美国商务部长的名字）国
家质量奖评选的《绩效优异教育标准》，并向全国各学区开放。⑤ 以 1997
年为例，《绩效优异教育标准》以"教学优异"、"消费重心"、"评估的策

---

① http://www.ncate.org/public/aboutNCATE.asp.

② http://www.ccsso.org/projects/Interstate_New_Teacher_Assessment_and_
Support_Consortium.

③ http://www.nbpts.org/the_standards/the_five_core_proposition.

④ http://www.abcte.org/about-abcte.

⑤ 乐毅：《波多里奇质量奖获得者的办学经验及启示——美国威斯康星大学斯
陶特分校个案分析》，载《复旦教育论坛》2005 年第 3 期。

略"、"系统的观念"为理念，共分七条：领导系统、战略策划、学生和相关利益者重心、信息与分析、工作系统（教师和职员重心）、教育及支持过程管理、绩效结果。此时，全美学区纷纷以《绩效优异教育标准》为参照，改进自己的教育教学工作。例如，得克萨斯州布拉索斯伯特独立学区（Brasosport Independent School District）所辖 7 个社区，拥有 19 个校区，学生约 13 500 人。在 1991 年前，学区内拥有大量的生活低于联邦贫困线的学生，其学业成绩每况愈下，学校的流生率较高，师资队伍也不稳定，等等。当时新上任的督学杰拉德·安德森（Gerald E. Anderson）博士应邀参加了一个由质量管理大师戴明主讲的"全面质量管理"研习班，很受启发，于是决定在学区施行。经过八年的持续努力，学区一改落后面貌，成绩斐然，令人惊叹不已。以下数据就是最好的例证：（1）贫困学生、少数族裔学生与其他学生群体之间的学业成绩差距逐年缩小，直至无显著差异，所有学生都能掌握"得克萨斯学术技能评估"；（2）辍学率降至零，入学率逐渐提高；（3）教职员满意度提高，教师外流减少，福利增加，教师中 17％具有硕士或以上学位；（4）行政管理开支减少，生均支出增加；（5）学生的学业成绩测试排名名列该州最好；（6）学区于 1995—1996 年获得克萨斯教育局"公认学区"，1997—1998 年获"模范学区"，并获得得克萨斯质量奖（该奖是仿效国家质量奖的标准设计的）。①

从上可以看出，对学校质量进行有计划、有实施、有改进、有提高的管理，可以促进教育质量的持续提高。而在我国，学区内学校教育质量的评价尚没有一个科学的标准，在学校管理中尚没有引进现代企业管理的思想。

六、学区评估的讨论

由于学区评估可以根据不同学区的特点与需求进行，因此，目前学术界对学区评估尚没有形成统一的标准。美国西部的一些学者认为，学区评估是对其教育状况进行研究与实验，并对其教育发展作一个诊断，从而对

---

① 乐毅：《学区学校质量管理的一种有效尝试：标准、理论与实践》，载《教育理论与研究》2004 年第 9 期。

其教育教学起到促进作用；评估的内容主要聚焦在学生、学校的持续发展和教育措施的调整及公众的需求四方面。为了更好地对学区内的学校进行评估，美国的学者提出了学区内学校评估的框架，其基本要素主要包括教与学、领导层、高质量的教师专业发展、资源、安全的学习环境及家庭和社区的参与六方面。其中，核心要素是"教与学"，其余五个要素则围绕核心运行，而且每个要素又从学校和学区两个层面进行表述与完善，从而使这六大要素相互影响、相互作用，并在"计划、执行、评价"模式下进行监督、评价及相应的调整，最终使该学区内的学校合理而有效地运行。① 从上可以看出，通过对学区的评估，不仅可以促使学区和学校把有限的资源集中与利用起来，提高资源利用的效率和效益，也可以促使学区通过评估发现发展中的问题，帮助学区及时纠正，促进学区和学校的持续与优质发展。

在中国，北京市东城区采用评价服务统一的方式，逐步建立政府评价—社会参与评价—社会评价的评价服务体系，正在研究建立基于"亚单元结构"（区域）的优质均衡教育的基本认证标准（区域教育的质量体系认证）等。② 同时，有一些大型高中学区，以过程与结果相结合、日常与专项相结合、定量与定性相结合、量化与模糊相结合为原则，建立了一套学区考核指标体系，分类如下。（1）学区教学质量的评价。学区教学质量的考核评价对象为学区、班级和教师，考核时间以一个学期为单位，内容为学区主管的工作职责、学区教学常规、班级学习成绩、任课教师的教学质量、学区教学目标的完成等，均有量化的细则和等级评定指标，对各项指标均设定权重，每学期针对环境情况的变化可以适当地修改和补充。（2）学区德育工作的评价。学区德育考核的评价对象为学区、班级、班主任及学生。学区德育工作的考核主要项目有德育活动的组织，学区例会制度的执行，学区一周工作的小结和布置，学区内学生问题的处理，与学生处的协调配合，学区中班级总体学风、班风等。评价方法采用量化考核和印象评估相结合的方式，采取多渠道采集信息的方式，提高可信度，更客

---

① DCPS. *DCPS Effective Schools Framework*. 2009，Feb. p. 2.
② 杨清、詹伟华：《构建区域教育管理的"亚单元结构"》，载《中小学信息技术教育》2006 年第 2 期。

观地反映学区德育工作成绩。(3)学校组织的大型活动,如升旗仪式、出操、集会、文艺会演、运动会、晚会等,都以学区为单位进行评比,其结果记入学区考评的内容。这套学区考核指标体系,结合了学校的结构工资改革和人事制度改革,旨在把给教师的薪酬与培养学生的质量、数量及学校的教育效益有机结合起来,捆绑学区的团体效益与教师的个人利益,以增强学区教师的主人翁责任感和团队精神。①

从上可以看出,以学区为单位的评估,有利于共同目标和共同利害关系的确立,促使成员学校间打破原有的界限和隔阂,缩小差距,共同提高。但不足之处在于还没有形成各具特色的、科学的评估体系,以促进学区与学校的持续与特色发展。

第三节　研究的思路与技术路线

本研究的基本思路如下。第一,对国内外相关促进区域义务教育均衡发展的学区管理模式的文献资料进行搜集与分析,找出研究的切入点。第二,为实现区域义务教育的均衡发展,从空间上对学区管理模式进行理论研究,探究学区管理模式的内涵、特征、原则,厘清学区管理模式的构成要素与关系。第三,以广东省广州市越秀区义务教育均衡发展为研究案例,对学区管理模式运作机制和各种操作模式进行理论与案例研究,寻求促进区域义务教育均衡发展的实现途径和操作方式,为南部沿海发达地区的中心城区提供可借鉴的操作范式。第四,以越秀区义务教育均衡发展为研究案例,对实施学区管理模式后的区域义务教育均衡发展状况进行实证研究,分析学区管理模式对南部沿海发达地区的中心城区义务教育均衡发展的作用与影响,并形成深化学区管理与促进区域义务教育均衡发展的对策。具体如图1-1所示。

---

① 查品洋:《大型高中"学区"运行机制及管理体系的构建与实施》,载《义务教育参考》2005年第7期。

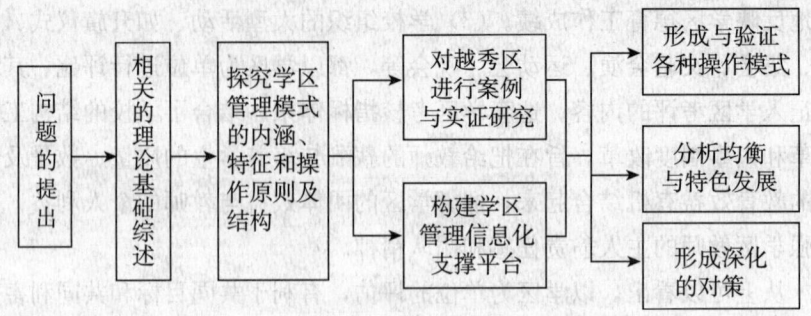

图 1-1 研究的基本思路

本研究旨在从南方沿海发达地区中心城市的中心区域——广州市越秀区教育发展的实际情况出发，从构建和谐社会的战略高度，从教育与社会、经济发展关系及教育在社会经济发展中的重要地位和作用的历史视角，从教育公平、教育均衡发展的视阈，对南方沿海发达地区中心城区的义务教育均衡发展进行理论与实践探索，以探索出立足于南方沿海发达地区中心城区、适合于全国不同地区的义务教育均衡发展的促进方式与途径。有鉴于此，我们选择了"学区管理模式"作为研究的切入点，以信息化管理为手段，多角度、多层次地对区域学区管理进行行动研究与分析，并在区域内选择了多个点进行行动研究，以探索区域义务教育均衡发展的促进方式与途径。希望通过一定的理论研究、管理机制的创新、管理模式的构建、资源共享的方式与途径、绩效评价体系的探索、数据的分析和一些实证研究，尝试构建具有区域教育特色的学区管理模式，形成学区发展的组织体制、运作机制及管理制度，构建与学区管理相适应的学校办学水平评价指标，进一步提高区域教育教学质量和水平，促进教育公平，努力实现区域教育优质均衡发展，探索出立足我国南方沿海发达地区中心城区、适合全国不同地区的义务教育均衡发展的模式与促进途径，为建设南方教育高地贡献力量。

第四节　本书的结构

本书主要分为十一章。第一章，绪论。主要阐述学区管理的意义、目的和思路,并通过对文献的综述和实证研究的方式,分析国内外学区管理发展研究的现状和越秀区进行学区管理模式研究的背景。同时,分析学区管理对教育均衡发展的促进作用,并阐述区域教育均衡发展对区域经济、社会和谐发展的影响。第二章,学区管理模式的内涵、依据与机制。主要从管理学和区域经济学的角度分析教育的属性、教育均衡发展的条件,阐述教育资源配置的特点、方式与途径,回答影响义务教育均衡发展的因素是什么,什么是学区管理,学区管理的理论、政策与实践依据是什么等问题,全面阐述学区管理的理论构想,对什么是学区、学区管理的内涵、特点、原则、构成要素的关系进行了科学的阐释,构建促进区域义务教育均衡发展的学区管理理论框架。第三章,国内外学区管理的比较与启示。主要对美国、法国和中国部分地区学区管理进行比较与分析,并找出其优势与不足。第四章,三种学区具体管理模式的建构。主要通过对"基于知识管理的联盟模式"、"基于资源管理的集群模式"和"基于品牌管理的集团模式"三种学区管理典型模式的案例研究,科学地阐述三种典型学区管理模式的内涵、特征和操作方式及各自的优势与不足,以探索和建立适合南方沿海发达地区中心城区促进区域义务教育均衡发展的行动方式。第五章,区域教学资源的管理。主要通过行政推动和非行政运作,从区域、学区两个层面,知识资源、人力资源和硬件资源三个方面阐述学区管理机制,回答促进区域义务教育均衡发展在管理上需要创新哪些机制,并全面阐述两个层面、三个方面管理机制的内涵、特征和运行方式,勾画出区域教育均衡发展的整体构想。第六章,区域学区管理模式的信息化支撑平台。主要从管理平台的设计、功能、应用价值三方面介绍学区信息化管理的方式,搭建资源共享的信息化平台,促进管理手段的信息化。第七章,区域学区资源共享的比较分析。主要从知识资源、硬件资源和人力资源三方面的共享阐述学区资源共享对教育均衡发展的作用。第八章,区域内学区均衡与特色发展的比较分析。主要通过学区内学校均衡发展、学区内学校特色发展和学区内教师专业发展的比较分析,从均衡、特色和教师专业发展三方面阐述学校均衡发展与特色发展的关系、教师专业发展对学区与学校均衡发展的促进作用。第九章,区域学区管理推进均衡发展的绩效评价。主要通过学区均衡发展的绩效评价,探索促进区域义务教育均衡发展的指标体系和测度方法,并通过数据分析,建立促进区域义务教育均衡发展的指标体系，勾画出区域义务教育均衡发展的趋势。第十章，优化区域学区管理的对策。主要通过理论研究、实证研究和行动研究成果的综合分析，分别提出深化学区管理的对策和实现区域义务教育均衡发展的对策，建立适合南方沿海发达地区中心城区促进区域义务教育均衡发展的学区管理与行动策略。第十一章，结论及有待进一步研究的问题。主要在分析的基础上，归纳出本研究的结论，提出研究中的不足和今后进一步研究的方向。

第五节 研究的方法

本研究通过采取理论研究与行动研究、整体研究与学校研究相结合、定性分析与定量分析相结合的方式，采用文献研究法、调查研究法、统计分析法和案例研究法等方法，提出促进区域义务教育均衡发展的管理模式和基本对策，推动教育公平与均衡发展。具体如下。

文献研究法。对前人、他人的研究成果和文献资料进行分析，找出区域义务教育发展不均衡的原因，对促进区域义务教育均衡发展的学区管理模式进行理论研究，并把建立在文本资料基础上的定性研究与建立在数据基础上的定量研究结合起来进行综合研究。

调查研究法。通过大量深入实际的调查研究，掌握大量的第一手数据资料，对区域义务教育不均衡发展的现状、区域义务教育均衡发展的状况进行调查分析，并在此基础上对区域义务教育不均衡发展的成因和评价指标进行分析，提出解决区域义务教育均衡发展的基本对策。

统计分析法。在调查研究的基础上，通过对掌握的数据资料进行统计分析，建立评价体系，把握研究的方向，提出促进区域义务教育均衡发展的学区管理模式和行动策略。

案例研究法。在区域范围内选择不同发展特色的学区为研究点，对这些研究点进行实地考察、调查研究和案例跟踪，取得第一手的资料，探索出促进区域义务教育均衡发展的模式与策略。

第六节 研究的主要创新点

教育均衡、公平发展是一个社会问题，以学区管理模式促进区域义务教育均衡发展则是解决这一社会问题的方式之一。为了探索出适合南方沿海发达地区中心城市区域义务教育均衡发展的方式与途径，本研究主要体现了以下创新点。

理论创新点。界定了学区、学区管理的内涵、特点、原则，厘清了学区管理的构成要素及各要素之间的相互关系。本研究认为，学区管理既不是政府对教育的管理，也不是学校内部的管理与组织，它是一种区域性的管理，是在学校和行政间找到一个中间层面，是在学校与政府、学校与学校间，找到一个资源共享的机制和共同体。其特点是学区教育教学运行与管理的相对独立性、学区内部的相对同质性、学区内部的极化性、学区内部的扩散性、学区内部的系统性、学区内部的微观空间性、学区间的相对差异性、学区间的趋同性、学区间教育利益的一致性、学区间教育利益的矛盾性和学区间学习的团队性。其应遵循的原则是以人为本、教育公平、效益最大化、因地制宜和教育补偿。

体制创新点。第一，重构现有学校管理结构，强调学区内学校的纵横联系和结构优化，通过结构重组产生结构效益。第二，创新学区运作机制和管理制度，使学区建设有序有效地推进，更加充分有效地利用教育资源。

实践创新点。第一，建立多边双向的资源共享信息平台，实现教育资源共享的可操作性和公平性。第二，建立以南方沿海发达地区为特色、适合全国不同地区的区域义务教育均衡发展的学区管理模式和运行机制，在一定程度上促进区域义务教育公平、均衡与优质发展，为构建和谐社会奠定基础。

第二章

学区管理模式的内涵、依据与机制

要探讨学区管理模式，就要了解什么是学区管理，学区管理的理论、政策与实践依据是什么等问题。本章主要分析和建立学区管理模式的基本概念。

第一节　学区管理模式的内涵

区域义务教育均衡发展是地方政府亟待解决的问题。而要了解区域教育均衡发展的问题，首先就要了解教育均衡、教育发展、学区、学区管理模式的内涵和特点及遵循的原则。

一、教育均衡的内涵

(一) 教育均衡

教育均衡是经济均衡发展的移植。经济发展的不同水平，导致人类教育资源的需求与供给之间产生矛盾，这就引发了教育的不均衡现象。因此，从一定意义上讲，教育均衡是人们相对目前现实存在的教育需求与供给不均衡而提出的教育发展的美好理想。

教育均衡既是教育要追求的美好理想，也是一个动态的发展过程，因此，教育均衡会随着时代的发展而发展，其内涵和目标也会发生相应的变化。从理想的角度讲，教育均衡是指政府提供给每个孩子的学习条件、权利和机会是平等的，它是社会主义国家公平原则的体现；从目标角度讲，教育均衡是教育需求与教育供给的相对统一，但在不同的发展阶段，其实现的目标是不同的。

众所周知，经济是教育发展的物质基础，它决定着教育的发展规模、结构和速度。经济的发展水平决定了教育资源的配置状况，而教育资源的配置状况则是教育均衡发展的基础和前提。因此，教育均衡是建立在一定的经济发展基础上的。

我们认为，影响教育均衡的教育资源主要分为硬件资源、人力资源和知识资源三种。硬件资源主要是国家和社会为学校所提供的教学设施、设备、器材、场所等，人力资源主要是学校的教育行政管理人员和广大的教师，知识资源主要是教育行政管理人员和教师的教育教学思想、教育教学观念、教育教学方法、教育教学的文本资源和信息资源及教育教学能力等。因此，政府如何对教育资源进行合理的配置，让全体适龄儿童少年享受平等的教育条件、权利和机会，是实现区域义务教育均衡发展的基础。

（二）义务教育均衡发展

义务教育均衡发展进入普及后时代，其内涵丰富，是一个社会问题、现实问题、政府问题，论者见仁见智，众说不一。概而言之，应包括以下三个层次的含义。

从经济学角度分析，义务教育均衡发展是在现实教育资源供需不平衡的状态下提出的。它意味着社会总资源对教育的分配不平衡，也意味着教育资源在教育内部也分配不平衡。因此，义务教育均衡发展的核心就是改变资源配置的方法，缩小教育的内部差距。①

从社会学角度分析，义务教育均衡发展主要是保障受教育者的教育权利和受教育者的教育公平。它主要是通过法律来确保受教育者的权利和义务，通过政策制定与资源调配来提供相对均等的受教育机会和教育条件。因此，义务教育的核心确保教育资源在受教育者之间的公平分配。

从时空角度分析，义务教育均衡发展是指受教育者在不同地区、同一地区的不同学校、同一学校的不同群体间，在受教育的起点、过程和结果

---

① 于发友著：《通向教育理想之路：县域义务教育均衡发展研究》，山东人民出版社 2008 年版，第 13 页。

方面获得相对均等的机会。因此，相对均等的教育资源和教育条件影响着受教育者在教育的起点、过程和结果的相对公平。

有鉴于此，义务教育均衡发展是指不同地区之间、同一地区不同学校间、教育横向结构方面的地区之间、地区内部的学校之间、学校内部群体之间、同一学校的不同群体间获得相对均衡的教育资源配置和相对均等的教育机会与教育条件，从而保障每一个受教育者平等的受教育权利，为每一个受教育者提供尽可能充分的发展可能。

（三）教育发展

对教育发展的内涵，目前学术界还没有一个统一的提法。有的学者从教育思想和观念的更新来阐述教育发展的内涵，有的学者从教育制度的进步来阐述教育发展的内涵，有的学者从教育规模（数量）的扩张来阐述教育发展的内涵，有的学者从教育结构的转换来阐述教育发展的内涵，也有的学者从教育条件的改善来阐述教育发展的内涵，还有的学者从教育效益的提高来阐述教育发展的内涵。联合国教科文组织编写的《世界教育报告》、《教育统计年鉴》在整理和提供世界教育发展进程的资料时，确定其指标体系是：（1）教育供给（资源），包括公共教育开支占GDP（国内生产总值）和政府公共总开支的百分比、各级教育公共开支分配的百分比、生均公共日常经费开支、生师比等；（2）教育需求，包括成人文盲数及扫盲成就；（3）入学和参与，包括毛入学率与净入学率、升学率、受教育年限；（4）教育内部效率，包括留级率、效率系数、毕业生的平均投入；（5）教育产出，包括识字率和教育成就。联合国教科文组织关于"教育发展"的理论框架是：教育发展与政治、经济、社会（主要是文化和人口）相互作用，互为因果，因而把人口、GDP、文化和传播等指标作为教育发展的重要组成部分，以说明其外部环境；教育供给和需求状况是决定教育发展的直接因素，其中教育资源的供给状况决定教育发展的能力，教育的需求是教育发展的重要动力，供求平衡是教育发展相对水平的重要标志；公平和效率是教育发展的目标与重要战略。①

根据联合国教科文组织的指标和各学者的研究，区域义务教育发展的

---

① 彭世华著：《发展区域教育学》，教育科学出版社2004年版，第24页。

内涵可以从以下几方面来理解。第一，教育的思想观念。这是教育发展的重要前提和标志，主要表现为社会经济与教育协调发展的观念、全民教育观、素质教育观、全面发展教育观、以人为本的教育观等。第二，教育发展的结构和规模。主要表现在学前教育、义务教育、普通高等教育、职业教育、特殊教育的入学率，义务教育、高中教育和职业教育占同层次教育的比重。第三，教育发展的速度。主要包括公共教育经费年增长率、普通高等教育在校生年增长率、职业教育在校生年增长率等。第四，教育发展成果。主要包括15岁以上人口的识字率、人口平均受教育年限等。第五，师资队伍。主要包括各级各类学校专任教师的学历标准、学历合格率、高一级学历拥有率、各级各类学校生师比和本科、硕士、博士、特级教师、名校长、名教师、小中高正高级教师的比率等。第六，教育发展的效益。主要包括各级各类学校在校生留级率、辍学率和毕业率，教育对社会经济发展的贡献率等。第七，教育投资。主要包括公共教育经费占GDP或GNP（国民生产总值）的比例、人均公共教育经费、公共教育经费占政府财政开支的比例（反映教育经费的丰裕程度和政府发展教育的努力程度）、教师人均工资在各行各业中的位次（反映教师在社会政治、经济中的地位）。第八，教育信息化程度。主要包括各级各类学校学生装备计算机的比例、计算机开课率、上网率、教育教学活动应用信息技术的比例和质量、教师的信息技术水平等。第九，教育管理。主要包括教育发展体制和管理体制的科学程度、教育规划和政策的合理程度、教育管理办法和管理机制的健全和执行程度等。

二、学区

对于学区的概念界定，国内外学术界界定不一。国外有学者认为，学区是地方教育行政机构。① 在我国，各地区根据自己的实际情况，对其界定也各不相同。例如，江西教育科学研究所的陈国庆认为，学区是根据地区教育教学的实际需要，打破行政区划界线，在一定的地理空间范围内建

---

① 刘茗：《外国中小学校长的权力有多大？——美、法、英、德四国中小学校长权力比较》，载《中国教育报》2004年7月6日第5版。

立的，为受教育者提供均等的教育机会与教育权利的公共教育区域单位。① 辽宁省沈阳市教育局认为，学区是根据现阶段义务教育均衡发展总体水平还不高，各学校办学条件和综合实力还有一定差距的实际，以实现每一所学校高质量、高水平均衡发展为使命，以资源共享为核心价值观，以相互交流、共同参与为主要表现形式，致力于共同解决所有成员在教育教学过程中遇到的各种实际困难和问题，并通过持续不断的相互作用获得共同发展而组建的学校共同体。② 北京市东城区教委认为，学区是在区域教育资源整合基础上的"亚单元结构"，是在原有的区域教育行政管理和学校教育管理之间的一种以空间地域范围为界限，以地域内所有教育机构和教育资源为内容的新教育单元。③

作为南部沿海发达地区中心城区的广州市越秀区，教育局根据其教育实际情况，认为学区是根据地区内部教育教学的实际需要和学校发展背景与条件，将不同层次且地理位置相对集中的若干所学校组成的资源共享、交流合作及共同发展的协作体。

学区有以下几层含义。第一，学区是教育协作管理组织。学区是最基层的教育管理组织，它受区（县）级教育行政部门委托，协作管理地理位置相对集中的学校的教育教学管理、教师队伍建设、教育资源共享与优化。第二，学区是校长、教师发展的平台。通过建立交流、合作等机制，推进学区内的校长教师专业发展和成长。第三，学区是一个人力资源、物力资源和空间资源共享的平台。通过各种教育资源的共享，充分发挥各种资源的优势，提高资源利用的效率和效益。第四，学区是研究培训活动的协作组织。学区是在区（县）级教育教学研究与培训机构的指导下，负责辖区内教育教学研究与培训活动的规划、设计与实施。

根据对学区内涵的理解，可以认为，在不同的区域之间，经济发展的水平和教育发展的条件、背景、规模、资源配置状况等因素都不相同，学区在跨区域之间实现难度较大。因此，学区的建立应是在区（县）域范围

---

① 陈国庆：《关于学区制度建设的几个问题》（2007-05-18），江西教育网：http://www.jxedu.gov.cn/zwgk/xbjyky/%20xbjyjck/2010/10/2010/004002500338.html。
② 卢娜：《学区化管理的实践与思考》，载《辽宁教育研究》2007年第2期。
③ 李奕：《实行学区化管理　实现区域内各类教育资源的深度整合》，载《中小学管理》2006年第2期。

内，按照学校的空间位置、学校的教育发展条件和水平、优质教育资源辐射范围和今后教育发展规模等要素，将全区（县）学校划分为若干个不同的学区，并通过不同学区内部的均衡与特色发展，实现区域义务教育的均衡发展。有鉴于此，我们将广州市越秀区 101 所中小学划分为 10 个学区。其中，区属中学划分为四个学区，区属小学划分为六个学区。每个学区设立一个学区主任学校，一个学区工作小组，学区主任学校由学区内名校承担，学区工作小组由学区内各学校校长组成，主要工作内容是负责研究制定学区建设总体规划、学区资源配置计划、学区运行评议、组织落实各项工作等。它们均由区教育局学区建设领导小组直接领导。①

比较以上学区的概念，可以认为，以广州市越秀区为例的南部沿海发达地区中心城区的"学区"新含义，既不同于"跨行政区划"的学区概念，也不同于"亚单元"和"学校共同体"的学区概念。立足于南部沿海发达地区中心城区、适合全国不同地区的学区概念的核心是：学区不是处于县教育行政机构与学校之间的一个亚教育行政机构，而是资源优化、整合与利用协作体，是共同进步与发展的协作体。

三、学区管理概念与内涵

对学区管理概念的界定，国内外学术界界定不一。美国有学者认为，学区管理是州政府根据相关行政立法，结合教育管理专家和学区相关人员的意见，通过学区中心办公室，设计高质量的教育项目来对学区进行分权管理的方式。② 在我国，各地区根据自己的实际情况，对其界定也各不相同。辽宁省沈阳市教育局认为，学区化管理不是一个简单的活动，而是义务教育在总体思维方式、运行方式和管理方式上的转变。③ 北京市东城区教委认为，学区管理是在区内条块化管理和校内综合化管理之间的一种新型管理体制。④

---

① 蔡定基、周慧：《学区管理内涵与实践》，载《中国教育学刊》2010 年第 8 期。

② 洪浩：《美国基础教育管理的特点》，载《教育情报参考》2006 年第 3 期。

③ 卢娜：《学区化管理的实践与思考》，载《辽宁教育研究》2007 年第 2 期。

④ 李奕：《实行学区化管理 实现区域内各类教育资源的深度整合》，载《中小学管理》2006 年第 2 期。

广州市越秀区根据其学区内教育实际情况，认为学区管理是在原有的区域教育管理和学校教育管理之间的一种以空间地域为界线，以地域内所有教育资源为内容，由教育行政机构、教育教学研究与培训机构、学校共同组织策划的整合教育资源、实行人才交流、实现资源共享、搭建发展平台、促进教育均衡发展的新型教育管理体制。在层次上，它处于"区域"和"学校"之间；在内容上，它处于"区域全部教育资源"和"学校单一教育资源"之间；在组织上，它处于"行政"与"民间"之间；在管理上，它处于"区内条块化管理"和"校内综合化管理"之间；在发展上，它处于"共同"与"特色"之间。

学区管理有以下几层含义。第一，效益最大化。在学校工作并未增加新的管理机构的前提下，以获取最大效益为目标，进行一系列的人、财、物、信息资源的调整与共享。第二，结构最优化。它强调义务教育体系内部的纵横逻辑联系与结构优化。第三，组织扁平化。它是通过网络平台，实现学区内大量的硬件资源、知识资源和人力资源的整合与异地使用。第四，管理一体化。学区内的学校管理共系、规则共守、资源共享、平台共用、信息共通、人才共助、教科共谋、研训共办、评价共促、愿景共同和发展共进。

比较以上学区管理的概念，可以认为，立足南部沿海发达地区中心城区、适合全国不同地区的"学区管理"的新含义，既不同于"行政层面"的学区管理概念，也不同于"中间层面"、"活动层面"的学区管理概念。立足南部沿海发达地区中心城区、适合全国不同地区的学区概念的核心是，学区管理不是教育行政管理，学区管理是民主、合作的扁平管理。它是以县域为单位教育管理体制上的一次变革。从纵向上看，它不同于国外的教育行政区，也不同于国内部分学区的教育行政"亚单元结构"和"中心校"，它强调在学区内建立现代国民优质教育体系的最基层单元，保持从学前、小学、初中到高中、职业教育等教育链条的连贯性，保持学生入学权利与入学机会的均等，完善现代国民优质教育体系；从横向上看，它不同于社区和街道的学区教育，它在教育均衡化发展的基础上强调优质发展与特色发展，使学区内各级教育机构在共享教育资源的过程中，实现自身的优质与特色发展，实现不同群体间的教育均衡。

四、学区管理的特点

研究区域义务教育均衡发展的学区管理模式，不仅要研究其内涵，也要研究其特点。根据对教育均衡、教育发展、学区和学区管理内涵的理解与分析，我们认为，区域义务教育均衡发展的学区管理具有如下特点。

（一）学区教育教学运行与管理的相对独立性

教育发展具有其内在的规律性，区域教育的发展有其特殊的规律，学区内学校的发展更有其独特的规律性。因此，学区内的教育一般都形成了独立的管理机制。越秀区由 101 所中小学组成的 10 个学区，它们都有统一的组织、计划、管理办法、共享和协调机制等，在管理上都具有一致性和连续性，共享与协调学区内的各种教育教学活动和教育资源，教育资源的流动较少受到限制。

（二）学区内部的相对同质性

同质性是指学区内部的某些重要因素和特征比较相似。它强调的是学区内某种要素的静态的相似性，反映的是学区内一种匀质的平面状态。越秀区的 10 个学区，基本上都是按教育活动的空间位置比较相近、教育发展条件的相似性来划分的。

（三）学区内部的极化性

极化性是学区内部的教育，在质量杠杆的引导下，具有某种共同的利益和集团意识，向某个教育资源较好的学校汇集，产生了教育规模效应，形成了教育发展的增长点或极点。学区内部的极化性不仅可以促进学区内教育极点的进一步发展，还能增强学区内教育极点的外部竞争能力，使其教育质量和教育效率迅速扩大。它强调的是某种要素的动态结构，反映的是一种非匀质的主体状态。在非匀质的结构里，有一定的地理空间、一个核心和呈梯度发展的学校。越秀区的 10 个学区，在按照学校教育活动的空间位置比较相近、教育发展条件的相似性来划分的同时，也按照学校的教育发展水平、教育资源和今后教育发展规模等要素来划分。

（四）学区内部的扩散性

扩散性是指学区内部的增长点（极点）通过其教育产品（学生）、硬件资源、人才资源、知识资源和信息的向外流动，将其教育教学的理念、管理、方法和创新成果传导到周围的学校，促进其周围学校的教育教学效率和教育教学质量的增长。这种传导的原因，是学区内教育增长点的高度发展造成优质教育资源过度集聚，而这种过度集聚，则使其教育成本不断提高，教育公平、教育效率和教育效益降低。因此，为了实现教育公平，提高教育效率和效益，就需要优质教育资源向周围学校辐射。越秀区为了加快优质教育资源的覆盖率，提升学校教育的质量，根据区内学校的不同发展状况、发展水平和空间位置的相近性，实施名校合并普通学校的措施，就是学区内部扩散性特点的具体体现。

（五）学区内部的系统性

系统性是指学区是由若干要素以一定结构形式联结构成的具有某种功能的有机整体。它可以从三个方面去理解。第一，学区是一个系统，这个系统是相对于上一层次（区域）的一个子系统，也是相对于下一层次（学校）的一个总系统。第二，学区内的教育基本上拥有名校、省一级学校、市一级学校和区一级学校等各个层次和发展水平不同的学校，它们之间彼此相互联系和相互依赖，具有比较完备的管理、教研、培训、教学、考试等循环系统。第三，学区作为一个系统，学区内的教育一定会发生资源的流动，即会产生一个运行体系。如学区内硬件资源（设施、设备等）、人力资源（名师、特级教师等）和知识资源（教学、课程、考试等）的共享，就是学区资源运行体系的系统运作和整体功能发挥的体现。

（六）学区内部的微观空间性

从古到今，人类的教育活动无论处于哪个发展阶段，属于哪种类型，采取哪种方式，它们都是在一定的空间地域中发展起来的。如学区内学校的设立与撤并都是在一定的空间地域中发生的，但这一空间则是相对于区域而言的微观空间。学区内部的微观空间性，一方面有助于研究学区管理模式，解决学区内教育教学活动在"何时"、"何地"以"何种方式"开展的问题；另一方面，学区的空间又是相对有限的，研究学区管理模式，是为了使学区内的学校教育更加符合区域社会经济的实际，使学区内的教育资源配置达到最优化，最大限度地推动区域义务教育均衡发展，提高教育投资的效益。同时，也促进学区内学校的均衡、持续、优质发展，既满足地方政府发展的需要，也满足学生个人发展的需要和社会对教育发展的需要。

（七）学区间的相对差异性

由于经济是教育发展的基础，区域内的教育都会受到许多特定条件的影响，从而使其发展的结构、规模、效率、效益等方面产生相应的差异。同样，区域内的学区，由于它们的教育发展背景、条件、结构和规模不同，因此学区间教育发展的程度也会产生相应的差异。越秀区的10个学区在发展中也各有差异，中学第一学区由于其研究的氛围较浓，比较注重以教育科研带动学区内学校的发展；中学第三学区由于其有一所职业中学，能够为学区内的学校提供符合学生和社会需要的综合课程，比较注重学区课程体系的构建；小学第二学区由于其信息技术的发展较好，比较注重以信息化带动学区内学校的发展。

（八）学区间的趋同性

虽然越秀区101所中小学分成了10个学区，但它们的教育发展方向和终极目标是一致的，即它们都符合国家的教育方针和政策，学校的教育目标是为了提高学生的综合素质，促进学生的终身发展和个性发展，培养社会合格的公民，这就是学区间的趋同性在教育目标上的体现。学区间不仅在教育目标方面有趋同性，在教育政策方面也有一定的趋同性。越秀区政府和区教育局为了促进区内教育的协调发展，对各学区的教育必定会采取一些干预措施或协调措施，以促进各学区的协调发展。同时，各学区由于受国家和政府教育政策的影响和限制，教育发展的方向是趋同的。越秀区各学区都非常重视广州市提出的"在中小学教学领域进一步深化素质教育"的要求，重视教育教学质量的提高，重视教育为区域经济和社会发展服务。

（九）学区间教育利益的一致性

在教育目标和根本利益上，学区间的教育是一致的。因为学区是由特定的利益主体（学校）组成的，有着比较明确的教育利益。学区在一定程度上受到学区内利益主体（学校）的影响，并成为它们利益的代表。而学区间利益的一致性主要表现在：教育资源的配置、教育投资和政策倾斜，其目的在于使学区能够形成竞争优势和比较利益优势，在竞争中获胜。如越秀区各学区在人力资源方面，都希望自己有更多的名师、名校长、特级教师等优秀的人力资源，都希望自己有现代化的教育设备、设施和场室，都希望自己有良好的生源，以保证自己学区在教育竞争中处于优势。

（十）学区间教育利益的矛盾性

学区间在保持教育利益一致性的同时，学区为了保护和扩大本学区的教育利益，形成相对竞争优势和比较利益优势，它们会与其他学区竞争教育资源、教育投资和政策倾斜，会利用各种方式"迫使"或"诱使"政府服从学区的教育利益。因此，在学区教育利益和比较教育利益驱动下，教育资源势必在学区间流动，这样势必造成非优势学区将要承担优势学区的要素（包括人力资源等）转移，从而大大降低其教育发展的能力，加大了学区间的差异，学区间的教育利益产生了矛盾。为了解决学区间教育利益的矛盾，政府势必加以干预，这在一定程度上又使政府和学区间产生了矛盾。

（十一）学区间学习的团队性

由于学区在一定程度上是一个学习型组织，每个组织（学区）都有自己要实现的愿景，因此每个学区为了实现自己的愿景，通过各种学习方式，提高学区内学校和教师的整体协调配合能力，发挥集体的智慧，提高学区的整体绩效，使学区内的学校和教师在学区中快速成长。如越秀区小学第一学区以"有效教学"为愿景，组织学区内的教师进行以集体、分组、个人相结合的方式进行学习，让教师在团体学习中坦诚对话，激发教师的教育智慧，解决教学中的共性问题，形成学区成员间的默契，从而全面提升学区的整体力量，为学区的持续发展保持了良好的态势。

五、学区管理模式的原则

建立区域义务教育均衡发展的学区管理模式，必须遵循一定的原则。我们认为，区域义务教育均衡发展的学区管理的基本原则如下。

（一）以人为本的原则

按照马克思主义的观点，人总是具体、现实的人，现实的人总是存在于一定的时空之中，存在于每个时代个人的实际生活之中。而要关注实际教育生活中的人，体现"以人为本"，就要着眼于人的全面发展，更多地尊重人的独立性，更多地关注人的创造性，更多地关注人的个性发展，更多地关注人的存在与价值，更多地关注人的情感与沟通。因此，在学区管理中通过区域内优质教育资源共享，为受教育者创造相对均衡的受教育机会和受教育条件，享受相对均衡的受教育过程和受教育结果，从而促进受教育者的终身发展和个性发展。

（二）教育公平的原则

教育公平是社会公平的基础，是社会公平价值在教育领域的延伸和体现，是制定教育政策的基本出发点，是现代教育的基本价值观。由于教育公平包括入学机会均等、享受优质教育资源配置均等、取得学业成功的机会均等三个方面，因此在学区管理中要让每个学生享受人生教育起点中入学机会的平等、人生受教育过程中教育资源配置的平等和教育质量的平等，从而保障每个学生获得教育成功概率的平等，缩小义务教育阶段学校之间的差距，促进区域义务教育均衡发展。

（三）效益最大化原则

美国学者雷·道格拉斯（Rae Douglas）针对"处理平等问题"，提出了"利益最大化原则"。他认为："平等可以从三方面加以理解，第一是区分平等对象，第二是明确资源平等类型，第三是阐明平等原则。"在阐明平等原则时，他认为："利益最大化原则是处理平等考虑和差别对待的准则，这一准则要求平等或差别待遇切合平等化对象，符合平等化对象的利益。"① 我们吸取道格拉斯的思想，在学区管理中要通过教育资源的平等，合理地配置教育资源，缩小学区内学校的差距；通过入学机会的平等，最大化地促进受教育者的利益，逐步缓解区域内的教育差距。

（四）因地制宜的原则

由于每个学区内的学校都有不同的发展背景、条件和水平，要做到区域教育均衡发展，就必须根据各学区及学区内学校发展的条件、特点和实际，因地制宜地进行分步推进、分类指导，不断开拓创新，在均衡发展的基础上办出特色，推动区域义务教育均衡与特色发展。

（五）教育补偿的原则

美国学者科尔曼（James Coleman）针对"教育差异"，提出了"消解教育差异的原则"。他认为："要采取经济措施补偿那些能力优秀但没有优越背景的人，要对那些生来基因不良或者处于恶劣环境中的人进行补偿。"② 《中华人民共和国教育法》（以下简称《教育法》）也体现了这一平

---

① ② 朱永新：《关于基础教育均衡发展的建议》，载《中国网》2003 年 3 月 14 日。

等思想，如《教育法》中专门规定要"扶持和帮助少数民族地区和落后地区发展教育事业"。因此，在学区管理中要通过各种补偿措施，促进不同学区内学校的受教育者享受优质教育的平等机会、享受优质教育资源的平等机会、获得教育成功概率的平等机会，从而消除区域教育内部的差距，促进区域义务教育均衡发展，最大限度地体现社会公平。

第二节 学区管理模式的构成要素与关系

建立区域义务教育均衡发展的学区管理模式，不仅要了解相关概念的内涵、特点和遵循的原则，也要厘清学区组织内部的构成因素和相互关系，明确各要素的功能与定位，帮助学区建立一种系统、综合、动态、开放的思维方式，从而为寻找实施路径提供基础。

一、学区管理的构成要素

学区管理是在原有的区域教育管理和学校教育管理之间的一种以空间地域为界线，以地域内所有教育资源为内容，由教育行政机构、教育教学研究与培训机构、学校共同组织策划的整合教育资源、实行人才交流、实现资源共享、搭建发展平台、促进教育均衡发展的一种新型教育管理机制。根据学区管理的内涵，我们可以看出学区组织是由空间、资源（包括物质、人力、知识）、技术、制度、愿景五个要素组成。具体如下。

（一）教育的空间要素

学区存在于一定的地域空间中。在一定的地域空间中，有教育的对象——人、教育的地理环境、教育的文化环境。在不同的地域空间，教育的对象、地理环境和人文环境则是不同的，而这种不同会以一种"遗传"的方式，影响周围人们的价值观念、思维方式和行为方式，使之深深打上"本土"的烙印，深深影响教育资源的配置和教育的发展。原东山区，濒临珠江，地处原老市区的边缘地带，地势平坦开阔，有美丽的东山湖，风景秀丽如画，且闹中带静，是理想的办公与居住地。因此，自民国初期以来，东山就是达官贵人聚集地，也是政府机关和军队的所在地。良好的居住环境和高素质的居住人群，使他们对子女教育的要求也较高。在这一教育对象、教育环境的影响下，这里名校林立，校园环境古色古香，沉淀出自己独特的校园文化，有优质的教育资源、较好的教育教学质量和社会口碑。如有百年历史的培正中学和培正小学，它们传承着百年老校至善至正、爱国爱校的"红蓝精神"，形成了学校独特的"红蓝文化"。由于良好的办学条件和文化基奠，这里的学校成为众多家长和学子求学的理想之地。

（二）教育的资源要素

要促进区域义务教育均衡发展，就要有一定的教育资源。根据教育资源的存在方式，我们认为，学区管理中的教育资源主要包括物质资源（硬件资源）、人力资源和知识资源三个子要素。

1. 物质（硬件）资源要素

教育中的物质（硬件）资源是指在教育过程中长期存在并发挥作用的物质基础，如校园校舍、教育教学设备、教育教学设施和场室、图书资料等。物质（硬件）资源可用人均资产来表示，它不仅体现了一定时期教育的供给能力，也是教育均衡发展的基础。当经济发展水平低时，其教育投资就不足，这就使教育的供给不足，造成教育中的物质（硬件）资源配置不合理，使受教育者的入学机会、受教育过程和获得教育成功概率的机会不均等，产生教育发展的不均衡状况；当经济发展水平较高时，其教育投资充足，教育供给就充足，使教育资源（硬件）资源的配置合理，这就可以在一定程度上改善办学条件，扩大办学规模，增加受教育的机会，为受教育者享受教育过程的均等和获得教育成功概率的机会均等奠定基础，在一定程度上促进教育的均衡发展，形成教育的良性循环，推动区域社会经济的发展。

2. 人力资源要素

学区管理中的人力资源主要是学区的教育工作者（校长和教师），特别是教育工作者的数量和质量。教育工作者的数量决定着区域教育发展的规模，教育工作者的质量则决定着区域教育发展的效率和效益。由于政府是按照一定的生源比例来配备教师的，如果教师的数量越多，则表示教育规模越大，受教育者获得受教育的机会越多；如果教师的数量越少，则表示教育规模越小，受教育者获得受教育的机会越少。而教育工作者的质量则主要包括教育工作者的受教育程度、工作态度、教育素养、管理能力、教育教学能力、专业化水平、研究能力和创新能力等，如果教育工作者的专业化水平和教育素养高，则表示其可以较快地接受和运用新的教育理念、方法和技术，提高教育的生产力和教育质量，增加教育的效率和效益；如果教育工作者的研究能力和创新能力强，则表示其能够较快地发现教育教学中的问题，运用教育理论较好地解决教育教学中的问题，提高教育教学的效率和效益，使更多的受教育者获得教育过程的均等和教育成功概率机会的均等，推动区域义务教育向均衡与优质化方向发展。

3. 知识资源要素

知识是由客观世界中的信息被人的主观意识接收、加工、整理、综合，并与人的认知能力相结合而产生。知识产生之后，其内容可用语音、文字、数字、图形、手语、旗语或者其他符号来表述，从而获得客观化的存在形式；其形式可以分为存在于书籍、光盘、建筑上的固化知识和存在于人脑中的活化知识两类。由于知识不仅和其他经济资源一样具备有用性和稀缺性的特点，同时它也是经济元系统输入其他经济资源的前导、向导和指导。人们必须对某种资源的自然功能属性和社会经济特征有所认知、熟悉和了解，才能具备相关的自然知识和社会知识，才能获取、输入、使用和调配这种资源。因此，知识资源是生产力增长和生产率提高的源泉，是微观经济元系统和宏观社会经济体系生存发展的支撑基础和最终依托。

学校是知识资源的生产地，如何生产这些知识资源非常重要。在区域义务教育中的固化的知识资源主要是书本知识，活化的知识资源则主要包括典型教案、网络课件、备课资源、远程课程、优秀题库、课题研究、校本研修资源、课改成果等。那么，学区如何通过这些知识资源的输入、转化和输出过程，创造出新的知识产品，提升教育的效率和效益，对实现区域义务教育均衡发展具有重要的基础作用。

（三）教育的技术要素

广义的教育技术要素是指教育思想、教育理念和教育教学的组织形式、方法、手段、设备等，而学区管理中的技术要素则是指为了实现硬件资源共享、知识资源共享和人力资源共享，利用学区信息化平台为学区资源共享提供技术服务和支持载体，其目的在于为区域义务教育均衡发展提供资源整合和共享的导向、支持和帮助。通过技术要素，学区间和学区内的教师可以学习他区、他人的教育思想、教育理念、教育教学方法和手段，形成自己的教育思想、教育理念，改进自己的教育教学方法，提升自己的教育教学能力，达到提高教育质量和教育效率的目的，为区域义务教育均衡发展提供支撑。

（四）教育的制度要素

制度不仅反映了政府对区域义务教育均衡发展的态度和措施，也反映了教育均衡发展在区域社会经济发展中的位置及区域义务教育均衡发展的部署和安排。学区管理中的制度要素主要包括区域教育均衡发展学区管理模式的指导思想、目标、任务和相应的规章制度、各项指标及执行学区管理模式的战略、计划与对策。

（五）教育的愿景要素

愿景是人们内心的愿力，一种由深刻难忘的影响力所产生的愿力。而组织的共同愿景是整个组织中人们内心的图景，它使人们知道学区管理的目标是什么？在教育过程中要共同创造什么？人们应该怎么做？通过愿景，激发人们构建学区管理模式的积极性、主动性和创造性，使学区充满活力，形成一个感知心智活动的良性循环，培养人们对教育工作的激情和真心投入，并通过"共享学区资源、人力资源，合作发展平台"和"建立学区管理体系、评价机制"的学区建设策略，努力实现区域义务教育优质均衡发展的目标。

二、学区管理构成要素的关系

根据管理学理论，区域义务教育均衡发展既是一个系统管理的问题，也是一个经济学问题。因为区域义务教育要实现均衡发展，不仅要考虑教育的投入与产出的关系问题，也要考虑学区作为一个管理系统，各要素之间是如何相互联系与相互作用，从而达到资源配置与利用的最大化和教育效率、效益的最大化的目的，实现区域义务教育均衡发展。它们之间的关系如图 2-1 所示。

从图 2-1 中我们可以发现以下情况。第一，在教育投入与产出的管理

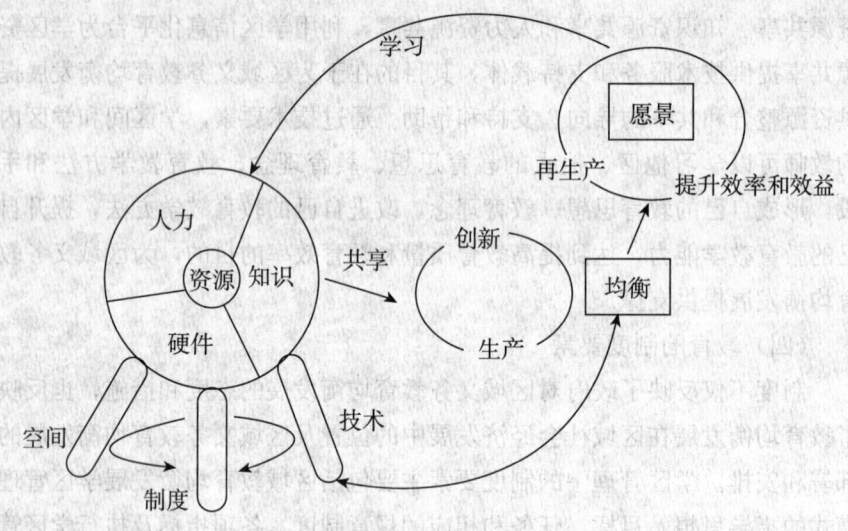

图 2-1　学区管理模式中各要素的关系

系统中，空间要素、制度要素和技术要素是支撑资源（硬件、人力、知识）要素这个板凳的三条腿，同时空间、制度和技术三要素又构成教育投资的小环路，它们之间相互联系、相互作用，如空间要素联系并作用于制度要素，制度要素又联系并作用于技术要素，技术要素也与空间要素相互联系并相互作用。第二，愿景要素、资源要素和均衡发展构成教育产出的一个中环路，即学区的愿景，通过团队学习，实现资源的共享；资源通过共享、创新和生产，达到了一定程度的区域义务教育均衡发展；由于区域义务教育实现了一定程度的均衡发展，它提升了区域教育的效率和效益，又产生了新的共同愿景。同时，在这个中环路中又有两个教育生产的小环路，它们的联结点就是创新、生产、提升、再生产。第三，教育投入与产出以资源共享为联结，形成了一个系统的学区管理模式大环路，即学区的愿景，通过团队学习，实现资源的共享；资源的共享则是以空间、制度和技术三要素为支撑；资源通过共享、创新、生产，达到了一定程度的区域义务教育均衡发展，区域义务教育均衡发展又通过提升和再生产，形成了新的共同愿景和区域义务教育均衡发展中的新空间、新制度和新技术，并开始了新一轮区域义务教育均衡发展的过程。

第三节　学区管理模式的依据

依据是研究的基石和方向的指导。促进区域义务教育均衡发展的学区管理的依据是什么？这是研究区域义务教育均衡发展的基础。

一、学区管理模式的理论依据

（一）教育均衡理论的产生和基本内容

1. 教育均衡理论的产生

教育均衡是人们对现实教育需求与供求矛盾而提出的对教育发展的美好理想。而这一美好理想则需要通过教育均衡来实现。国民在教育活动中的平等地位和公平地占有教育资源，是通过教育均衡来实现的，而教育公平则是教育均衡发展的必然结果。因此，教育均衡的思想源于人们对教育公平的认识。

"有教无类"是中国古代教育家孔子教育思想体系中最伟大的思想，在中国古代教育史乃至整个世界古代教育史上都有重要的意义。在春秋以前，中国的教育是王官之学，有资格接受教育的是王公贵族的子弟，平民是没有资格入学接受教育的。孔子创办私学后，其招生对象不分等级、种类和国别，实施"有教无类"。这一革命性的改革，打破了历史上"学在官府"的局面，冲破了"礼不下庶人"（《礼记·曲礼》）的等级制度，推动了"学移民间"，使更多的人受到教育，开创了教育公平思想的先河。据《史记·仲尼弟子列传》所载，在孔子的三千弟子中，有贵族家庭出身的孟懿子、南宫敬叔等，有贫贱家庭出身的颜路、曾参、子张等，有商人家庭出身的子贡等，有大盗家庭出身的颜涿聚等。孔子的众多弟子分别来自齐、卫、陈、宋、吴、楚、晋、秦等国，其种族有华夏族、蛮夷族、戎狄族等。

古希腊的哲学家、教育家柏拉图（Plato）在其代表作《理想国》中指出："国家应把教育事务当作头等大事，由国家管理和监督一切教育机构，并审慎地选拔负责教育事务的官员，把它作为国家最高职务中最重要的职务。"同时。他认为："公民的子女为国家所有，由国家负责其养育和教育。而且公民子女从出生到 30 岁要经历不同的教育阶段，才能为国家培养合格的人才。"柏拉图关于公民教育的一系列主张，反映了其教育公平的思想。因此，柏拉图是西方最早提出教育公平思想的人。①

2. 教育均衡理论的基本内容

对教育均衡理论的认识，学术界有不同的说法。有学者认为，教育均衡是教育与其社会领域之间的均衡发展。有学者认为，教育均衡是教育领域内部各级各类教育之间的均衡发展问题。② 国内学者刘平秀认为，教育均衡是教育系统内部各种要素之间的均衡发展问题及教育各要素内部的各组成单元的均衡发展问题。③ 目前，人们关注的义务教育均衡发展问题，主要是指我国不同地区之间、城乡之间、同一地区不同学校之间、同一学校不同群体之间的教育均衡发展问题。鉴于此，翟博认为，教育均衡发展不仅包括宏观层面的国家法律政策的因素，也包括中观层面的区域之间、城乡之间、校际之间、群体之间的教育资源配置的因素，还包括微观层面的学校内部的教育教学管理与教育教学质量等因素。因此，从宏观来看，教育均衡是指教育所培养的劳动力在总量和结构上是否与经济、社会的发展需求达到相对的均衡；从中观看，教育均衡是指教育资源配置的均衡；从微观看，教育均衡是指学生能否在德、智、体、美、劳等方面均衡发展、全面发展。④ 它主要包括以下内容：第一是受教育者入学权利和入学机会的均衡发展，第二是教育在区域间统筹规划的均衡发展，第三是教育在城乡之间的均衡发展，第四是教育在校际间的均衡发展，第五是教育在学生间的均衡发展，第六是教育在不同类别、不同级别教育间的均衡发展，第七是义务教育质量的均衡发展，第八是义务教育结果在学校教育中和受教育者间的均衡发展。

---

① ［古希腊］柏拉图著，毕芙蓉译：《理想国导读》，天津人民出版社 2009 年版，第 50、69 页。

② 田芬：《基础教育均衡发展研究》，苏州大学博士论文，2004 年 5 月。

③ 刘平秀：《基础教育均衡发展的政策选择》，载《理论月刊》2010 年第 11 期。

④ 翟博著：《教育均衡论》，人民教育出版社 2008 年版，第 115—117 页。

3. 教育均衡理论是学区管理模式的理论基础

"教育均衡"理论通过"目标—配置—发展"的关系，证明了教育对人的发展的动态的促进作用。通过目标与配置的关系，说明了教育均衡发展水平的差异，反映了教育均衡发展的程度；通过教育发展，创新教育管理机制，提升资源合理利用的效率和效益，促进区域教育、学校和学生的持续发展，提升区域教育竞争力，满足公民对教育的需求。因此，教育均衡是一个发展的问题，因为义务教育均衡发展的核心是通过设置目标、合理配置资源来改变管理方法，促进教育的均衡、优质与持续发展。

马克思主义的哲学史理论建构起了其经典的发展模式理论，而且从历史与逻辑的统一方面提示了事物的发展规律，构建了唯物辩证法的理论基础。正如恩格斯在《路德维希·费尔巴哈与德国古典哲学的终结》一文中指出的："全部哲学，特别是近代哲学的重大的基本问题，是思维和存在的关系问题。"[①] 而教育均衡理论之所以重要，主要是其揭示了教育问题与教育发展的关系，即当影响教育均衡的问题存在时，就会推动教育的发展。因此，利用教育均衡理论进行学区管理，是构建学区管理模式的基础。

继恩格斯的"问题发展"模式之后，列宁提出了"螺旋发展"模式理论。列宁认为："人的认识不是直线，而是无限地近似于一串圆圈、近似于螺旋的曲线。"[②] 而教育均衡理论之所以重要，主要是其提示了资源与发展的关系，即在不同的发展阶段，资源分配的状况不同，教育均衡发展的程度也不同，但总的来说体现了一种螺旋上升的发展趋势。因此，利用教育均衡理论进行学区管理，是构建学区管理模式的核心。

(二) 教育公平与效率关系理论

1. 教育公平与效率关系理论在我国的体现

教育公平与效率是近代思想家和政治家普遍关注的一个重要理论问题。由于教育改革与发展要以经济发展为依托，因此，处理好教育公平与效率的关系不仅是构建社会主义和谐社会的一个重要问题，也是现代社会经济发展的追求目标和价值选择，还是教育事业发展过程的追求目标和价值选择。那么，如何看待公平与效率的关系呢？

---

① 《马克思恩格斯选集》第 4 卷，人民出版社 1995 年版，第 223 页。
② 《列宁全集》第 55 卷，人民出版社 1990 年版，第 311 页。

美国经济学家阿瑟·奥肯（Arthur M. Oken）在《平等与效率——重大抉择》一书中写道："社会面临着选择：或是以效率为代价稍多一点的平等，或是以平等为代价稍多一点的效率。"① 经济学家科尔奈（J. Kornai）认为："公平与效率二者是鱼与熊掌不可兼得。"②

党的十一届三中全会以来，邓小平曾多次说过，社会主义是高度发展生产力的社会，是讲发展、讲速度、讲效率、讲效益的社会。社会主义只能奠定和建立在快速发展和高度发达的生产力基础上，而不能悬浮于凭空想象的道义公平之中。不讲发展和速度，不讲效率和效益，不仅不是社会主义，甚至连资本主义也不是。基于对社会主义的理解，社会主义的教育也就必须讲发展与速度、讲效率和效益。邓小平主张，教育事业必须同国民经济发展的要求相适应。邓小平还认为，必须优化教育资源配置，提高教育资源的使用效率。办好教育要两条腿走路，即要注意普及，又要注意提高。因此，正确认识公平与效率的关系，不仅对构建和谐社会有重要的意义，也对促进义务教育均衡发展具有重要的意义。③

2. 教育公平与效率关系理论的基本内容

（1）教育公平与教育效率的内涵。

公平是一个难以界定的概念。在不同的时代、不同的发展阶段、不同的社会阶层对公平的理解是不同的。因此，它具一定的历史性和相对性。目前，学术界对社会公平有以下几种观点。

第一是平均主义公平观。这是手工业与小农经济的产物，它把平均与平等作为衡量社会公平的标准。第二是等级主义公平观。它认为，人天生就是不平等的，因而在社会中理应得到不同的待遇。第三是功利主义公平观。它主张以国家利益或"最大多数人的幸福"构成社会公平的目的，公平的分配方式也就是有助于实现这一目的的分配方式，即按贡献大小分

---

① ［美］阿瑟·奥肯著，王奔洲等译：《平等与效率——重大抉择》，华夏出版社 1987 年版，第 2 页。

② 郭盛、秦春华：《科尔奈转轨经济思想研究》，载《中国青年政治学院学报》2002 年第 4 期。

③ 邢永富：《学习邓小平教育效率与教育公平的思想》，载《教育研究》1995 年第 12 期。

配。第四是自由主义公平观。它主张对不同出身、不同民族、不同信仰、不同肤色、不同性别的人都给予同等的竞争机会，也就是机会均等与起点平等。第五是马克思主义公平观。它主张，只有消灭了生产资料的私人占有制，消灭了阶级和阶级剥削，无产阶级才能在实际上取得平等的权利。①

基于对不同社会公平观点的理解可以看出，教育公平是国家对教育资源配置的合理性，它是社会公平在教育领域的延伸，它属于主观上的价值判断体系。其内容正如美国的詹姆斯·科尔曼（James Coleman）在《教育机会均等的概念》中提出的教育公平的四条标准："进入教育系统的机会均等，参与教育的机会均等，教育结果均等，教育对生活前景机会的影响均等"②。

同样，学术界对效率的理解也有不同的观点。有的学者把马克思的生产费用对效用的观念看作效率，有的学者把丁伯根的全要素生产率看作效率，有的学者把综合投入产出系数、全社会劳动生产率、资金利润等看作效率。③ 而美国的阿瑟·奥肯则认为："效率是多多益善，但这个'多'则是在人们所愿购买的范围内。"④

基于对不同效率观点的理解可以看出，教育效率是指教育的投入与产出的比率。效率高意味着用较少的人力、物力和财力取得最佳的效果，反之则效率低。而对教育效率高低的评价则实际属于一种客观判断，用来解释教育资源分配的科学性。

（2）教育公平与教育效率的辩证关系。

教育公平与教育效率的关系是既统一又对立的。其统一关系主要表现在两个方面。第一，教育效率是教育公平的基础。因为从教育发展过程看，只有当教育效率提高到教育产品供应剩余后，才会出现教育公平现象，而只有高质量的教育效率才能实现教育公平。第二，教育公平制约着教育效率。由于教育的低效率，造成了教育的不公，而影响教育低效率的

---

① 翟博著：《教育均衡论》，人民教育出版社 2008 年版，第 103—104 页。
② 陈茂直：《和谐社会视角下的高等教育公平》，载《合作经济与科技》2010 年第 18 期。
③ 韩国新：《经济、行政立法实践中公平与效率关系的再审视》，载《甘肃社会科学》2000 年第 1 期。
④ ［美］阿瑟·奥肯著，王奔洲等译：《平等与效率——重大抉择》，华夏出版社 1987 年版，第 2 页。

关键因素是人的积极性和创造性的发挥，但影响人的积极性和创造性发挥的是物质，即获取物质和分配物质。因此，教育效率必须以教育公平为基础。

而教育公平与教育效率的对立关系则主要表现在三个方面。第一，提高教育效率必须牺牲一部分公平。教育效率的高低与其所占有的教育资源的多少有关，占有优质教育资源的组织其教育效率较高。因此，提高教育效率是以牺牲部分教育公平为代价的。第二，保证教育公平则必须放弃部分教育效率。国家如果通过教育资源再分配强调了教育公平，缩小了差距，则又会出现降低教育效率的现象。因此，实现教育公平是以牺牲部分教育效率为代价的。第三，教育资源分配严重不公平导致教育效率下降。教育效率的提高要受到许多经济与非经济因素的影响。因此，教育公平与教育效率的关系问题一直以来都是理论界争论的问题。但无论如何争论，教育公平的实现与教育效率的提高都必须以社会政治与经济稳定为基础。

3. 教育公平与效率关系是学区管理的理论基础

通过对教育公平与教育效率内涵和辩证关系的分析，我们可以得出以下结论。第一，教育公平与教育效率是既相互统一又相互矛盾的一对对立统一体，它们有机地统一于教育事业发展的过程中，又不简单机械地对立；它们是一个事物的两个面，一面是功利的，一面是超功利的。第二，教育效率是教育公平的基础，提高教育效率的过程就是促进教育公平的过程；教育公平则有利于促进教育效率的提高。第三，教育资源分配的原则是效率优先，兼顾公平，利于稳定。因此，义务教育均衡发展是教育公平与教育效率辩证关系的处理问题。

（三）学习型组织理论的产生和基本内容

1. 学习型组织理论的产生

在变化多端的现实社会，任何组织如果不变革就无法生存，而要实现变革，就必须不断地学习，不断地改进。而这种"不断地学习"要通过教育来实现，"不断地改进"则要通过管理来实现。因而在不同的社会经济条件下，人们对学习与管理的本质认识则不同。追索学习型组织理论的产生，它与学习型社会理论不可分割。

1968 年美国学者罗伯特·M. 哈钦斯（R. M. Hutchins）出版了《学习型社会》一书，首次提出了"学习型社会"的概念，即仅经常地为所有成年男女提供定时制的成人教育是不够的，除此以外，还应以学习成长和人格构建为目的制定制度，并由此建立一个朝向价值的转换和成功的社会。他认为，这个社会除了为成年人提供在个人生涯不同阶段的成人教育外，更是一种以学习、自我实现、人性发展为目标的社会，是全体成员充分发展自己能力的社会。在这个社会中，教育的目的在于改变社会的价值观念，发展人性；同时个人要充分实现自我，成为有个性的人，也必须不断地学习。1972年，联合国教科文组织国际教育发展委员会提交了《学会生存——教育世界的今天和明天》的报告，该报告在国际范围内，正式把"学习型社会"作为未来社会形态的构想提了出来。从此，"学习型社会"作为一种新型的国家发展理念，引起世界各国领导者的高度重视，并日渐成为全球的普遍共识。

在这样一种大环境下，为了探讨学习与管理的关系，1990年美国麻省理工大学管理学大师彼得·圣吉（Peter M. Senge）出版了管理学界划时代的著作《第五项修炼——学习型组织的艺术与实践》。由于学习型组织较以往的组织更能满足人类发展的需要，更能适应现代社会不断变化的特征，因此世界各国开始了创建学习型组织的实践。

胡锦涛同志在2008年全国组织工作会议上强调指出："各级党组织都应成为学习型组织，各级领导班子都应该成为学习型团队，各级领导干部都应该成为学习的表率。"习近平同志指出："要按照建设学习型政党的要求，紧密结合改革开放和现代化建设实践，以坚定理想信念、增强执政本领、提高领导科学发展的能力为重点，实施全覆盖、多手段、高质量的培训。"李源潮同志也在会上强调指出："要调动干部加强理性思维的主动性、积极性，培养干部的学习兴趣和学习习惯，倡导勤于学习、善于学习的风气，推进学习型政党建设。"

2. 学习型组织的基本内容

学习型组织最初的构想源于美国麻省理工大学佛瑞斯特（J. W. Forrester）教授。他是一位杰出的技术专家，是20世纪50年代早期世界第一部通用电脑"旋风"创制小组的领导者，他开创的系统动力学是提供研究人类动态性复杂的方法。他的学生彼得·圣吉将系统动力学与组织学习、创造理论、认识科学等融合，发展出一种全新的、管理学的组织概念——"学习型组织"，成为该理论的奠基人。彼得·圣吉在《第五项修炼》中指出："所谓学习型组织（learning organization）是持续开发创造未来的能力的组织。"对这样的组织而言，维持生存的"适应性学习"（adaptive learning）必须与增强我们创新能力的"生成性学习"（generative learning）相结合。①

彼得·圣吉理论体系的基本内容主要由五项修炼构成。

（1）第一项修炼：自我超越。

彼得·圣吉认为，"自我超越"的修炼是不断澄清和加深我们个人愿景的修炼，是持续集中我们的能量、增强我们的毅力并客观地观察现实的修炼。②它要求人们首先要明确建立个人"愿景"，然后通过不断的创造和超越，不断地实现人们内心深处最想实现的愿望。而组织整体对于学习的意愿与能力，则基于各成员对于学习的意愿与能力。

（2）第二项修炼：改善心智模式。

彼得·圣吉认为，"心智模式"是决定我们对世界的理解方法和行为方式的那些根深蒂固的假设、归纳，甚至就是图像、画面或形象。③它要求人们把镜子转向自己，发掘自己内心世界深处的秘密，并以一种开放的态度来面对与客观地审视事实，打破习惯思维的限制，借以改善自身的心智模式，从而不断地、深入地学习。而组织则采用反思和探寻的技术，培养组织成员能够彼此敞开心扉，诚恳地说明自己的看法，并了解沟通对象的看法，碰撞出智慧的火花，产生创造性学习的结果。

（3）第三项修炼：建立共同愿景。

彼得·圣吉认为，"共同愿景"是人们心中一股令人深受感召的力量，它将团体成员紧紧结合起来，凝聚出整体的力量，为学习型组织提供学习的焦点和能量。由于共同愿景是以个人愿景为基础，是由每一个组织成员个人愿景在互动成长的过程中汇聚而成的，因此，组织首先应将领袖的个人愿景与成员的个人愿景相整合，形成组织的共同愿景，然后发掘共有"未来景象"的技术，帮助组织培养成员主动、真诚地奉献与投入，实现成员个体价值目标与组织整体价值目标的理性融合，使组织的兴衰与成员个人的成功休戚与共，激发成员的积极性、主动性和创造性，使组织充满

---

① ② ③　[美] 彼得·圣吉著，张成林译：《第五项修炼——学习型组织的艺术与实践》，中信出版社 2009 年版，第 15、7、8 页。

活力。①

（4）第四项修炼：团体学习

彼得·圣吉认为，"团体学习"是发展组织成员整体配合与实现共同愿景的能力的过程，它可以降低组织内部的损耗，提高组织各部门和成员的整体协调配合能力，发挥集体的智慧，提高组织的整体绩效，并使成员在组织中得到快速成长。但是，由于个人学习的方向和目的不同，个人学习并不等于组织学习，因此，组织应创设一个为共同愿景而学习的团体氛围，通过各种学习方式，让成员在团体学习中抛开成见、坦诚对话，形成团队成员间的默契，从而全面提升团队的整体力量。②

（5）第五项修炼：系统思考

彼得·圣吉认为，"系统思考"是打破西方国家传统的线性、分割的思维模式，以一种整体、全局、动态的思维方式来进行思考的过程。它是学习型组织的核心。因此，它要求组织要从系统、动态、整体的角度，对一个复杂系统中各个实体连接进行分析，理解系统中各层次的特征，达到将整体与局部进行系统思考的目的，并在思考与反思中扩大视野，注意防微杜渐。③

研读彼得·圣吉关于学习型组织的理论观点，我们可以得出以下结论。第一，通过共同愿景，可以将不同个性的成员凝聚在一起，朝着组织共同的目标前进。第二，通过不断学习，特别是组织中成员的"适应性学习"和"生成性学习"，将会使我们保持旺盛的学习精力与学习能力，不断地认识我们生活的世界，从而有利于成员能及时地认识并排除个人与组织发展道路上的障碍，促使成员和组织保持持续发展的态势。第三，通过扁平式结构，减少决策层与操作层之间的隔阂，保证上下级的不断沟通，有利于上下级间的相互理解、相互学习、换位思考，从而形成整体思考、协调合作的组织氛围，造就巨大、持久的创造力。第四，通过自主管理，可使组织成员自己不断地进行系统思考，自己发现工作中的问题，自己选择团队伙伴，自己选定工作目标，并使成员在自主管理的过程中，不断地学习，不断地自我超越，从而增加组织快速应变、创造未来的能力。第

---

① ② ③　［美］彼得·圣吉著，张成林译：《第五项修炼——学习型组织的艺术与实践》，中信出版社 2009 年版，第 202、228、358 页。

五，通过领导者的角色定位，使领导者成为组织发展、组织结构和组织政策与策略及有效学习程序的设计者，使领导者成为实现组织共同愿景的服务者，成为组织成员不断学习的促进者。

3. 学习型组织理论是学区管理模式的理论基础

学习型组织理论为教育与管理学奠定了理论基础。由于彼得·圣吉的学习型组织理论被广泛接受，学习型组织理论逐渐成为世界各国和组织制定教育与发展政策的理论基础之一。

学习型组织理论通过"教育—管理—发展"的关系，证明了教育对组织与成员成长的价值。通过教育与管理的关系，说明了管理水平的差异反映教育水平的差异；通过教育发展，创新义务教育管理体系，提升未来系统公民的成长，引领他们成长为世界的公民。因此，义务教育均衡发展是一个管理学的问题，因为义务教育均衡发展的核心是通过系统学习来改变管理方法，提升教师与学生的综合素质，提高教育的效率和效益，促进学校均衡、高质与持续发展。

哈佛大学的加尔文（D. Garvin）认为："学习型组织是一个善于创造、获取和转化知识，并不断调整自己的行为方式以体现新知识与新见解的组织。"[①] 学习型组织之所以重要，主要在于其揭示了知识创造与管理的关系。因此，利用学习型组织的管理方法进行知识创造，是促进区域义务教育均衡发展的学区管理模式的关键。

鲍尔·沃尔纳（Paul Woolner）认为："学习型组织就是把学习者与工作系统地、持续地结合起来，以支持组织在个人、工作团队及整个组织系统这三个不同层次上的发展。"[②]学习型组织之所以重要，主要在于其揭示了学习与个人、团队、组织发展的关系。因此，学习就成为促进区域义务教育均衡发展的学区管理模式的核心。

美国乔治·华盛顿大学管理教授、世界未来学会理事威廉·哈拉勒（William Halaul）在《无限的资源》一书中指出：世界各国的组织正在经历以知识为基础的"革命"，这种革命将创造出生产力更高、效益能力

---

① ②　http//www. docin. com/p-60869340. html.

更强的新型组织。① 正如彼得·德鲁克（Peter Drucker）所言："知识生产力已经成组织业生产力、竞争力和经济成就的关键。知识已经成为首要产业，这种产业为经济提供必要的和重要的生产资源。"② 学习型组织之所以重要，主要在于其揭示了知识生产与知识资源配置的关系。因此，知识资源的配置就成为推进区域义务教育均衡发展的基础。

（四）区域经济理论的产生和基本内容

1. 区位经济理论的产生

区域经济理论起源于传统的区位论。在 19 世纪初叶（1826 年），德国经济学家杜能（Tunen）出版了《孤立国对于农业和国民经济之关系》，书中最早提出了以城市为中心呈六个同心圆状分布的"农业区位"的理论，即著名的"杜能环"。

到 20 世纪初叶，资本主义进入垄断阶段，德国经济学家韦伯（Weber）继承了杜能的思想，分别于 1909 年和 1914 年先后出版了《论工业区位》、《工业区位理论》两部名著，提出了"工业区位理论"和三条区位法则——运输区位法则、劳动区位法则和集聚或分散法则。

20 世纪 30 年代初，德国地理学家克里斯培勒（Christaller）在其名著《德国南部的中心地》一书中，将区位理论扩展到聚落分布和市场研究，认为组织物质财富生产和流通的最有效的空间结构是一个以中心城市为中心的、由相应的多级市场区组成的网络体系，并在此基础上提出了正六边形的"中心地理论"。

20 世纪 40 年代，西方国家由自由竞争资本主义过渡到垄断资本主义，企业间的竞争空前激烈，企业为谋求最大利润，必须使其产品市场最大化。1940 年，德国经济学家廖什（Losch）出版了《经济空间秩序》一书，该书将利润原则应用于区位研究，并从宏观的一般均衡角度考察工业区位问题，从而建立了以市场为中心的工业区位理论和作为市场体系的经济景观论。廖什的理论也被称为"最大市场学派"。这些"区位理论"又

---

① 肖然、闫惠兰：《知识管理创新时代悄然来临》，载《经济论坛》2000 年第 1 期。

② 何春蕾、董其上：《论知识经济时代管理在社会整体发展中的地位与作用》，载《国土资源科技管理》2000 年第 4 期。

叫"古典区位论"。

第二次世界大战后，随着大量区域发展理论和战略模式、网络和扩散理论、运筹学及系统论等思想和方法的应用，对区位经济的研究则由新古典经济学的静态局部均衡分析方法向对区域经济运行的动态性、总体性研究转化，逐步形成了现代区域经济理论。而为区域经济理论的建立奠定基础的是萨缪尔森（Paul A. Samuelson）的空间市场均衡模式和柏克曼（Beckman）的连续流模式，它们都是从处于一定地域空间中的生产和消费活动出发，对区域内的各种要素进行综合分析，建立区域的总体空间模型。

2. 区位经济理论的基本内容

区位是指人类行为活动的空间。区域经济理论是关于人类活动的空间分布及其空间中的相互关系的学说。具体地讲，是研究人类经济行为的空间区位选择及空间区内经济活动优化组合的理论。区域经济理论关注区域经济增长、发展和区域政策等问题，可分为传统区域经济增长理论和区域经济梯度推移理论。

传统的区域经济增长理论分为区域经济平衡增长理论和区域经济不平衡增长理论。在新古典经济学的基本假定下对区域经济增长问题研究的主要成果是索罗—斯旺增长模型。索罗和斯旺（Solow and Swan）在生产要素自由流动与开放区域经济的假设下，认为随着区域经济增长，各国或一国内不同区域之间的差距会缩小，区域经济增长在地域空间上趋同，呈收敛之势。由于不平衡增长是短期的，平衡增长是长期的。美国经济学家威廉姆森（Williamson）在要素具有完全流动性的假设下，提出区域收入水平随着经济的增长最终可以趋同的假说。这两种理论就是新古典经济学的空间均衡论。[①]

在现实中，由于发达国家为了追求经济的高速增长，把大量资源和要素集中投入到经济发展条件较好的区域，从而在经济高速增长的同时，发达区域与欠发达区域之间的两极分化急剧加大。在这一情况下，新古典经济学的空间均衡论已不能解释这一发展中的经济问题。为了解释这一现实

---

① 徐梅：《当代西方经济理论评述》，载《经济评论》2002 年第 3 期。

经济问题，并为促进发展中国家和欠发达区域经济增长提供理论和政策依据，经济学家又提出了"区域经济不平衡增长理论"。该理论的代表主要有缪尔达尔（Myrdal）的"循环积累因果理论"、赫希曼（Hirschman）的"核心—边缘理论"等。缪尔达尔认为："市场力作用倾向于扩大区域差距而不是缩小区域差距，一旦差距出现，则发达区域会获得累积的竞争优势，从而遏制欠发达区域的经济发展，使欠发达区域不利于经济发展的因素越积越多。要缩小区域差距，必须加强政府干预，加强对欠发达区域的援助和扶持。"①

区域经济梯度推移理论源于美国哈佛大学教授拉坦·弗农（Ruttan Vernon）等人创立的"工业生产生命周期阶段论"。区域经济学者将该理论引入到区域经济发展研究中，创立了区域经济梯度推移理论。该理论的主要观点如下。第一，区域经济发展的盛衰主要取决于该地区产业结构的优劣及转移，而产业结构的优劣又取决于地区各经济部门在工业生命周期中所处的阶段。第二，由科技进步引致的创新活动，大都发源于高梯度地区，然后随着时间的推移，生命周期阶段的变化，按顺序逐步由高梯度地区向低梯度地区转移，推进产业结构的更新。第三，梯度推移过程是在动态上产生极化效应和扩散效应两种途径来进行的，既产生经济要素向高梯度地区集中与转移，对周围地区起支配和吸引作用，又带动周边地区的经济发展。我国学者将区域经济梯度推移理论运用到改革开放后的中国经济发展总体布局中，根据该理论，将中国按地域划分为东、中、西部三大地带，实施由东部向西部梯度推进的区域经济发展战略。

研读区域经济理论的主要观点，我们可以得出以下结论。第一，区域经济理论对区域经济由均衡发展到不均衡发展再到均衡发展过程的解决方法是正确的。由此可见，在教育事业的发展过程中，均衡发展和不均衡发展都是相互转化的，处于动态发展过程中。第二，以经济高速增长为发展目标，把大量资源和要素集中投入到经济发展条件较好的区域，会加剧区域经济的不平衡现象。由此可见，教育资源的合理分配与利用是促进区域教育均衡发展的保障。第三，区域经济增长在地域空间上趋同是缩小区域

---

① 徐梅：《当代西方经济理论评述》，载《经济评论》2002 年第 3 期。

经济差距的有效方法。由此可见，教育效率和效益的提高是缩小区域内教育差距的方法。第四，实行区域经济梯度推移发展，可以推进产业结构的更新，促进区间经济的均衡发展。由此可见，区域间或区域内学校运用极化效应和扩散效应，实行教育公平与均衡的梯度推移，以梯度高的区域或学校带动梯度低的区域或学校的发展，推进区域间或区域内教育内部结构的调整，对周边区域或学校的教育起到带动与辐射作用，实现区域教育均衡发展。

3. 区域经济理论是学区管理的理论基础

由众多经济学家创立的区域经济理论，不仅是西方区域经济发展的理论基础，也是区域教育均衡发展的理论基础。

区域经济理论通过"空间市场均衡模式"、"连续流模式"、"增长模型"、"循环积累因果理论"、"核心—边缘理论"等研究，证实了区域经济增长是区域义务教育均衡发展的基础，而区域义务教育均衡发展则体现了区域经济增长的价值。通过区域经济增长，为区域义务教育提供一个良好的发展环境，缩小区域内教育资源、质量和效率的差距，形成区域教育的空间聚集优势，促进区域义务教育均衡发展，提升区域经济发展的竞争力。因此，区域义务教育均衡发展是一个区域经济发展的问题。

（五）人力资本理论的基本内容

1. 人力资本理论的产生

邓小平指出："发展才是硬道理。"在当今科学技术高度发达的信息时代，社会进步与经济发展越来越取决于现代科学技术、文化知识的发展水平，而现代科学技术、文化知识的发展水平则取决于其发明创造者和物质载体——人。以人为核心的人力资源作为第一资源和一种特殊的经济资源，伴随社会经济的发展和现代科学技术的进步，已成为现代经济高速成长的有力杠杆。以人力资源为基础的人力资本（HCM，human capital management）理论最早起源于经济学研究，其理论出台始于 20 世纪七八十年代。但是人力资本思想则可以追溯到古希腊时期。柏拉图认为，国家管理者应该接受教育与培训，既要学习包括数学、几何学和天文学等文化知识，又要有强健的体魄。亚里士多德（Aristotle）也曾多次提及知识、技能在生产活动中和决定个人社会地位中的作用。

18 世纪中叶欧洲产业革命后，人类进入了大工业时代，生产力由此发生了三大根本变革：一是自然力代替人力，机械生产代替手工生产；二是科学技术代替经验工艺套路，科技与生产互动作用日益加强；三是专业技术培训代替作坊师徒传教，人的知识、技术因素在生产中的作用越来越大。当时兴起的古典经济学开始从劳动者在生产过程中的不同作用来关注教育对促进生产发展、增加财富的意义。其著名古典经济学派代表亚当·斯密（Adam Smith）在1766年出版的不朽巨著《国富论》中对人力资本以及教育的意义作了深刻的阐述。他指出："在社会的固定资本中，可提供收入或利润的项目，除了物质资本外，还包括社会上一切人学得的有用才能。……这种优越的技能，可以和职业上缩减劳动的机器工具，作同样的看法，就是社会上的固定资本。"①

　　1945年第二次世界大战结束以后，战败国德国和日本受到很大的创伤。很多人认为，这两个国家的经济恐怕要很久才能恢复到原有的水平。但实际上，大约只用了15年左右，德国和日本的经济就奇迹般地恢复了，而且20世纪60年代以后，这两个国家继续以强大的发展势头赶超美、苏，并最终使经济实力上升到世界第二和第三的位置。其中的原因让许多人迷惑不解，人们开始探究传统经济学的不足。

　　到20世纪60年代，美国经济学家舒尔茨（Theodore W. Schultz）和加里·贝克尔（Gary Becker）将研究视角从物转到人，从教育、健康、劳动者技能等方面对第二次世界大战以后日本和德国的崛起进行了深入的研究和探讨，作出了令人信服的解答，从而开辟了关于人类生产能力的新思路，创立了现代人力资本理论。

　　该理论认为，物质资本指物质产品上的资本，包括厂房、机器、设备、原材料、土地、货币和其他有价证券等；而人力资本则是体现在人身上的资本，即对生产者进行教育、职业培训等支出及其在接受教育时的机会成本等的总和，表现为蕴含于人身上的各种生产知识、劳动与管理技能以及健康素质的存量总和。主要包括以下四部分。第一，人力资源是一切资源中最主要的资源，人力资本理论是经济学的核心问题。第二，在经济增长中，人力资本的作用大于物质资本的作用。人力资本投资与国民收入

---

① ［美］亚当·斯密著，胡长明译：《国富论》，江苏人民出版社2011年版，第121页。

成正比，比物质资源增长速度快。第三，人力资本的核心是提高人口质量，教育投资是人力投资的主要部分。因为教育是提高人力资本最基本的手段，所以也可以把人力投资视为教育投资。第四，教育投资应以市场供求关系为依据，以人力价格的浮动为衡量符号。①

党中央提出的科教兴国战略和全面提高劳动者的素质等方针政策，实际上就是从一个国家、一个民族的人力资源开发管理的角度来谈我国的人才问题。只有人力资源得到了充分开发和有效管理，一个国家才能繁荣，一个民族才能振兴；在一个组织中，只有得到有用人才，做到合理使用人才、科学管理人才、有效开发人才，才能促进组织目标的达成。因此，决定一个国家、一个民族、一个组织的竞争力最基础、最重要的因素是人力资本。

2. 人力资本理论的基本内容

美国经济学家舒尔茨是诺贝尔经济学奖获得者和人力资本理论的构建者。1960年，他在美国经济协会的年会上以会长的身份作了《人力资本投资》的演说，明确提出："人力资本是当今时代促进国民经济增长的主要原因"，认为"人口质量和知识投资在很大程度上决定了人类未来的前景"。他提出了著名的观点："在影响经济发展诸因素中，人的因素是最关键的，经济发展主要取决于人的质量的提高，而不是自然资源的丰瘠或资本的多寡。"舒尔茨对1929—1957年美国教育投资与经济增长的关系作了定量研究，得出如下结论：各级教育投资的平均收益率为17%；教育投资增长的收益占劳动收入增长的比重为70%；教育投资增长的收益占国民收入增长的比重为33%；与其他类型的投资相比，人力资本投资回报率很高。

舒尔茨的人力资本理论体系的基本内容，可以概括为以下几点。第一，人力资本的积累是社会经济增长的源泉。舒尔茨认为，现代经济发展已经不能单纯依靠自然资源和人的体力劳动，生产中必须提高体力劳动者的智力水平，增加脑力劳动的成分，以此来代替原有的生产要素。因此，由教育形成的人力资本在经济增长中会更多地代替其他生产要素。舒尔茨

---

① ［美］加里·贝克尔著，郭虹译：《人力资本理论——关于教育的理论和实证分析》，中信出版社2007年版，第1—8页。

也运用自己创造的"经济增长余数分析法"，估算了美国 1929—1957 年国民经济增长额中，约有 33％是由教育形成的人力资本作出的贡献。这从"量"上进一步证明了人力资本是经济增长的源泉，而由教育形成的人力资本是人力资本中的重要资本。

第二，人们处理不均衡状态能力的提高是教育促进经济增长的重要方式。舒尔茨认为，处理不均衡能力是人们根据经济条件的变化，重新考虑合理分配自己的各种资源的能力。因此，处理不均衡能力也叫"分配能力"。这种"分配能力"可以带来"分配效益"，从而促进个人或社会的经济增长，增加个人或社会的经济收入。

第三，有效地分配和利用时间的能力是人力资本的重要组成部分。舒尔茨认为，随着经济的不断增长，人类时间的价值变得越来越高。如何有效地分配和利用时间，已成为现代经济中获得较高劳动生产率的一个重要方面；关于如何有效地配置和运用时间资源的知识与技能，也已成为或正在成为劳动者人力资本存量中的一个重要的和必不可少的组成部分。

第四，教育是使个人收入的社会分配趋于平等的重要因素。经济增长的效应之一是使个人收入社会分配的不平等现象趋于减少。舒尔茨认为，在社会分配趋于平等的过程中，人力资本投资中的教育投资发挥着积极的作用。在教育中获得知识与技能的人，不但提升了劳动生产率，也增加了获取收入的能力。因此，随着人们受教育水平的提高，不仅增加了个人的收入，也使个人工资和薪金结构发生了变化，从而减少了社会分配的不平衡状态。①

研读舒尔茨的人力资本理论的主要观点，我们可以得出以下结论。第一，舒尔茨对人力资本积累与经济增长高度相关的判断是正确的。随着人类社会物质资料生产规模的不断扩大和生产活动的多样化、复杂化发展，物质资源的稀缺性增加，生产物力资本的成本和难度上升，生产和对劳动者的知识和技能的要求日益提高。生产决策者和劳动者的知识与技能逐步成为发展生产及在竞争中获胜的决定性因素。经济活动中的人力资本积累越丰富，就越有利于生产的发展和经济的增长。第二，通过教育，不仅能

---

① T. W. Schultz (1963). *The Economic Value of Education*, New York: Columbia University Press.

够增加人力资本投资者个人的人力资本存量，而且能够提高投资者分析问题、解决问题和风险决策的能力。正如舒尔茨所言，提高人们应付经济条件变化的能力，是教育促进经济增长的一种重要方式。第三，舒尔茨认为，有效地分配和利用时间的能力属于人力资本的重要组成部分。教育能够使受教育者的知识增加，智力得到开发，配置和利用包括时间在内的稀缺资源的能力提高。第四，舒尔茨认为，教育是使个人收入分配趋于平等的因素，这对于义务教育来说是完全正确的，但对于非义务教育，特别是高等教育来说，这一观点则不能成立。①

3. 人力资本理论是学区管理的理论基础

由舒尔茨创立的人力资本理论，不仅是西方教育经济学理论的基础，也是世界各国制度教育发展政策的理论基础。

人力资本理论通过"教育—劳动生产率—工资"的关系，证实教育的经济价值。通过教育与工资关系的实证分析，说明工资差别反映了教育水平的差别；通过教育发展，缩小国民教育水平的差别，国民收入分布的差别就会相应减少，教育成为缩小人们收入差别、促进社会公平的政策工具。因此，基础教育均衡发展是一个教育经济学的问题。② 基础教育均衡发展的核心之一是通过改变资源配置的方法缩小差距。

美国经济学大师萨缪尔森认为："经济学研究社会怎样把有限的资源变成有价值的东西，并且把它们在不同的人们之间进行分配。在这条件下有两个重要的经济学观点：由于物品是稀缺的，因此社会必须有效地利用资源；经济学由于稀缺的现实和提高效能的渴望而由此成为重要的科学。"③ 王善迈教授认为："教育经济学主要是运用经济学的理论和方法，研究教育与经济的相互关系及其变化规律，研究教育领域中资源投入和产出规律的科学。""资源配置问题实质上就是对稀缺资源使用的选择问题。经济学把资源配置问题归结为四个关于经济如何运行的问题：生产什么，

---

① 王建民著：《人力资本生产制度研究》，经济科学出版社 2001 年版，第 19—21 页。

② 翟博著：《教育均衡论》，人民教育出版社 2008 年版，第 91 页。

③ ［美］保罗·A. 萨缪尔森、威廉·D. 诺德豪斯著：《经济学》（英文版），机械工业出版社 2002 年版，第 4 页。

生产多少；如何生产；为谁生产；谁作出经济决策，以什么方式作出决策。这四个问题是资源配置的核心问题，对这些问题的不同选择就形成了不同的资源配置方式。"① 经济学理论为我们揭示了：资源的稀缺性与人类需求无限性之间的矛盾，有限的经济资源如何在不同需求之间进行合理配置的关系及配置方式。

二、学区管理模式的政策依据

1949 年 9 月，中国人民政治协商会议第一届全体会议通过的《中国人民政治协商会议共同纲领》确定了"民族的、科学的、大众的"新民主主义的教育方针，体现了新中国重视社会公平、教育公平的基本价值，并提出了"有计划、有步骤地实行普及教育"。1951 年，中央人民政府政务院颁布了《关于学制改革的决定》，规定：对 3～7 岁幼儿实施幼儿园教育，对儿童、青年、成人实施以小学为主的初等教育，对小学毕业的 12 周岁以上学生实施以初级中学和高级中学为主的中等教育。1956 年党的第八次全国代表大会和 1958 年党的八届六中全会就分别提出过"用很大的努力有计划地、逐步做到普及中等教育"，特别是党的八大报告提出"必须用极大的努力逐步扫除文盲，并且在财政力量许可的范围内，逐步地扩大小学教育，以求在 12 年内分区、分期普及小学义务教育"。虽然当时还没有明确"义务教育"这一概念，但普及义务教育的思想雏形已经形成。即使处于经济困难时期，中央仍坚持提出，要区别城乡和根据各地区的不同情况，有计划地、积极地普及适龄儿童的小学教育。但是，在 20 世纪 50 年代末，由于政策上的失误和经济上的衰退对教育产生了很大的消极影响，其中包括中小学教育。而"文化大革命"把中国经济拖到了濒于崩溃的边缘，普及义务教育也陷入停顿。1980 年中共中央提出"在 80 年代，全国应基本实现普及小学教育的历史任务，有条件的地区还可以进而普及初中教育"。1982 年"普及初等义务教育"被写进了新修改的《中华人民共和国宪法》。1985 年，《中共中央关于教育体制改革的决定》第一次明确提出了普及九年义务教育。在此精神指导下，1986 年召开的六

---

① 王善迈主编：《教育经济学简明教程》，高等教育出版社 2000 年版，第 29、31 页。

届全国人大四次会议通过了《中华人民共和国义务教育法》。这是中国历史上第一部普及义务教育的法律，以国家立法的形式正式确立我国实施九年义务教育，并提出了免费义务教育的原则，普及义务教育正式纳入了法制化轨道。

改革开放后，党和国家从国家富强、民族复兴的长远利益出发，确立了教育优先发展的战略地位，把实施义务教育提升为国家意志，提升到教育发展"重中之重"的战略高度。以江泽民为核心的党中央，在邓小平理论指导下，进一步把教育事业摆在优先发展的战略地位，作出了一系列重大决策。1993年2月，《中国教育改革和发展纲要》颁发；同年10月，全国人大常委会审议通过《中华人民共和国教师法》；1995年3月，《中华人民共和国教育法》颁布实施。同年，党中央提出科教兴国的战略决策，并把它确定为实现"九五"计划和2010年远景目标的重要方针之一，为我国普及义务教育提出了明确的奋斗目标，使普及义务教育成为科教兴国的根本支撑点。自此，我国义务教育拾级而上，经过20世纪80年代的改善基本办学条件、90年代实现基本普及九年义务教育和基本扫除青壮年文盲（以下简称"两基"）目标、21世纪初全面实现"两基"目标到实现免费义务教育四个阶段，完成了义务教育发展的"四级跳"，实现基本普及九年义务教育（以下简称"普九"）。

2007年，随着"两基"攻坚的胜利完成，全国小学净入学率从2000年的99.1%提高到99.5%，初中毛入学率从2000年的88.6%提高到98%。2008年，全国城乡实现免费义务教育，教育事业发展实现了数量上的跨越。那么，如何实现教育事业质量上的跨越，满足人民群众"上好学"的要求？党中央和国务院在继《中共中央国务院关于深化教育改革全面推进素质教育的决定》基础上，颁布实施《国家中长期教育改革和发展规划纲要（2010—2020年）》，并于2010年提出了《深化教育体制改革工作重点》："以促进公平为重点，以提高质量为核心，解放思想，大胆突破，激发活力，努力形成有利于教育事业科学发展的体制机制；把人民是否满意作为检验教育改革的根本标准，把促进人的全面发展、适应经济社会需要作为推进教育体制改革的出发点和落脚点；把推进义务教育均衡发展作为推进教育体制改革的重要任务，重点是推进中小学校标准化建设，探索城乡教育一体化发展的有效途径，推进区域内校长、教师流动，扩大优质高中招生名额合理分配到区域内初中试点，探索公办学校多种办学形式，扩大优质教育资源的覆盖面，探索流动人口子女在流入地平等接受义务教育和参加升学考试的办法。"

三、学区管理的实践来源

目前，我国经济发展水平出现了区域之间的不均衡，这导致了教育的不均衡，而民众对优质教育的呼声则不断增高，使社会上出现了"择校热"。因为社会上的优质幼儿园、小学、初中和高中学校无法满足区域内学生就近入学的需求，在这种情况下，如果采取通过考试选拔的做法，等于将"应试教育"的压力下移至幼儿园、小学阶段。而近年来，根据义务教育的基本原则，国家要求在已经"普九"的地区实行幼儿园、小学就户口地段就近入学，小学升初中取消考试、实行就近入学的政策，于是许多地区实行了幼儿园、小学就户口地段就近入学，小学升初中进行"电脑派位"的做法。但是，越是薄弱幼儿园、小学、初中比例较大的地区，这种做法的不公平就越加明显。由于区域内校际之间的差距，加之各地执行政策的差异，再加上中国"望子成龙"的传统观念深深地影响着家长们，他们为了使自己的子女享受最好的教育，纷纷采取择校的方式，让自己的孩子进入优质学校就读，因而催生了中国的"择校热"现象。究其根源，主要是区域间或区域内优质教育资源分配的不均衡造成的。因此，推动区域内教育资源均衡配置，努力办好每一所学校，建立适应 21 世纪国家和民族发展需要的均衡教育，是面向人人、有教无类的教育，是为每个人的一生发展奠定良好基础的教育，是为增强民族创新精神和创造能力而做好充分准备的教育。

同时，在区域内，由于传统教育发展模式影响，教育资源配置和校际发展不均衡，优质教育资源辐射面窄的问题突出。我国还有一些地区公共财政体系保障能力仍然偏低，也难以满足义务教育均衡发展的需要。

如南部沿海发达地区的中心城市——广州市越秀区在 2006 年进行了区划调整，两个老区进行合并，组建成新的越秀区。由于经济、历史及地缘等原因，义务教育片区间、学校间在办学条件、办学水平等方面存在着一定的差距，存在着优质教育资源相对不足且分布不均、高素质教师人才培养供不应求、教育管理体制机制相对滞后等制约教育发展的突出矛盾。

为缩小差距，促进片区间、校际间的教育发展，满足人民群众对优质教育的需求，体现教育公平，进一步推进区域义务教育均衡发展，越秀区从2007学年起，在区教育局局属学校义务教育阶段启动实施"区域学区管理模式和运行机制研究"项目，以学区建设推动越秀教育的优质均衡发展，进一步满足人民群众对优质教育的需求。

四、学区管理模式的操作

根据对学区管理的理论依据、内涵、特点、遵循原则和构成要素的理解与分析，我们认为学区管理模式在区域层面的具体操作如下。

1. 建立学区管理体系

学区管理体系由区级、学区级和校级三级管理构成。（1）第一级管理（区级管理）。第一级管理由越秀区教育局学区建设领导小组和项目组构成，领导小组成员由区教育局局长、发展科、人保科、中教科、小教科、综合科、督导室、教育发展中心和信息中心等科室和直属单位组成。学区建设领导小组下设"人力资源"、"知识资源"、"硬件资源"和"实施保障"四个项目组。领导小组负责总体规划以及对学区建设工作进行领导、统筹和指导，协调各项目组及学区工作组开展工作；项目组负责各项目的实施与行政管理工作。（2）第二级管理（学区级管理）。第二级管理是学区管理的中枢。每个学区由其中各学校校长组成一个工作小组；工作小组下设学区工作办公室，办公室设学区主任1人、副主任1~2人及学区助理1人。工作小组和办公室共同负责研究制定学区建设总体规划、制订学区资源配置计划、学区运行评议、组织落实各项工作等；区教育发展中心为学区教学、科研与培训业务的学术指导部门；区信息中心是信息平台的建设及管理部门，与学区工作小组实行专人定期联系。（3）第三级管理（校级管理）。第三级管理由各学校承担。在校长领导下，学校分管具体工作的人员按照学区制订的资源配置计划，输出或接收包括硬件资源、课程资源（含校本课程、远程课程等）、知识资源、人才资源等各类资源；校长可将工作中的成功经验、成果及发现的问题及时反馈给学区工作办公室，并定期对本校教师队伍的建设和内涵发展的提升情况予以总结和上报。具体操作框架如图2-2所示。

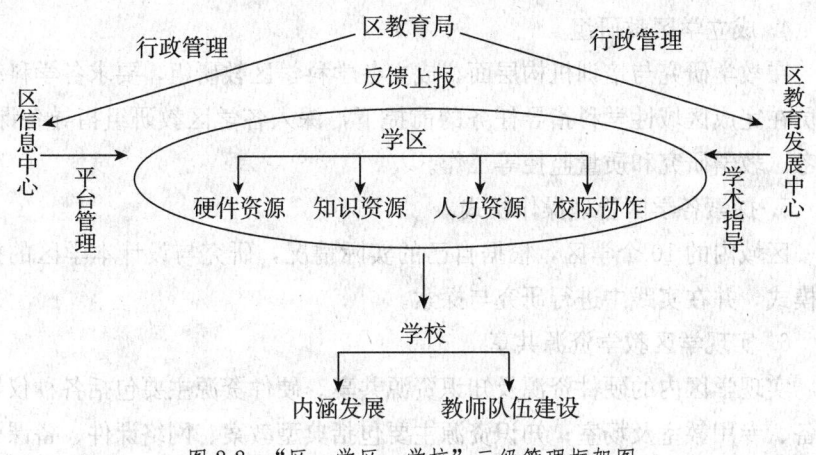

图 2-2　"区、学区、学校"三级管理框架图

2. 建设学区管理平台

学区资源共享平台由学区资源共享管理平台和学区教育资源共享平台两部分组成。学区资源共享管理平台主要包括：学区建设基础平台、学区化管理信息系统、教育教学资源平台、学区化教与学积分与辅助招生系统；学区教育资源共享平台主要包括：学区专业设施与师资调度系统、学区跨校选课与学分管理系统、学区校际图书通借通还系统、学区主题教育资源平台、学区名师课程共享平台、学区学生校际协作学习平台、研究性学习平台、学区文化活动交流、拓展课程学习、即时沟通平台。同时，区教育信息中心编写学区管理平台使用手册。①

3. 形成学区管理机制

（1）形成学区硬件资源共享机制，主要包括教学设施、运动场地等资源的共享机制和学生跨校训练共享机制等。（2）形成学区软件资源共享机制，主要包括干部教师交流制度、名教师培养机制、骨干教师培养机制、骨干教师跨校指导机制、学区共同教研活动机制、课题研究的合作与交流机制、教师联合培训制度、开放课堂机制、师徒结对机制、跨校专题报告机制等学区管理机制。通过管理机制，保障学区内硬件与软件资源的共享。②

---

①　②　蔡定基、周慧：《学区管理内涵与实践——以广州市越秀区为例》，载《中国教育学刊》2010 年第 8 期。

4. 成立学区教研组

在教学研究与培训机构层面，成立各学科学区教研组，要求各学科教研员在完成区域性学科指导任务的前提下，深入各学区教研组指导备课、备考、教学研究和质量监控等工作。①

5. 探索各学区管理操作模式

区域内的 10 个学区，根据自己的实际情况，研究与设计本学区的操作模式，并在实践中进行研究与探索。

6. 实现学区教学资源共享

实现学区内的硬件资源及知识资源共享。硬件资源主要包括各种仪器设备、专用教室及场室；知识资源主要包括典型教案、网络课件、备课资源、远程课程、优秀题库，以及联合备课、共同开展教科研课题研究、共享校本研修资源和课改成果等资源。同时，学区内各成员校共同制订各种教学资源的学期使用计划及使用要求，通过学区管理平台实现共享操作。

7. 实现学区人力资源共享

学区人力资源共享主要包括特级教师、学科带头人、市区骨干教师等，通过学区内师徒结对、跨校兼课、开放课堂、跨校专题报告、跨校备课、学区教研及教学成果共享等人才资源共享方式，实现优质人才资源的辐射与带动，促进教师专业水平的提升。

8. 搭建合作发展平台

学区发展重在搭建相互交流、相互合作及共同发展的平台，通过构建形式多样的学习共同体和教育合作组织，建设新型的学校文化和发展环境，通过集体决策、资源共享、优势互补、交流合作、协调沟通等举措，促进教师、学生及学校的共同发展，实现学区的动态均衡与内涵发展。

9. 建立学区评价体系

建立"问题诊断、过程监控、变量评价"的学区发展性评价体系。如越秀区以学校参与学区活动的资源"共享量"作为评价依据之一。共享量指参与资源共享的受益人数与时间的乘积。在计算学校或学区的资源共享总量时，不同类型的共享资源，按照资源的稀缺程度、共享成本的大小，

---

① 蔡定基、周慧：《学区管理内涵与实践——以广州市越秀区为例》，载《中国教育学刊》2010 年第 8 期。

有着不同的权重，人力资源的权重大于硬件资源。区教育局将把学区作为
一个考核单元，对其教育教学工作、办学水平及教师交流情况进行督导评
估，并把资源共享程度及学区管理水平与学校和校长的综合评价挂钩。①

---

　　① 蔡定基、周慧：《学区管理内涵与实践——以广州市越秀区为例》，载《中国教育学刊》2010 年第 8 期。

第三章

国内外学区管理的比较与启示

学区管理是一个国际性问题。为了建立和健全国内的学区管理体制和机制，本章着力对国内外学区管理情况进行分析与比较，为建立和健全国内学区管理模式提供借鉴。

第一节　国外学区管理的发展

"学区制"（school district system）是国外一种重要的区域教育管理体制，不仅地方分权制国家美国是这样，中央集权制的法国（实行"大学区制"）也是如此。学区是独立于普通行政区划的一个专设教育管理单位。

一、美国学区管理的发展

（一）美国学区制度的起源及其特征

美国教育管理体制实行联邦、州、学区三级分权制。联邦政府主要负责全国教育信息的调查、统计和反馈及各州教育资源的分配。州不仅负责地方教育的决策和规划，也负责教育政策的贯彻和各级学校教育教学工作的督导。学区既是州对教育进行管理的行政单位，直接负责管理学校事务，又是学生上学的区域单位。在英属北美殖民地时期，由欧洲各地移民来到美洲后，由于当时交通不便，移民聚集而居，逐渐形成小的市镇，称之为社区。移民按照欧洲传统进行自治，他们自行设置学校和管理学校，儿童也就地入学，从而"社区"也被称为"学区"。

学区制的特征主要有两点。其一是权力有限性。由于学区是州对地方教育直接管理的责任单位，虽然具有财政独立权，但只能在州教育法律法规的约束下开展工作，其权力受到一定的限制。其二是形式多样性。美国学区在类型、规模和数量上多种多样。一个州内可能存在镇学区、市学区、县学区、独立学区等多种形式。各州学区的规模和数量也大不相同，有的州只有二十几个学区，有的州拥有几百个学区。各个学区的学生数量从几百名到几万名不等。①

（二）美国学区的管理体系

在美国的教育体制中，虽然州政府掌握着地方教育的决策和规划权，但教育管理的重心一直在学区层面。因为学区不仅是州政府对教育实行管理的最基层单位，也是美国地方教育行政机构，还是直接经营和管理学校的地方公共团体。② 美国的学区管理体系主要是由教育委员会—总监—助理构成。教育委员会成员一般为5～9名，由学区选民在来自社会不同行业的人员中选出，他们一般都是兼职没有报酬的；教育委员会下设相当于我国市区教育局长职位的总监，他负责管理学校具体事务；教育总监下设4位教育助理，分别负责教育常务、人事、财务、评价的工作。学区内各校的重大事务由学区委员会决定，教育总监负责执行。由于学区一般都是自筹教育经费，因此美国各州的学区有很强的自主独立性。如人事聘用、教育经费的使用和分配、办学宗旨、课程设置及教师发展等，学区委员会都有权批准和决定。

（三）美国学区的督导制

学区教育委员会把落实学校政策的职责授权给专职教育官员——督学。督学是教育委员会的专职教育行政官员，负责管理整个学区的管理工作，主要涉及政策、经费、计划、方案、课程开发与实施、组织与管理、沟通与交流等领域。但是他不可能兜揽学区所有的事务，除非在一个很小

---

① 于胜刚、邬志辉：《简述美国农村学区布局调整（1930—1998）》，载《学术论坛》2010年第6期。

② 薛弥、许良：《美国三级教育行政管理体制的简介及启示》，载《上海理工大学学报》2009年第3期。

的学区。在大多数学区，诸如人事管理、中学管理、小学管理、课程设置管理和行政机构管理等职能，通常分别授权给副督学。这些副督学和其他管理人员组成学区管理小组。小组管理是指所有管理人员根据学区教育委员会的政策参与管理政策的制定，并把这些政策转换成管理策略。管理政策是完成反映在教育委员会政策中的学区使命所必需的管理目标。管理策略由如何完成这些目标的操作方案组成。这些策略需要通过支持日常运转的过程和程序来完成。①

（四）美国学区的规模

在学区发展到一定程度时，学区规模、学校人数及学区资源究竟对学生未来有何影响？美国的一些州对此作了研究。1993年马萨诸塞州实施的《教育改革法》中，要求学校选择成立专门委员会，用来投票决定每年是否接受外来优等学生，如接受，具体从哪个年级开始。《教育改革法》中将学校选择权力最大化，但委员会不能提供选择优等生的标准，也不可拒绝学生转出去。如果有很多学生申请入读该学区学校，这些学区中的委员会可以投票进行择优录取。某所学校申请人数不足，那么意味着这所学校可以在一年中接受任何转学生，这些转学生有权接受该学校教育直到高中毕业。相应地，学费也由当地委员会分季度扣除。学校选择权即择校权的改革可以说是一种竞争，促使学校乃至学区进步。②

（五）美国学区资源的分布

就学区的资源分布来看，美国的纽约—俄亥俄地区详细的调查数据都反映了学校资源的分配，学生及学校特色表明具有高度比例贫困学生的学校反而通常得到更多的钱，且师生比例合理，但是这些学校的教师所受的教育程度却不高，并且工资待遇低。纽约市学校培养了大量的贫困及少数民族的学生，有些学校中大多数学生是黑人、西班牙裔，他们来自贫困家庭和不精通英语的移民家庭。同时，学生人数的差异也影响教育资源的分配，纽约每所学校学生的数量要高于俄亥俄，哥伦布和克利夫兰的每个学

---

① 洪浩：《美国义务教育管理的特点》，载《教育情报参考》2006年第3期。
② Soma Ghosh（2010）. Strategic interaction among public school districts: Evidence on spatial interdependence in school inputs. *Economics of Education Review*, 29, pp. 440-450.

生开支也明显低于纽约的学生。

二、法国学区管理的发展

（一）法国学区制度的起源及其特征

法国教育管理体制实行中央政府、学区、省三级分权制。中央政府主要负责全国教育的管理与监督。学区是中央政府对地区教育进行管理的行政单位，直接负责管理地区学校事务。拿破仑一世按照区域划分帝国大学，学区由此诞生。法国最初有 29 个学区，学区的首府是上诉法庭所在的城市。19 世纪期间，学区的数目发生了很大的变化。1848 年减少为 19 个学区。但在 1850 年，由于执行《法鲁法》，每个省都建了一个学区，共 86 个学区。在 1854 年重组为 16 个"大学区"。随后，学区数目逐渐增加，不再与司法区域相重叠。由于学区间存在着发展的不平稳，学区分布进行了多次调整，到 1997 年，法国共有 30 个学区。①

学区的特征主要有两点。其一是权力集中性。学区是省级教育部门，是国民教育的行政管理单位，是法国地方教育行政机构，是直接经营和管理学校的地方教育行政部门，并具有法人资格。如有仲裁和纪律惩戒方面的权力，有学校计划、经费资助、校舍建设、机构设备的配置等建设方面的权力，有教学人员与非教学人员的管理与聘用权，有教学服务的组织、继续教育和考试权，有行政与财务监管等权力。但其只能在国家教育法律法规的约束下开展工作，在自己的大区内执行教育政策，对公共教育进行行政管理。其二是形式多样性。法国的学区在管理范围、跨省数目、自然特点、历史、发展、第二阶段入学率、大学生数目等方面多种多样。学区形式的多样性主要与学区所在的大区之间的社会、经济、文化发展的不平衡相关。图卢兹（Toulouse）学区包括 8 个省，巴黎学区则只有一个省，这使它们之间的管理方式不同。又如凡尔赛学区学生数目是利摩日（Limoges）学区的 8 倍，这反映了两个学区之间规模和学生数目的不同，这一不同，导致两学区承担任务的性质、组织方式、功能和督导工作的不同。

---

① ［法］雅基·西蒙、热拉尔·勒萨热著，安延译：《法国国民教育的组织与管理》，教育科学出版社 2007 年版，第 87 页。

（二）法国学区的管理体系

法国的学区管理体系中，设有国民教育委员会、学区社会事务委员会、学区继续培训咨询委员会和学区行政平衡委员会，它们都是学区的咨询机构。其中，国民教育委员会的职责是就学区内教育公立部门组织和运转的问题接受咨询，并负有仲裁和纪律惩戒方面的职责；学区社会事务委员会的职责主要是了解学区人员在社会领域的需求和寻找经费发展社会行为等提出建议；学区行政平衡委员会的职责主要是对教学与非教学人员进行评估、晋升、调动、转正、纪律惩戒等几乎所有的管理行为提出建议。法国的学区机构，设有学区长的指挥部和地区督导部门。其中，学区长的指挥部主要由学区秘书长、办公室主任、公共关系与人力资源主任和管理监督员组成；地区督导部门是唯一的公务员建制，主要是负责学区督学，即地区教学督学，并设有学区长顾问。尽管法国的学区机构各不相同，但部门只有两类。一类是后勤职能部门，参与完成各种服务性任务，主要包括学区统计与预测、管理分析、办公信息化、行政管理培训中心、信函办公室和内部服务等部门。一类是管理职能的部门，负责某一教育行政领域的管理，以处为单位，通常包括高等教育与大学管理会、学区组织（中等教育组织、中等教育学校的建设、就学与学校生活等）、教学、财务、法律事务、考试、建设、私立教育、继续教育和学徒等部门。①

（三）法国学区的督导制

法国学区的教育督导机构，设在大学区总长公署内的大学区督学处，可分为地区教学督学、学区督学和顾问人员三级。其中，地区教学督学是专门的督学人员，分学科设置，他们的主要任务是负责地区学科教学的检查和监督工作。学区督学是学区长的助手，是省级国民教育部门负责人，一个学区有多少个省就有多少个学区督学，他们的主要任务是协助学区长，保证国家、政府的教育法律和教育政策在本学区的实施。根据1990年7月18日第90—675号政令，学区督学的主要职责是：（1）行使教育方面的权力。对中小学教师、教育和方向指导机构的个人和小组工作进行评估，对学科教学、教育部门、教学程序和教育政策实施情况进行评估，

---

① ［法］雅基·西蒙、热拉尔·勒萨热著，安延译：《法国国民教育的组织与管理》，教育科学出版社2007年版，第102—114页。

对教育行为进行直接监督。（2）专业督察指导。根据各自的专业，督导中小学教师、教育及指导人员，确保教学各阶段国民培训目标和计划的实施。（3）参与培训。参与推动初次培训、继续培训和工学交替培训。（4）参加招聘和培训国民教育人员，参与考试的组织。（5）确保学生的指导、考试、教育人员的管理等各方面工作，对所选择的教育设备进行鉴定。另外，在学区长周围还有十余位专兼职顾问和参谋人员，如顾问医生、护士和负责社会求助事务人员等。①

第二节　国内学区管理的演进

民国时期，在一批教育界有识之士的倡导下，我国进行了两年的学区管理尝试。在 21 世纪初，由于教育资源配置不均衡和传统教育发展模式的影响，导致了全国的"择校热"现象。针对这种现象，部分地区也进行了学区管理的探索。因此，我们将学区管理分为两个阶段。

一、学区管理的开启时期

北洋政府时期，学区管理在教育史上昙花一现。当时，由于我国处于一个动荡的年代，教育也受政治风云的影响，处于多变的时期，各种教育思想并存。1922 年 3 月，蔡元培发表了《教育独立议》一文，认为教育必须获得独立，并且对于实行超然的教育拟定了具体的办法。他主张："分全国为若干大学区，每区立一大学；凡中等以上各种专门学术，都可以设在大学里面，一区以内的中小学校教育，与学校以外的社会教育……都由大学办理。大学的事务，都由大学教授所组织的教育委员会主持。"②1927 年 4 月 25 日，国民政府任命蔡元培、李石曾等为中央教育行政委员会委员。同年 6 月蔡元培向政府提出仿效法国制度，以大学区为教育行政

---

① ［法］雅基·西蒙、热拉尔·勒萨热著，安延译：《法国国民教育的组织与管理》，教育科学出版社 2007 年版，第 59—84 页。

② 高平叔编：《蔡元培教育论著选》，人民教育出版社 1991 年版，第 378 页。

单位。国民政府训令在粤、浙、苏三省试行大学区，广东省暂缓试行。这样，大学区完成了它的立法程序。

大学区的组织法历经三次修改，其主要内容如下。（1）全国依各地教育经济及交通状况，设若干大学区。每大学区设大学一所，大学设校长一人，总理大学区内一切学术与教育行政事项。（2）设评议会为本区立法机关。（3）设秘书处，辅助校长办理本区行政上一切事务。（4）设研究院，为本大学研究的最高机关。大学区还设高等教育部、普通教育部、扩充教育部，分别管理区内的大学、中小学及社会教育事业。因此，大学区与一般的行政区域不同。大学校长兼管全区的教育行政，加强了大中小学的联系，便于整合统一教育计划；大学区内设研究院，使教育行政与研究可以联合进行；设地方评议机关，保证了政策相对的独立性。当时，蔡元培认为大学区制比教育厅与市教育局的制度更为优越。①

二、学区管理的探索时期

2006年全国"两会"期间，有人大代表呼吁建立学区管理体制，从根本上扼杀择校风，认为只有使各公办学校办学条件相对均衡，为群众提供平等的教育资源，才能解决目前社会上的择校问题，真正解除群众的择校费负担。从此，全国部分地区以学区管理为突破口，探索促进教育均衡发展的途径与方法。

（一）北京市东城区学区化管理的探索

自2004年开始，北京市东城区以素质教育为出发点，以尊重学生和教师以及学校的健康成长为基本价值取向，以节约型社会下的节约型教育及绿色生态发展的和谐教育为目标，以学区信息化管理平台为依托，深层次挖掘和实现教育内涵的优质均衡发展（包括课程资源、人力资源、硬件资源、教育价值观、区域学校建设的价值取向、文化等的均衡），实施学区化管理。并按照中学、小学和幼儿园优质资源的地理分布，将东城区10个街道划分为5个学区，使每个学区内都配置有各级各类优质教育资源的品牌学校。通过学区内教育资源的共享，实现学校间辐射带动，优势

---

① 王倩：《民国教育史上一次"昙花一现"的改革——大学院与大学区制的试行》，载《河北师范大学学报（教育科学版）》2004年第10期。

互补，使强的更强，弱的变强，促进全区教育优质、均衡、可持续发展，最大限度地扩大教育效益。

北京市东城区的主要做法如下。（1）在教育系统内部，实现设施、设备的共享（避免重复建设）、课程资源共享和人力资源共享（特级、高级教师跨校兼课、指导），最大限度地发挥区域内优质教育资源的辐射、带头作用。（2）在学区内实现资源融通，充分发挥区域内各类教育资源的功能，联合幼儿园、小学、职高、成人教育机构、校外、分院以及市民文明学校和社区文化娱乐性机构等，共同面向社区，构建提高国民素质的终身教育体系基础；学区间也可相互融通，为学者有其校创造条件。（3）为学区内的学校与街道社区的密切联系搭建平台。一是使学校为学区内老百姓提供优质的教育服务；二是社区为学生开设社会实践课程提供"本土"教材；三是街道社区参与学校评价；四是作为政府派出机构的街道办事处把提升教育资源质量作为自身职责，积极关心、支持本学区学校的建设。[1]

（二）河北省承德市学区管理的探索

从 2006 年开始，河北省承德市实行以学区中心校取代乡镇中心校，建立以县为主，县、区（学区）两级管理的农村教育管理体制。它们以学区建设为平台，以提高教育教学质量、实现教育公平为目标，全面推进承德市义务教育的均衡发展，实现了区域内教育资源的优化配置，形成了学前、小学、初中、职业、成人教育协调发展的办学格局。

承德市的主要做法如下。（1）建立学区建设的领导和工作机制。市、县两级政府把学区建设作为统揽义务教育全局、推进义务教育均衡发展的重点工作，作为全面贯彻《义务教育法》的一项重要举措，纳入"十项民心工程"重点督办。（2）构建学区教育管理体制，实行以县为主，以学区中心校替代乡镇中心校的管理体制，完善县级教育行政部门、学区中心校和学校三级县域教育管理体制。同时，建立学区研训室，负责学区内中小学、幼儿园的教育教学研究和教师培训等项工作。（3）建立多元化的投入机制。把项目建设与学区建设结合起来，统筹安排，把国家中小学危房改造、学校布局调整、寄宿制学校建设、现代远程教育工程、标准化学校建

---

① 北京市东城区教委：《学区化管理：义务教育均衡发展的新探索》，载《前线》2007 年第 3 期。

设等项目资金捆绑使用。（4）加快标准化学校建设，努力缩小城乡之间教育的差距。①

（三）辽宁省沈阳市学区管理的探索

自 2006 年开始，辽宁省沈阳市皇姑区以和谐为基础，以共享为途径，以特色为根本，以发展为目的，实行学区管理，实现义务教育均衡发展，促进教育公平，办人民满意的教育。

沈阳市的主要做法如下。（1）观念转变，将教育均衡发展作为一种思想资源在学区内传播并展开讨论，使广大教师队伍中形成高度一致的学区教育的使命感。（2）确立工作思路，从历史、地理、环境、资源、管理等方面，对每所学校进行了全面的考察和研究，确定了"明志、融合、求美、共赢"的资源共享策略，确立了"建立配套制度，创新体制；关注师生成长，多元合作；共享优质资源，和谐扬长"的工作思路。（3）共享管理资源、人力资源和设施资源，充分发挥各校的资源优势，取长补短，按需配置，和谐共享，使各校在硬件、师资、管理、学生、活动、校风、社区、基地等方面努力实现教育资源的深度流动与整合，真正实现学区内学校教育水平的共同飞跃。（4）借助教学学会的力量，利用思想引领、学术引领和名师引领，使学区均衡发展工作更具科学性、前瞻性和持续性。（5）打造特色，实现优势互补，带动大学区教育发展的交相辉映、异彩纷呈。（6）开展教师交流，不断提高教师的专业水平。②

（四）吉林省长春市学区管理的探索

自 2006 年开始，吉林省长春市实行大学区管理。其主要做法如下。（1）大学区学生电脑派位录取入学，使学生按原学校学区入学。（2）大学区内设施资源共享，使优质设施资源发挥最大的使用效益，做到物尽其用。（3）大学区内人力资源共享，使学区内校长和教师得到优化配置。（4）大学区内课程资源共享。

（五）天津市河西区学区管理的探索

自 2007 年以来，天津市河西区将全区 30 所公办小学划分为 5 个联合

---

① 刘杰、于海旺：《促进均衡发展 实现教育公平》，载《承德日报》2006 年 11 月 18 日。

② 姚莉：《略论学校管理的创新与发展》，载《辽宁教育》2007 年第 7 期。

学区，大力推进校际联动和优质资源的共建共享，尝试走出了一条推进义务教育均衡发展的新路。其主要做法如下。（1）建立联合学区，为各校搭起了共享平台，建立了共享机制。（2）硬件设施的调剂共享，促进教育均衡发展。（3）管理经验的交流共享，促进教育均衡发展。（4）师资力量的交流共享，促进教育均衡发展。①

（六）浙江省宁波市江东区学区管理的探索

从 2007 年开始，浙江省宁波市江东区实行学区管理，依照学校的地理位置、历史传统、发展水平等因素，把每 4～5 所学校组成一个"共同发展学区"，一般包括一所初中和几所对应的小学。江东学区管理模式在以各所学校保留自身特色的前提下，以促进学区内学校共同发展、合作共赢为目的，共享学校的特色资源，使教师由"学校人"逐渐变为"学区人"。

宁波市的主要做法如下。（1）制定学区教育发展规划，实行学区内教育教学一体化管理和"捆绑式评价"。（2）在学区的统一规划下，定期联合开展一些教师活动和学生活动。（3）教育设施、设备资源共享，使有限的教育资源获得更大的产出。（4）课程资源共享，使小学生可以去其他学校"留学"，初中生也能"回炉"小学。

（七）四川省都江堰市学区管理的探索

自 2007 年开始，四川省都江堰市以教育体制改革与发展为主题，以推进教育公平为根本措施，通过资源整合，建立新的运行机制，全面提高教师整体业务素养，提高管理水平和教育质量，使区域内学生享受优质教育资源，让学区成为区域教育发展的共同体，实现教育均衡发展的目标。

都江堰市的主要做法如下。（1）建立三级组织管理机构，保证学区建设工作的有效开展。（2）构建"六统一"和"四机制"的学区发展共同体管理模式。"六统一"为：教育思想统一，教学目标统一，教育资源配置统一，教育教学管理统一，研训工作统一，教育教学考评统一；"四机制"为：建立促进学区发展和切实解决学区教学教研问题的教学教研管理机制，建立具有本学区特色的教学教研工作规范和评估机制，建立学区内的

---

① 柳艳芳：《联合学区：教育均衡化的有益实践》，载《天津教育报》2008 年 3 月 7 日。

合作互动的协调机制，建立灵活有效的学区教学、教研资源和教育人才资源的调配机制。(3) 打造学区的特色和品牌。(4) 建立考核评价机制，以学区为单位，实行"捆绑式考核"。

第三节　国内外学区管理的比较

一、国外学区管理的比较

(一) 美国的学区管理

学区是美国教育管理的最基层单位，类似于我国的基层教委或教育局。美国的学区实行"三级管理，地方分权；董事决策，校长负责；学区行政，社会监督；财政单列，法律至上"，具体表现如下。

1. 相对集权管理

(1) 决策。由于美国是崇尚民主的国家，民众的参与欲望较高，而学区只有领导阶层才能作出决策，关键性决策中代表性很强的教师被排除在外。学区这样一种决策方式，使其变革由于自上而下的交流与沟通等方面的原因受到阻碍。教师由于排除在关键性决策之外，造成教师群体对管理层的意见持保留态度，使教师群体不能有效地维护自己的利益。同时，学区董事会成员中虽然不乏纳税居民，但其数量有限，而且并不一定能真正代表纳税居民的心声，反映百姓的诉求，因此他们在董事会的决策过程中并不一定能代表民意。(2) 交流沟通。美国地方学区集权主要体现在沟通渠道和沟通时效上。由于交流与沟通的渠道是单向的、自上而下的，导致信息不能很好回流，许多利益诉求得不到倾诉与体现，从而延误处理与解决问题的最佳时机。(3) 管理结构。美国地方学区由于大多数专业人员不能参与关键性决策，从而使僵化的自上而下的组织结构不能有效地处理各种事件。(4) 价值观方面。教育公平与教育质量之间的矛盾使学区董事会和督导担忧会失去对教育的控制，观念上的差异与矛盾影响着学区的价值观与办学理念，而价值观与办学理念的动摇则会使董事会和学区督导感到自己的权威受到威胁，进而加强对学区教育的控制。

2. 分权管理

分权是在 20 世纪五六十年代一些大城市学区的学生类型越来越多元化的背景下发展起来的管理理念。分权有利于开展校本研究，有利于促进教师专业成长。分权主要表现如下。（1）实施分权管理可以增强决策的弹性。分权管理，可以使董事会的成员来自于更广泛的阶层，从而使其更具代表性，有利于体现民众对教育的要求，使董事会的决策更具弹性。分权管理可以增强教师的权力，有利于教师了解学生的需求并及时予以适当满足。分权管理有利于学校根据实际情况，灵活地作出决定和进行适当的变革，以便更好更快地适应社区发展对教育的需求。（2）实施分权管理可以更有效地利用人力资源。通过分权，学区员工手中获得了更多的权力，可以灵活地处理各种事情，提高他们的工作效率。（3）实施分权管理可以确保决策在问题处理中更有针对性。分权管理使处于权力金字塔底层的人员获取更多的权限，在面对学生、家长要求和出现新问题时可以根据具体的情况作出及时的反应，提出有针对性的解决方案。（4）实施分权管理体现了美国人民的理想价值观。在美国人的价值观中自由与民主分别居于第一位和第二位。①

3. 学区规模与资源

学校资源的分配、学生的人数和学校特色是吸引学生的主要因素，这些因素也影响着学区的规模。因此，学区管理的效益主体体现在资源的分配与教育的质量上，并通过学生的表现、考试的分数和教育成就具体表现出来。

（二）法国的学区管理

法国教育行政管理体制分为中央、学区、省和市镇教育委员会四个层次，实行以中央集权为主的统一管理。教育部是国家主管教育事务的行政领导机构，其职能是根据宪法及有关法律和法令，制定教育方面的有关方针和条例，研究和处理大纲、课时、教法、招生、考试、文凭、教师、学生等方面的重大问题；学区是教育部设在地区一级重要的教育行政管理单位，是教育部派驻地方的直辖机构。省教育厅直接归学区领导，是法国地

---

① 冯刚、姚志强：《美国学区管理方式的发展态势》，载《天津电大学报》2009年第 3 期。

方基层教育行政管理机构。学校是法国教育管理体制中的最基本单位，小学从属于市镇，初中从属于省，高中从属于学区，但国家仍负责决定教育组织和教学内容。法国的学区进行三级管理，中央集权；国民教育部决策，学区长负责；学区督学，社会监督；财政互补。其中央集权具体体现如下。（1）决策层面。教育由国家全面管理，学校的建立、教师的聘任、课程的制订等均由教育部负责。这种教育的集权体制不仅极大地滋生了官僚主义，而且束缚了社会投资的积极性。（2）投资层面。由于法国义务教育阶段的教师属公务员系列，在整个教育经费中，中央要承担70％以上，地方只负担15％左右。因此，无论小学教师还是初中教师，每月的工资均由国民教育部定期拨至教师个人银行账户之上，绝对保障教师工资的正常发放，这一举措保证了教师资源的稳定和质量，有利于教育质量的提高。（3）管理层面。国民教育部对义务教育实行预测与规划。规划主要包括法律、预算、招生、教师选聘、学校布局、专业设置等规划。如教师人员预算，国民教育部每年根据全国30个学区义务教育的发展状况和适龄儿童人数的变化情况，对全国小学和初中教师的需求状况作出预算，并据此设置教师编制指标。与此同时，国民教育部将教师工资支出列入中央教育年度预算中，由两院议会批准后严格执行。（4）督导、审议和咨询层面。法国是世界上最早建立教育督导的国家之一，法国教育督导机构分为中央国民教育部总督导处、学区督导处和督导公所的省督导室三级管理。通过督导、审议和咨询，保证上下沟通和教育质量的稳定提高，并监督和制约各级管理机构，使教育管理均衡化和合理化。

综观法国中央集权管理，它存在以下弊端。（1）国民教育体系依赖金字塔式的等级运作方式，容易滋生官僚。（2）在非职业化的行政技术官僚结构的运转中，专业化的逻辑不能完全得到贯彻。这样容易导致行政管理者更相信书面文件和规章制度，容易沿着自上而下的途径进行运作，导致管理的官僚化，使管理脱离实际。（3）教师对等级化的管理心存顾虑，使教师的行为容易个人化，不利于管理者和教师间的相互信任，不利于基层负责人和学校教师在强烈的责任感驱使下为共同的政策服务。

因此，为了减轻中央行政机构的负担，有利于教学的组织，自20世纪80年代开始，法国在中央集权管理的同时，国民教育开始实行分权和放权改革。国民教育部逐渐将权力授予学区当局，从而保证教育管理能更接近实际情况和更高质量，以从人事管理过渡到更高质量的人力资源管理。同时，也实行计划管理。如1998年，启动学区发展计划，使各学区可根据自身地理、教学水平和社会经济发展的特点与国家大政方针相协调发展本学区的政策。这一举措，使国民教育体系中以计划和合同形式发展的重心放在学区。

二、国内的学区管理

（一）民国时期学区管理失败的原因与启示

大学区施行不久即遭到众多指责，短短两年后就成了历史名词。追寻大学区失败的原因，主要有以下几个方面。（1）在一定历史条件下，教育无法完全独立于社会政治之外。大学区制实行的一个重要目的就是要使教育独立化，而这一思想与当时南京国民政府在北伐胜利以后提出"以党治国"的口号，强调"军政统一"、"思想统一"等背道而驰。（2）改革的步伐过快，改革只注重制度层面的革新，忽略了思想层面的改变，忽略了体制的过渡期，加上在实施过程中准备不充分，缺乏群众基础，导致失败。（3）大学区制的改革本来是要以教育家管理教育，使行政学术化，革除官僚习气，排除人事纠葛，这与当时的中国官僚和党争严重的现实不相适合。

大学区制虽然失败了，但它所提倡的"行政学术化"、"学术研究化"的意图，即使在今天看来，仍有一定的积极意义和借鉴价值，值得探讨和研究。①

（二）新世纪时期部分地区的学区管理

区域义务教育均衡发展是深化素质教育、实现教育公平和教育现代化的瓶颈，而以学区管理为切入点，解决区域教育均衡化发展中的问题是当前我国义务教育研究的热点和难点。

综观北京、承德、沈阳、天津、长春、宁波、都江堰等地学区管理的经验，我们可以发现它们有以下一些共同经验。（1）根据优质教育资源的分布状况和街道行政区划划分学区，每个学区不同类型的优质教育资源全

---

① 王倩：《民国教育史上一次"昙花一现"的大学院与大学区制的试行》，载《河北师范大学学报（教育科学版）》2004年第5期。

部通过学区信息平台发布，各校在网上达成供求协议，实现区域内学校间设施设备资源的共享。（2）利用"火车头"的原理，根据现有公办学校的分布情况，以优质学校为龙头划分"学区"，"学区"内的学校打破原有的界限开展教育教学管理，不仅统一组织备课、统一组织教学，还统一安排教学人员，在一定程度上实现了区域内学校间人力资源的共享。（3）探索大校带小校、强校带弱校的学区化管理模式，打破学校之间、学段之间、系统之间的传统壁垒，实现硬件、课程、人力资源的共享。（4）从全社会发展和建立终身教育体系的角度，探索区域教育的管理模式，打通不同学段和不同类型教育领域之间的管理壁垒，实现区域内教育资源的深度整合，以达到利益更全面、结构更优化、效益更高效、协调可持续的发展目标。第五，充分发挥现代教育技术对教育进程的推进作用，为学区搭建起一个方便学校管理和教师学习、交流及家校沟通的数字网络管理平台。

同时，各地区实行学区管理的创新之处主要表现在两个方面。第一，进行了教育管理的改革探索，以"学区"打破政府对学校管理的"条条"与"块块"的管理，使管理扁平化。第二，进行了教育机制的改革探索，以共享、激励、奖励等机制打破学校间的传统壁垒，实现资源利用效益的最大化。

但它们的不足之处表现在以下方面。（1）教育管理机制的变革，是在群众强烈要求受教育机会平等的诱致性需求驱动下的由教育行政管理部门推行的强制性机制变革，是外在的动力，不是教育内部自我的、内在的需求驱动教育管理机制的变革，这会使变革缺少内动力。（2）共享的资源只停留在硬件资源、课程资源和人力资源上，缺少学校作为知识生产与传播地的知识资源的共享。（3）学区的发展仅停留在资源的共享方面，以学区作为学校合作与发展的平台则较少体现。（4）他们仅仅从设备设施资源、课程资源、人力资源单方面进行区域教育均衡的研究，没有从硬件资源（设备设施资源）和软件资源（课程资源、人力资源）、信息资源多方面来综合研究区域教育均衡问题，以至于不能发挥资源利用的综合效益，实现区内教学资源、人力资源和信息资源的共享，促进区域教育在可持续、优质、特色发展基础上的均衡发展。（5）学区的发展以自主发展为主，政府对学区的督导功能不足，这将会影响学区的持续与协调发展。（6）学区管理的概念、构成要素、要素间的关系等理论问题尚在探索中。（7）学区管理的模式单一，尚在探索阶段，不同发展背景、发展条件的学区管理模式尚在探索中。（8）学区管理的研究多局限于"择校"的角度，从教育均衡与公平的角度研究学区管理的机制和操作则尚在探索中。（9）目前的学区管理的研究多集中于我国的东北、华北和长江三角洲地区，改革开放的前沿南方沿海地区中心城区和全国大部分地区则还没有进行相关的探索。

第四章

三种学区具体管理模式的建构

　　义务教育均衡发展是国际教育发展的新趋势，受到世界各国和地区的重视。在我国，义务教育均衡发展已不仅仅是一种理念，它在一些经济发达的地区已被付诸实践。在众多的实践中，本课题以广州市越秀区为试验区，建立学区管理模式，成为推动义务教育均衡发展的方式与途径之一。立足于南部沿海地区中心城区、适合全国不同地区的学区管理模式是以"优势互补、资源共享、共同发展、彰显特色"为理念，以校本发展为主体，以主任学校为主导，以整合资源为主线，以内涵均衡发展为目标，在区域内实施"学区管理模式"，逐步实现"中层干部交流、骨干教师支教、教师联合培养、硬件资源融合、课题共同开发、研训相互结合、典型示范带动、资源共同分享、成果推广交流"的发展格局，促进区域义务教育优质均衡发展，满足人民群众对优质教育的需求。本章就以所建立的"联盟模式"、"集群模式"和"集团模式"为案例，来分析立足于南部沿海地区中心城区、适合全国不同地区的学区管理模式的实施情况。

第一节　学区管理的"联盟模式"

　　在知识经济的大潮中，学校的价值来自于知识的生产和流动。在教育均衡理念的引领下，地方政府为了提高教育的效率和效益，实现教育公平，满足人民群众对优质教育资源的需求，对部分学区进行了基于知识管理的"联盟模式"的探索。

一、"联盟模式"的内涵与特点

"联盟模式"源于企业管理，它是由美国 DEC 公司总裁简·霍普兰德（J. Hopland）和管理学家罗杰·奈格尔（R. Nigel）最早提出的，指企业为了共同的目标而达成的一种长期合作关系。[①] 在企业管理中，联盟的形态主要可分为价格联盟、产品联盟和知识联盟三种类型。而知识联盟作为一种新兴的企业管控方式，它比价格联盟和产品联盟更能体现企业的学习与创造能力，更能反映知识经济时代企业的蓬勃发展。

学校作为人类知识的传承与传播地，对知识的管理显得非常重要。而在区域义务教育均衡发展的过程中，学校对教育教学过程中知识资源的组织、管理和手段是学校持续发展与优质发展的核心动力。鉴于此，我们认为，在学区管理视野下，基于学校知识管理的联盟是指三所以上的学校为了实现知识资源共享和优势互补，在保持自身独立性的同时，通过学区的方式建立较为稳固的合作关系，并通过学区的愿景进行知识资源共享和项目协作，取得互惠互利效果的松散型网络组织。

根据基于知识管理的"联盟模式"，其特征主要表现如下。第一，组织的松散性。联盟是以学区的共同愿景为目标，所建立的不是独立的管理实体，而是一个动态的、开放的管理体系，是一种松散的学校间一体化组织形式联盟，各成员之间的关系也是非正式的。第二，管理的扁平性。参与联盟的学校不增加管理层次、缩短管理的链接，只增加管理的幅度，并通过信息化的手段提高管理的效率和学校的教育水平。第三，行为的协作性。联盟的方式与结果，不是对近期的瞬间变化所作出的应急反应，而是对优化学校教育资源、提升教育质量和教育效率、实现区域义务教育均衡所作的中长远谋划，其行为注重从系统的高度改善学区内共有的教育资源和条件。第四，合作的平等性。学区内的学校均为独立法人实体，均有独立的决策权；它们之间相互的往来不是由行政层级关系所决定，而是在共同愿景下，遵循自愿互惠互利原则，为彼此的优势互补和合作利益所驱

---

① 白万纲著：《战略联盟——集团横向管控的外延表现》，中国发展出版社 2008 年版，第 4 页。

动。第五，关系的长期性。由于学校参与联盟的目的不在于获取一时的短期利益，而希望通过持续的合作提升自身的教育质量和教育效率，以实现长远收益的最大化。因此，联盟的关系是相对稳定的长期合作关系。第六，利益的互补性。参与联盟的学校都拥有自己的办学特色，都希望通过扬长避短，共享优质教育资源，降低教育成本，产生"1＋1＞2"的协同效应。同时，在这种协同效应下，每一所成员学校都能获得其仅依靠自身的力量将难以获取的资源和相对应的收益。

二、"联盟模式"的操作和案例

(一)"联盟模式"的操作

"联盟模式"基于学校知识管理视野，其知识的管理主要由三个维度组成：共同认知维度、成员联系维度和知识特性维度，这三个维度共同对学区管理发生作用，并通过系统调节作用，进行学区内学校的协作与创新，实现学区内义务教育均衡发展。在"联盟模式"操作中，学区成员间的联系是构成学区的教育教学技术与知识交流的通道，它影响学区成员创新的程度。而知识的管理则是在知识的协作中进行知识的整合、碰撞、传播和共享，并产生创新机遇和强制效应。当学区成员间联系紧密时，资源共享的强度、频率、幅度就越大；反之，则越小。因此，强化的资源共享机制可以促进知识交流与转化的进程，提高学区成员获取与生产知识的能力与效率。具体操作见图 4-1。

在图 4-1 中，知识管理主要是学区成员的教育教学能力和教育教学知识的交流、共享、转移、创新等一系列行为，其嵌入于"联盟模式"中，并对学区成员关系具有一定的依赖性和归属性。

共同认知维度主要由学区愿景和学区文化两部分组成。其中，学区愿景是学区内成员在联盟时共同形成的愿望，它的作用在于为成员提供一个共同努力的目标；学区文化是具有明显特征的、能够涵盖学区成员共享利益和策略并被学区成员接受的共同文化，它的作用在于为成员提供一个统一的思维和行为模式，减少学区成员间的矛盾和冲突，强化学区成员行为的连续性和一贯性。

知识特性维度主要由兼容性知识、互补性知识和隐蔽性知识三部分组成。其中，兼容性知识主要是学区成员间统一的思维框架和一致的教育技

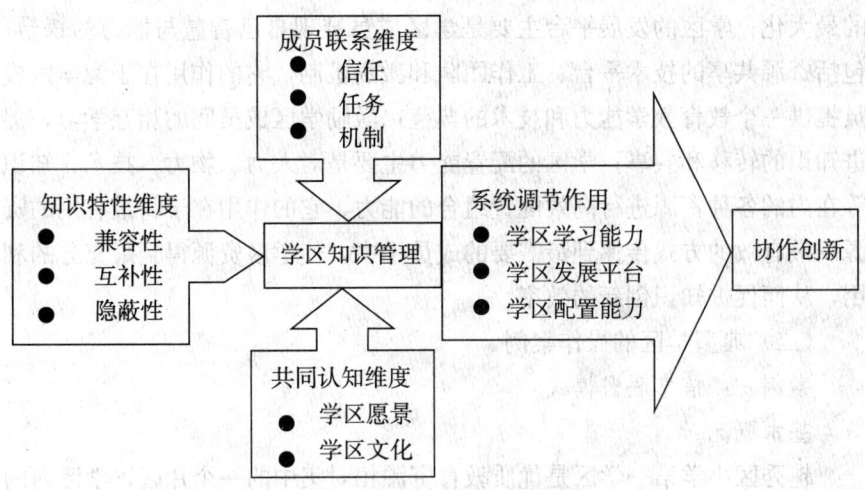

图 4-1 基于知识管理的"联盟模式"

术与知识，它的作用在于能够提高学区整体的管理效率，有利于学区成员间差异的融合，使知识转移通道更为畅通、知识共享更为便利；互补性知识主要是学区成员相对其伙伴需要却未拥有的教育技术与资源，它的作用在于给学区带来不同但又有价值的教育教学能力、资源和技术，弥补学区成员间的知识位差，增强学区成员的内部知识存量和学习能力，促进学区内知识的交流和创新；隐蔽性知识主要是那些存在于人的脑海中难以表述的、只有通过行动才能表现出来的知识，它的作用在于提高学习和创新的价值。

成员联系维度主要由信任、任务和机制三部分组成。其中，信任主要是学区成员间的互信和敢于托付，它的作用在于增强成员间的合作，增加知识转移的水平和成员学习的潜能；任务主要是学区按照实现共同愿景的计划而分配给成员的工作，它的作用在于协调各成员工作的子目标和工作进度，提高学区的管理与协调能力；机制主要是学区成员为了共享资源而制定的管理办法，它的作用在于为学区的运作提供规划。

系统调节作用主要由学区的学习能力、发展平台和配置能力三部分组成。其中，学区的学习能力主要是学区将转移给它的知识进行内化的能力，包括学区对知识的收集、理解、整合和共享的能力，它的作用在于带来宽广交流与学习的空间及畅顺的传输渠道，利于知识的高效转化，促进学区更有效地获取新的外界知识和资源，实现学习的个体效应和整体效应的最大化；学区的发展平台主要是学区成员展现自己智慧与能力的舞台，包括资源共享的技术平台、工作团队和激励机制，它的作用在于为学区成员提供一个教育教学能力和技术的典范，激励学区成员间的相互学习，促进知识的转移和共享；学区的配置能力主要是对人力、物力、技术、知识等在内的各种资源进行高效配置组合的能力，它的作用在于将最有用的资源以最有效的方式传递到最需要的成员手中，使学区资源得到最充分的利用，从而促进知识创新的效率。

（二）典型学区的操作案例

案例一：信息联盟模式

基本概况

越秀区小学第一学区是优质教育资源相对集中的一个片区，学区内的10所学校中省一级学校就占50%，每所学校都有自己鲜明突出的办学特色及教育优势。但教师人力资源分布不均衡，优质教师资源多数集中在省一级学校，这在一定程度上局限了教师发展。因此，学校期望通过构建学区管理模式，解决阻碍学校教育发展的实际问题，办好每一所学校，让每一个孩子都得到良好的教育。①

操作框架

（1）成立学区工作小组。小学第一学区工作组，由地理位置相邻的10所小学的校长组成，学区主任由拥有优质资源的学校校长担任。

（2）通过任务共享，建立信任与联系。工作小组通过任务共享建立团队的信任与联系。任务共享一："邻近学校协作"。由一所学校牵头，负责学校文化建设，办学特色优势互补互促。开展的内容有：绿色学校创建、团体心理辅导、体艺科技教育、校园环境文化、班级文化。任务共享二："科研课题集群联盟"。由一所学校牵头，负责建立现代教育技术实验校联盟及学校教育管理研究联盟。开展的内容有：课堂教学绩效评价、信息资源有效应用。任务共享三："学科名师辅导交流"。由一所学校牵头，负责学区学科教研、学区教师培训。开展的内容有：同伴结对、联合培训、开放课堂。

---

① 蔡定基、周慧：《学区管理内涵与实践——以广州市越秀区为例》，载《中国教育学刊》2010 年第 8 期。

(3) 通过共同愿景，形成学区文化。小学第一学区共同的愿景主要包括以下内容。①实现教学水平的共同提高。构建学区管理"联盟模式"，以邻近学校两两协作，实现教育优势互补，以科研课题集群联盟形式实现办学特色发展，以名师辅导组为龙头引领各校学科带头人，实现教学质量水平的共同提高。②共享发展平台。以人的发展为本，尝试共建学区教育特色文化，形成构筑学区内各校学校文化（包括办学思想、办学目标、课程结构、教学质量、科研实力、综合潜力和幸福指数等）合作发展的平台。③实现均衡发展。探索学区软件资源共享及有效应用的策略，建设并形成各类稳定的学区内学校学习共同体或研习组织，促进教师专业发展，实现学区教育均衡发展。①

主要做法

(1) 多渠道落实学区资源共享，互补互促学校教育特色优势。①运用信息化设备"网易录"，提高共享的有效性。经过调查与整理，学区内各校均提供多项优质设备设施供学区共享借用。各具特色的设备设施包括：网络电脑室、图书阅览室、多媒体报告厅、心理辅导室、科技劳作室、乐器排练室、陶艺室、排球场、乒乓球室等。②整合资源创建学区特色活动。整合资源创建学区特色活动，即促进校与校之间的办学特色以及特色教育的互促互补，利于扩大活动的影响范围与力度。这些特色活动有：环境宣传教育特色活动、学区网络德育特色活动和"向国旗敬礼"、"古越秀色"等系列德育活动。

(2) 建立教育技术实验校联盟，创建网络联校研训新方式。第一学区积极探索现代教育技术在教学中有效应用的研究，致力于用信息技术带动各校教育均衡发展，大胆创新联校教师研训的方式和手段。它们以提高教师人文素养和专业水平为主要目的，并根据本学区教师队伍的实际情况，认真设置培训课程。这些课程有师德教育培训课程、教师形象与教师礼仪课程、学科教学专题课程内容等，均由学区组织全体教师参加专家讲座或教研活动，并通过"网易录"系统的实时转播，创造性地解决了学区全体教师跨校交流的困难，提高了学区教师交流的实效性，扩大了学区教师的

---

① 蔡定基、周慧：《学区管理内涵与实践——以广州市越秀区为例》，载《中国教育学刊》2010 年第 8 期。

交流参与面。

（3）名师跨校指导开放课堂，大力促进教育质量均衡发展。该学区采用同伴结对、联合培训、开放课堂等形式，加强师资队伍建设，建立人才培养与交流的机制。通过调查建立优秀特长教师人才库，成立名师成长指导团，由特级教师游家水校长任团长；通过组织跨校指导备课，开展学区内公开观摩交流活动，共享教学智慧；另外，通过组织各类型的管理经验分享座谈会，促进交流，优化管理。

案例二：学区视频网络教研活动案例

随着信息技术的迅速发展与普及，计算机网络被引入到教育领域与传统的教研理念相结合，形成了网络背景下的教研新格局。网络教研，就是借助应用网络信息手段开展教研活动，具有研教同步、教师广泛参与、不受时空限制、教研资源放大等优势。利用越秀区教育城域网，实现网络环境下跨校教研活动的革新，给教研活动不断注入生机和活力，进一步促进学校教学质量的稳步提高，是本案例的主要研究方向。

案例背景

1. 为什么要开展网络教研

小学第一学区确立以"构建学区管理模式"为目标，通过增强师资队伍素质为主线，开展师德教育专题活动和有效课堂教学研究的专题活动；以加速教育信息化发展为龙头，探寻网络跨校联合研习的新途径，提高信息资源共享的实时性和有效性；努力创建一个优质均衡、和谐共进的教育现代化学区。由于学区内各校信息资源丰富，硬件设施精良，教师信息素养高，充分具备开展网络教研的条件；学校较多且部分学校距离较远，教师教学任务繁重，因而产生通过网络开展教研的需求，从而教师们可以"足不出户"，低成本、高效、省时地观摩、学习开展学区教研。

2. 为什么确定以有效协作阅读，提高读写能力为教研主题

小学第一学区大部分学校均承担"义务教育跨越式发展"课题研究任务，根据课题组指引，切合学区学生水平需要，以提高学生阅读和写作能力为教研的主要任务。此外，由于第一学区各校均积累了大量信息化应用教学的经验，因而在课题组提供的 Surf 工具的支持下，以信息化手段促进有效协作阅读，是作为提升学生阅读能力的主要研究方向。

3. 活动方案设计和大致策略

（1）活动前期准备。活动模式的确定：理论学习—教学设计——讲与优化—二讲与优化—三讲与优化：公开研讨课—自我反思、教研反思。活动所需技术支持及场室准备："网易录"摄录系统、教育城域网基础网络、多媒体报告厅、学区资源应用平台。

（2）活动时的组织。活动时间：2010年3月至2010年5月，周二或周五下午3：30；活动地点：培正会议室，各校会议室；参加对象：第一学区语文教师及各校主管行政。

（3）活动方案设计和大致策略（见表4-1）。

表4-1 活动设计方案

序号	负责学校	活动内容、开展时间	活动要求	地点及技术应用
1	中二	理论学习 3月12日下午	1. 学习理论文章、讲稿。2. 听专家讲座。	中二电脑室；应用学区平台共享发布资源
2	培正	教学设计 3月19日下午	3. 设计一堂信息技术与理科整合的课。4. 协同备课。	培正电脑室；应用学区平台同步集体备课。
3	铁一	一讲与优化 4月2日下午	5. 第一次实施教学设计，协同听课、交流、研讨。	培正电脑室；应用"网易录"拍摄试教实录，向学区提供直播及点播。
4	五羊、杨箕	二讲与优化 4月16日下午	6. 第二次实施教学设计，协同听课、交流、研讨。	培正电脑室；应用"网易录"拍摄试教实录，向学区提供直播及点播。
5	八一、大沙	三讲与优化：公开研讨课 4月23日下午	7. 第三次实施教学设计，根据观察点填写课堂观察表。8. 填写研讨课记录（包括该课的收获与建议）。9. 教研组共同交流、反思、提出修改建议，作总结记录。	培正电脑室；应用"网易录"以精品课例模式拍摄实录，向学区提供直播及点播，并作为学区资源共享。

续表

序号	负责学校	活动内容、开展时间	活动要求	地点及技术应用
6	署前、东实	自我进行教研反思。4月23日后	10. 反思本次校本教研中自身收获和期望。	各自学校；应用学区平台开展教学反思专题活动。

案例描述

1. 理论学习

首先由中山二路小学的教师将本次校本教研相关理论学习资料整理，汇总并分类发布在学区资源平台上，做好充分的活动准备，内容包括开展校本教研的意义、校本教研的内涵、校本教研的流程等。

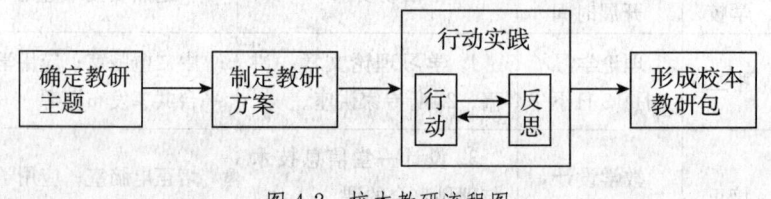

图 4-2 校本教研流程图

活动开展时，各校组织教师加入学区平台上的指定聊天主题，在主持教师的指引下，点击网上资料下载阅读，或点播网上视频讲座观看。活动中随时将产生的问题及相关解答在学区平台上登记发布，活动后由中山二路小学的教师将学习记录汇编，在平台集备组中发布活动记录及分析。

2. 教学设计

由培正小学的教师根据研究主题内容，做好《牧场之国》的教学设计，在培正小学东电脑室通过"网易录"向全学区直播说课。该系统通过网络数字化格式传输视频信号，借助 100 M 高速互联的教育城域网，可实现跨校区之间的远程视频直播，并由点播者自行选择教师、学生或教师电脑信号，全面了解说课/上课现场各方面表现，可令听课者或听报告者不受地域和人数的限制。小学教师负担的日常工作繁杂而重要，要挤出半天时间到别校去参加听课或者讲座，实在是困难重重，学区利用视频直播开展教研、讲座，实现了"天涯若比邻"，大大拓宽了教研活动的辐射范围，是对传统教研方式的传承和创新。

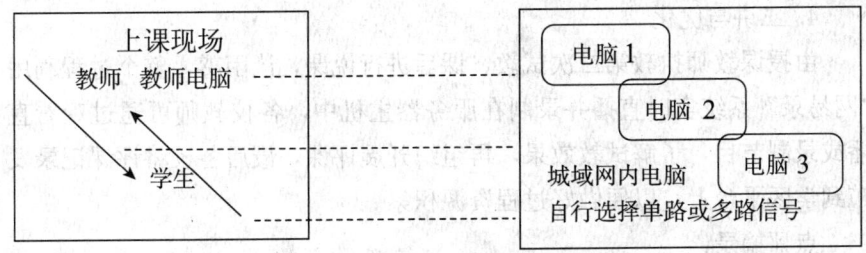

图 4-3　"网易录"使用流程图

《牧场之国》说课：

（1）导入情境，启动情智。（2）自读提示，初读课文，了解课文内容。（3）品读课文，交流感悟，体会情感。（4）总结全文，升华拓展。（5）拓展阅读，体会写作方法。（6）打写练习：乡村环境片段。

活动后各校教师给授课教师出谋划策，在学区平台集备组中提出改进意见。

3. 一讲与优化

先由培正小学的教师将该课设计进行修改，并在东电脑室应用"网易录"将试教课录制至系统中，将点播地址发布在学区平台上，再让各校参与教研的教师利用课余时间观看课例，由各校主管行政汇总有效意见发布在学区平台上。

利用系统的教师自动跟踪与自动切换技术，实现无人值守情况下进行全自动拍摄，拍摄过程中镜头自动跟踪教师，当教师操作计算机演示课件时，自动切换至教师机信号进行录制，停止操作后 5 秒切回教师信号。课后教师可依据录像开展微格分析，及时、准确、具体地捕获教学技能的反馈，让教师对逐个教学环节进行有益调整，关注到每一个细节。听课教师也可在观察过程中抛开教师大致的课堂流程，而去关注某个细节中学生的表现，分析学生为什么会有这种表现，从而清晰地指出任教教师言行细节的正误。只有先关注学生，教师才会在了解学生需求的同时反思自己，提高自己，这是视频教研一大优点。此外，系统能为学区内各校相关参与集体备课人员提供在线点播服务，结合学区平台创建研讨主题，支持学区内开展异地网上教学集体备课，汇集各方意见，优化课堂效率，令网上教研更具实效性，实现真正意义上的优质师资与教育资源共建共享。

4. 二讲与优化

由授课教师执教第二次试教，课后进行说课，谈困惑，整个过程利用"网易录"系统实时直播并录制在服务器主机中，各校教师可通过观看直播或录制节目，了解试教效果，再组织开展评课，最后各校将评课记录发布到学区平台上，以便做好过程资源积累。

点评摘录：

• 语文味不浓。

• 开课时，让学生读课文，其余学生思考：课文讲了什么？牧场是谁的自由王国？回答方式：用"因为……所以……"句式。

• 学生说完句子，并让其板书。

• 教师做示范写批注，评价学生，再让学生评价其他学生的批注。

• 阅读小帮手放在课前阅读。

• 课后编写练习设计：（1）为世博会荷兰会馆写点评；（2）运用文中的修辞手法，仿写一段异国风情的景物。

5. 三讲与优化

由培正小学的教师执教公开课，并在培正小学集体备课组长的辅助下利用"网易录"拍摄精品课例，课后组织各校教师针对本次网络教研活动谈心得与收获。

一节成功的优质课除了要具有精彩的教学内容外，恰当的视觉表现形式也很重要，制作技术精良、画面清晰、思路新颖的作品会更好地表现教学内容。"网易录"系统同时捕获三路高清信号，通过计算机软件可进行轻松切换与跟踪，在一名熟悉本课教学流程的教师"导录"下，可将教学过程完美记录下来，以精品课例的形式形成学区优秀教学资源在学区内共享。鼓励学区内教师从优质课例中，学习、借鉴、发现、理解适合自己的优秀教学方法，努力提高自身的教学水平和研究能力，使优质教育资源进一步开放和延伸，解决区域性师资贫乏与教育资源薄弱问题。

6. 自我反思，教研反思

通过对学区资源平台中的内容记录进行回顾与成效分析，针对本次学区范围内的跨校网络视频教研活动展开反思，最终形成文字发布在工作室、集体备课组内，为更好地开展下一次网络教研提供依据。整个活动中有教师个体的自我反思、教师集体的同伴互助及名师的专业引领。在课堂

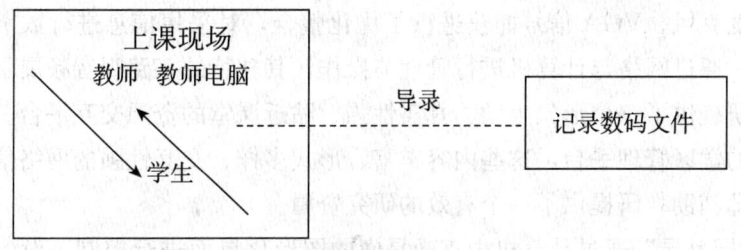

图 4-4　"网易录"使用流程图

实施过程中的专业切磋、协调和合作，形成"研究共同体"共同分享经验，互相学习，彼此支持，共同成长。透过"网易录"录播系统及学区资源平台，名师的评课、培训等直面课堂中进行教学现场指导，名师与教师一起反思、感悟、交流促进了教师专业成长。

存在的问题

传统的教研模式存在以下两种缺憾。一是学校由于工作任务较紧，每次区域教研活动各学校只能安排部分教师参与，不能实现全员参与，这样一来，教研活动的效果就会大打折扣。二是较少学校参与的联校教研活动，面比较狭小，信息来源少，即使有好的经验也无法在全学区内交流推广。而利用网络，传统的教研模式的劣势就可以得到解决，使信息更加畅通，使每一位教师都能感受到教研的春风。

目前，网络教研主要运用网上社区、论坛、博客中的一种或几种相结合，以共享文本、图片、小容量音频为载体的教学设计、论文、反思、随笔等信息资源，现在越秀区教育局主持搭建的学区应用管理平台就提供着该类服务。与传统的教研相比它突破了教研时间、空间和地点相对固定的局限性，然而我们知道教师授课水平、课堂教学质量不仅仅表现在对理论的研究水平上，因此仅仅通过文字和图片资源对教学研究来说还远远不够。此时，在教研中补充课例录像成为这一问题的必要解决办法，可是课例的拍摄需要大量的人力资源与繁杂的设备资源支持，所以研究网络新技术在教育中的应用及其背景下的教育教学研究理论的创新将是解决这一问题的关键。

解决方法

适当引入新技术，能引出解决问题的突破点，案例中提及的"网易录"系统即令网络教研增添新的应用模式。"网易录"有效将云台摄像机、拾音麦克风、VGA 信号捕获进行了优化整合，对采集信息进行数字化转换后，通过网络与计算机进行管理与操作，其独特的三路视音频展示为网络教研提供了一个形象生动、真实性强、贴近课堂的资源交互平台。配合现有的学区管理平台，这些内容丰富、形式多样、交互性强的网络信息就为教师辅助教研提供了一个有效的研究资源。

"网易录"通过计算机中直观易懂的图形化界面进行控制，设备的参数选项和主要功能在界面上显示清楚，用户很容易管理操作，只需一人轻点鼠标，即可完成摄像枪云台控制、视频信号切换、教师自动跟踪、开始停止录播等操作。

教师可以录制教学的整个过程，既可保存在"网易录"主机上，也可下载到本地作后期处理，用音视频处理软件编辑成一个个教学片断发布到学区平台上，继续开展深入研讨。结合学区平台形成以文本、音频、视频多种形式呈现在网络中的教学日志，全面记录教师整个教研过程（包括问题形成、主体思考、实践体验、协作交流、问题解决），让教师更清晰地看到自己的整个教研过程及每一阶段成果。

反思

网上远程教研活动并非只是传统教研活动的简单替代和转化，远程教研活动的最大意义在于，它带来技术和模式的创新，并为教师的专业发展搭建了一个更高更广的平台，借助教育城域网的高网速互联基础，"网易录"所提供的视频质量相比以前的直播效果有了很大的提升，让观课者可实时了解到教学的各个细节。通过研究，整个学区教师的教学水平和教学研究水平得到了提高，实践中也创新了一些传统教研活动无法实现的模式。俗话说，教学是根，教研是魂，而教研的灵魂在于创新，在于观念的与时俱进。

越秀区开展"学区管理模式"课题研究以推进区域义务教育均衡发展，第一学区以信息化为切入口开展学区教研建立教育联盟，得到教育局各级部门高度支持。在研究中，发现"网易录"集成系统的强大视频录播功能，为网络教研提供了更加开阔的应用平台，成为学区平台的有益补充，扩大了教研的职能，促使教研更加科学。实践证明，视频教研明显促进了教师对实践行为的反思，尤其是可以使教师仔细地磨砺自己的教学细节，更细致地反思教学实践行为，从而使教学实践走向精致。这对于提高教师的专业能力，激发教师的职业热情和创新精神，改变教师的角色认识和自我观念发挥了重要作用。①

第二节　学区管理的"集群模式"

随着区域义务教育的持续发展，区域范围内的部分学校围绕核心学校自发地进行集聚，在相互学习中建立合作关系，实现共同发展。面对民间的集聚现象，政府引领部分学校进行了基于资源管理的"集群模式"的探索。

一、"集群模式"的内涵与特点

"集群模式"是工业化进程中一个非常引人注目的现象，美国的迈克尔·波特（Michael Porter）通过对 10 个工业化国家的考察，发现在所有发达的经济体中都可以明显看到各种产业集群，成为产业发达国家的核心特征。② 马歇尔（Marshal）在 19 世纪就对产业集群进行了阐释，但相当长时间里，产业集群理论游离于主流经济学之外，直到 20 世纪 80 年代，由于产业集群的快速发展及其对经济发展的重要影响才引起学术界和各国政府的广泛关注，成为经济学研究的核心内容（Overman, Redding & Venables，2001）。不同学科、不同学派以各自的视角解释产业集群，形成多种理论流派。③ 学校作为各种资源的集散地，对资源的管理则显得非常重要。在区域义务教育均衡发展过程中，学校对教育教学过程中的各种资源的组织、管理和使用是学校持续发展与优质发展的基础。鉴于此，我们认为，学区管理视野下的集群是指依托核心学校的资源优势，以资源的

---

① 越秀区小学第一学区：《学区管理模式资料汇编》第 2 期。

② ［美］迈克尔·波特著，李明轩、邱如美译：《国家竞争优势》，华夏出版社 2002 年版，第 140 页。

③ 赵海东著：《资源型产业集群与中国西部经济发展研究》，经济科学出版社 2007 年版，第 15—16 页。

开发、加工和共享实现成长的学校在资源禀赋的核心学校附近聚集，通过深度专业化，形成完整的价值链条，健全学区支撑体系，带动区域义务教育均衡发展的组织形式。其基本含义是区域内相关学校资源的聚集，目的在于通过合作获取教育质量和效率提高的优势。但其关键要素在于：教育活动在空间上的聚集，学校间资源的横向与纵向联系，实现资源开发、加工与共享的技术与方法，核心学校的主体作用和学校合作在集群中的紧密程度。

基于资源管理的"集群模式"，其特征主要表现如下。第一，要素的根植性。"集群模式"首先表现为一种学校的扎堆现象。学区中的学校不仅仅在地理位置上接近，更重要的是它们以信任和承诺作为学区运行机制的基础，紧密地联系在一起，这种联系不仅是利益上的，还包括教育观念、教育方法、学校管理、学校文化等各方面。学区内的学校具有相同或相近的社会文化背景和管理环境，学校的教育行为深深根植于学区内语言、背景、资源和交流规则，易产生交往默契并交流"教育秘诀"，从而既能有效地防止各种机会主义行为，又促进了资源沿空间的扩散和"溢出"。因此，相互信任和依赖形成的学区使众多学校联结在一起，既增强了学区的整体凝聚力，又使学校深深扎根于自己的学校文化当中。第二，起源的自发性。学校凭广大人民群众对教育的需求，通过民间的交往，不断地模仿与跟进核心学校的教育管理和教育行为，来不断地完善自身的教育管理和学校文化建设。第三，学校的关联性。学区作为相关学校的高度集中群体，具有明显的空间集聚性。随着某些学校的成长，学区中自然会有高质量的学校出现，学区中的学校相互配合，同属一个价值链和发展传递链，联而不合，自主办学。它们之间不仅有横向关联，如教育教学方法、教研、考试等，也有纵向关联，如学区课程共享、硬件资源共享、人力资源共享等。第四，发展的差异性。学区中学校发展的定位明晰，学区中既有国家示范性高中，也有完全中学、初级中学，更有职业中学；既有省一级学校，也有市一级学校，更有区一级学校。这样有利于学校的特色发展和教育创新。第五，管理的系统性。学区内的学校通过紧密合作，满足资源共享、知识的快速扩散和价值链上的相互需求；学校通过获取学区的资源，进行自身知识与人力资源的快速积累，促进自身的持续发展。第六，发展的阶段性。集群型的学区一般都要经过萌芽、发育、成熟和衰退的发展过程，由粗放到集群、由模仿到创新的发展历程，最后发展成为教育均衡的学区。但目前，学区发展还处于发育期。

二、"集群模式"的操作和案例

（一）"集群模式"的操作

由于"集群模式"是基于资源管理的视野，学区支撑体系的重点是培育资源开发、共享和扩散的能力，它是各要素作用力的耦合，各要素系统及系统内诸要素通过直接和间接两种途径影响集群的形成，决定学区的教育水平和教育竞争力。在"集群模式"操作图中，行为主体、资源优势、发展分工、发展效应和发展扩散之间的联系与作用影响着学区资源的开发、共享与扩散，影响着学区的均衡发展。具体操作见图 4-5。

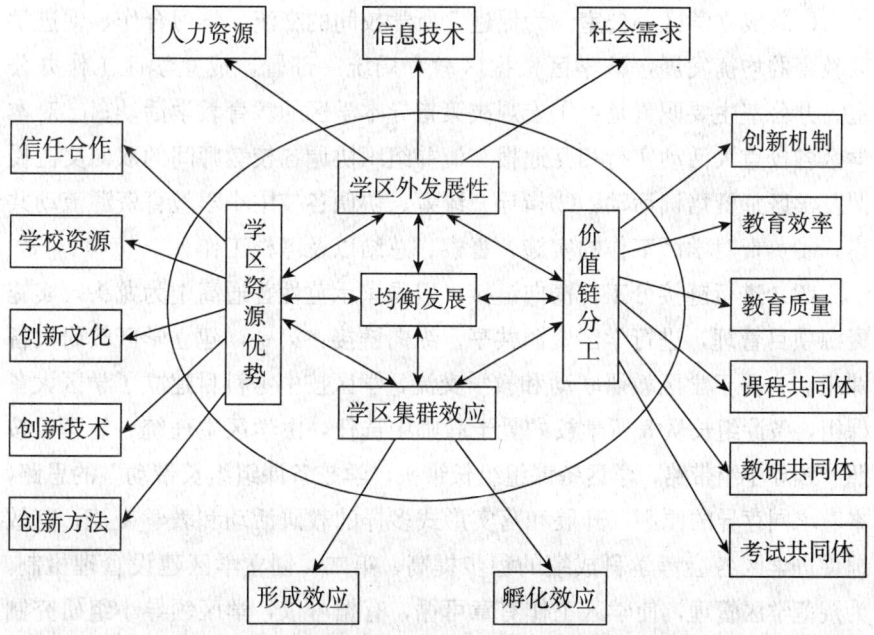

图 4-5 基于资源管理的"集群模式"操作图

在图 4-5 中，行为主体主要包括政府、核心学校和参与学校，其中核心学校是资源共享的主体，参与学校是教育创新、产出和收益的主体，它们不仅贯穿于整个系统中的每一部分，也是学区支撑体系中的主体要素。资源要素通过信任合作和学校文化作用于学区，影响着集群效应的形成，并通过文化、技术、方法影响着集群效应的孵化。功能要素则通过价值链分工作用于学区内和学区外，而价值链分工又通过机制、效率、质量、课程、教研和考试影响着学区的集群效应与学区的资源在外扩散，并促进学区的教育创新。扩散要素也通过人力资源、信息技术和社会需求将学区的创新成果进行扩散。

（二）典型学区的操作案例

案例一：教研集群模式①

基本概况

中学第三学区由7所普通中学和1所职业中学组成。8所学校均具备一定办学基础，有一定办学经验，但办学规模、条件、水平都呈不均衡状态，在生源、师资、设备设施、教学管理等方面也有一定差距。

操作框架

（1）成立学区办公室。为促进7所学校间的交流、学习合作，促进学区教育的均衡发展，该学区根据区教育局统一部署，成立学区工作办公室。办公室主要职责是：①宏观决策指导本学区的教育教学活动；②对本学区各校重大活动实行相互通报交流并组织协调各校教师间的双向交流授课及学区师资培训活动；③指导、统筹、协调各校中小学教育资源流动共享；④负责对学区工作的实施、督察、总结以及考核工作。

（2）进行链接分工。横向链接：以国家示范性普通高中为龙头，实施资源项目管理，进行学区资源共享。纵向链接：第一，建立学区教研大备课组。为便于学区教研联动和教学交流，学区按中考科目建立了学区大备课组，备课组长从8所学校的骨干教师中选任，由学区主任统一管理，按照"领导小组带路，学区备课组组长带头，学校备课组组长带动"的思路，本着求同存异的原则，开展和落实形式多样的教研活动和教学交流，有效地促进学区各会考学科成绩的稳步提高。第二，创立学区建设管理机制。为规范学区管理，使学区工作有章可循，有据可依，学区领导小组研究制定了《中学第三学区推进学区建设实施方案》，并出台了相关《资源共享制度》。各学校也将学区建设工作列入各自的学校工作计划，并成立各自的学区建设领导小组，确保了各项工作的顺利开展。具体操作如图4-6所示。

---

① 越秀区中学第三学区：《学区管理模式资料汇编》第1期。

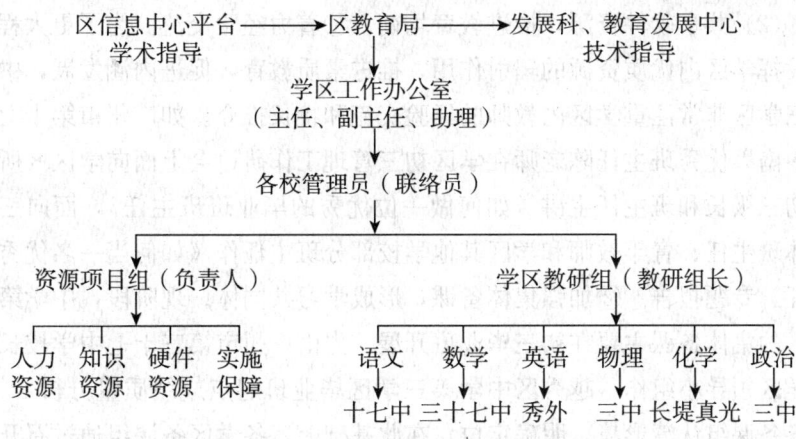

图 4-6　中学第三学区操作框架图

（3）形成阶段愿景。远期目标：把越秀区中学第三学区建设成一个紧密型集群，实现本学区内硬件、软件、教学场室、设施设备以及人才的共享；教育教学教研以及管理各方面统一规划，统一部署。基本拉近校际差距，学区内各校平衡发展、共同发展，实现学区内的教育均衡。中期目标：学区内各校干部、教师自由流动，按需调配，实现教育教学教研人才的资源共享，带动薄弱学校教育教学质量的提升。近期目标：加强学区内各校之间的沟通与协作，适当进行教学场室、教学设施设备的资源共享，开展各种教育教学的研讨活动，提升各校教师的教育教学理论水平和专业技能。

主要做法

（1）共享硬件资源，促进教育均衡。由于每间学校所处的位置不同，自身发展的历程不同，各学校拥有的硬件资源的数量和质量都有很大差异，有些学校的硬件资源不足已经制约了学校的进一步发展。第三学区在做好各校硬件资源基本情况调研的基础上，根据本学区的实际，本着"不求所有，但求所用"的原则，充分调动各学校发挥优质资源的作用，及时将可供其他学校使用的硬件资源（如信息技术设备、体育场馆、报告厅、多功能教室等）公布到学区平台，供其他学校选用，实现区域教育资源的使用效益最大化。如广州市长堤真光中学，2008 年体育平均分 53.73 分，区排位第 25 位，2009 年使用三中体育场 4 次，体育平均分 55.34 分，区排位第 19 位（排位均以 34 所学校统计）。

（2）共享软件资源，推进教育均衡。①着力经验交流。为了更大程度地发挥学区内优质资源的辐射作用，推进素质教育，促进内涵发展，中学第三学区非常注重学区内教师的经验交流和特长推介。如广州市第十七中学中南粤优秀班主任陈老师在学区初三管理工作研讨会上面向学区 8 所学校初三级长和班主任主讲《如何做一位优秀的毕业班班主任》，面向三中全体班主任、青年教师和学区其他学校部分班主任作《如何当一名优秀班主任》专题报告。②加强集体备课，形成学习共同体。现阶段，中学第三学区的集体备课主要在初三毕业班开展。先由广州市第三十七中学校长代表学区领导小组作《越秀区中学第三学区毕业班起点成绩质量分析》，帮助各备课组认清形势，明确定位，在此基础上，各学区备课组通过召开大备课组会议集中研讨、建立通信网络及时交流、开设公共邮箱共享资源等形式，从复习进度、内容、教案、学案、课后练习、参考资料等方面积极开展集体备课活动。在学区大备课组集中研讨形成课堂教学的预案的基础上，各学校、教师再结合本校、本班的实际情况，进行二次备课，写出最佳课堂教学设计，形成"集体＋个性"的教学设计，再实施课堂教学实践。从 2009 年中考的情况看，该学区集体备课已初见成效。

表 4-2　总分接近度（接近度＝A 平均分/B 平均分）

	初三上学期	中考	进退
第三学区（A）相对于区属学校（B）	97.49	98.22	＋0.73
第三学区（A）相对于区辖学校（B）	92.40	94.04	＋1.64

表 4-3　第三学区各单科相对于越秀区的接近度

（接近度＝第三学区平均分/全区平均分）

科目	初三上学期	中考	进退
语文	98.73	98.86	＋0.13
数学	95.66	97.48	＋1.82
英语	98.48	98.02	－0.46
物理	98.23	98.50	＋0.27
化学	96.74	96.98	＋0.24
政治	96.75	98.54	＋1.79

　　③开展教学研讨，形成教学创新。为转变学校各自为战的传统观念，突破办学资源一校所有的格局，变学校资源为学区资源，形成"不为我有，但为我用"的校校皆资源、人人有作为的发展观念，中学第三学区积极开展课堂教学研讨。如 2009 年 3 月，长堤真光中学全体教师分两天到广州市第三中学听课，三中全面开放初中课堂，并重点组织政治、语文、数学、英语、物理、化学等优秀教师上示范课，课后还组织说课、评课交流，实现共同提高。在资源共享、交流合作中共同发展，推进素质教育深入开展。

　　④探索职普融通，共享课程资源。第三学区有一所职业中学——广州市越秀贸易职业高级中学，学区充分利用这一优势，联合开发校本课程。学区在初中的综合实践活动课和高中的选修课的开设中，充分发挥职中教师的特长，实施"职普融通"课程建设，以提高学生的动手能力和实践能力，使优质资源有效增值。现阶段已开设电脑美术设计、电脑动漫设计、服装设计与工艺等特色课程。

　　（4）利用资源优势，强化各校特色。提高义务教育现代化水平面临的一个重要转变，就是要形成学校的办学特色。教育均衡发展并不意味着一个模式办学，更应切合实际，提倡张扬个性，努力办出特色。中学第三学区 8 所学校都有各自具体的校情，在各自办学的历史中形成了自己的特色。例如，广州市第三中学以其悠久的历史和办学规模形成特色，是百年老校、国家级示范性高中，在广州市中心城区校园规模最大，现代化教学设施最先进最完备，其互动课堂教学也独树一帜；广州市第十七中学以其课程体系、教学方式中的信息技术闻名于广州市；知用中学是有着悠久文化的越秀名校；广州市越秀外国语学校以外语课程体系形成特色；广州市第三十四中学和广州市第三十七中学以精细管理的制度模式形成特色；广州市长堤真光中学是有着深厚文化底蕴的百年老校，以"真光就是爱，爱就是真光"的办学理念和价值取向形成特色；广州市越秀贸易职中职业教育特色显著。8 所学校像 8 颗多姿多彩的星星闪烁着。各学校都按照教育均衡化的总目标，强化各自的办学特色，积极发挥各自办学特色的辐射作用，做到优势互补、共同发展，形成特色联动、纵横贯通的互动格局。在共同的追求中展示不同，在不同中寻求共同，以特色孕育教育的活力，努力锻造学区教育品牌。

（5）携手合作，拓宽发展空间。在中学第三学区，学区的概念已开始从单一的教学、教研拓展到其他领域（如学校管理、师德教育、师资培训、师生活动等）。如三中与广州大学心理学院合作举办教师心理 C 证培训班时，也邀请学区内其他学校教师参加。学区不断地通过这些活动，加强学校间的沟通交流，增强学区内的凝聚力，促进学区一体化发展。

案例二：学区校本学习共同体——秉正小学校本教研案例

随着新课程的推进，学校更加重视教师的校本教研，并逐步认识到其培养教师方面的重要性，许多学校领导也在为原有资源的不足和师资水平的参差而担忧。为此，一名经验丰富的教师将不再为一所学校所"独有"，而是将为更多学校所"共有"，许多学校的教研活动已经不再囿于校内，而是趋向于组建校际教研共同体，从而体现区域教育资源均衡使用，以促进学区学习共同体的和谐发展。

案例背景

为了改变校本教研形式与教研主题太单一的问题，并使学区教育资源的最优化得以有效实施，初步实现区域教育资源均衡使用，从 2009 年开始，秉正小学借助学区平台的资源优势，在学区大平台引领下，又与北京南小学、珠光路小学等结为校际教研共同体，将教育资源充分贯穿于日常教育教学工作中，学校的教研活动已经不再囿于校内，而是趋向于广泛开展校际教研活动。

案例描述

原教育发展中心教研员林老师与学生打了一辈子交道，有着丰富的专业修养与经验，在新课改中具有独到见解，退休后仍坚持在第一线工作。学区几所学校合议，聘请他为校际数学科组的领军人。林老师不辞劳苦，坚持每周到一所学校随堂听课，以他特有的洞察力与务实的工作方式，很快就把几所学校数学科组的教学状况摸透，并"对症下药"确定联合校际教研互动的内容：分期选定一所学校开设专业性强、具有实践指导意义的专题讲座，如《练习设计注意的问题》、《课堂教学设计的若干问题的思考》等，让理论知识与专业修养充实教师们的思想观念，进一步提升对所任教科目的认知水平，帮助教师建构完善的新课程知识网络；带领校际教师们深入课堂听课，善于根据听课教师的不同见解，从不同角度对任课教师的问题与困惑进行剖析，即时给予教师在实际操作上的指导，让教师掌握有效的教学策略与手段，帮助教师们解决教学中的实际问题，有效地促进了高效课堂的建设。与此同时，数学科组还定期选择一个共性的教研问题，组织各校教师一起备课，开展"问题式教研"，把一些"经常接触"的基本教学问题捕捉出来，进行梳理，并持续追踪，细心地设计解决问题的思路，这些问题的解决，往往成为开启教师实践智慧的关键因素，而多方学校教师的参与，则使问题的提出与解决更加具有代表性，教师们的收获日益丰厚，在第二学区校际教研互动的大环境下，专家资源得以共享，兄弟学校各教师们的专业引领各显真章，教师们各有所获的同时，各校校本教研的力度与实力不断得到增强，更体现其有效性与实效性。

存在的问题

专家资源的共享、学区各兄弟学校教师的教学睿智，为秉正小学一直以来处于半封闭式的自家教研提供了更加广阔的学习空间，让大家看到了自己的不足与提升的空间，更为各位教师的专业和谐发展搭建了平台，专题讲座的理论引领、随堂听课的思维碰撞、集体备课的智慧启迪……教师们大开眼界，参与度之高、发言之多空前，秉正小学、珠光路小学等校教师还主动上研讨课《异分母分数加减》、《简便运算》和《三角形的分类》等，从倾听专题讲座到讨论上课环节、聆听上课、课后反思，教师们都那么投入，那么忘情……校际的这种互动效果之强、气氛之浓，谁说校本教研的力度不会提高，实力不会增强，活动没有实效呢？但怎样继续维持学校间的校际教研互动，真正体现专家资源的有效共享，缩短学校间差距，从而实现学区内学校教育均衡共同发展，这才是值得思考的后续问题。

解决方法

几所学校进行校际教研互动，其中组织开放的教研活动是解决问题的方法，也是学校今后工作的思路。

第一，找准校际教研互动的切入点和突破口，确立开放的教研理念。校际教研互动是一种新生事物，是一个开放的新理念，它成为校本教研的一种延伸，受广大教师的欢迎。但是，由于各所学校在师资水平、学生基础、研究能力等诸方面都存在着差异，开展怎样的活动，怎样开展活动才能使不同层次的学校都能得到切实的收获？根据近两年来我们的观察、实践与探索，发现教师的业务提高、业务成长是校际互动的基本切入点，而提高课堂教学质量则成为互动行为的突破口，这也就确定了课堂教学研究就是校际互动的基本内容。这将有利于将专业引领、同伴互助与个人反思从校内走到校外，从单独的研究走向校际互动，这是一个开放的教育研究理念。

校际教研互动由于互动的内容都是紧密贴近学校实际，紧扣的是当前课改等学校关注的热点问题，各学校通过校际互动优势互补，同时又保留着学校各自教研的个性行为，两者相结合使得这种互动教研更加具有针对性与实效性，更利于各学校关注教师的专业发展、关注课堂等，使校际互动充满生机和活力。

第二，构建校际教研互动的学习化组织，创建开放的教研文化。各项活动的成功实施，都离不开领导重视和参与其中，校际互动教研也不例外。各学校校长和行政主管要将自己的思考与建议提出来，观察本校与他校教师在进行校本研究方面的水平与能力差异，力求使教研活动更贴近学校的工作需要，以便在校际互动中收获更多信息，促进学校的教学管理工作。同时，在校际互动中，就算是上同一节课，因上课学校的不同，每次面对的学生不同，教师的应变能力得到了锻炼，教师有了更加广阔的舞台。在这过程中，是不同教师之间的交流，是专业引领与普通教师之间的对话，各校教师因此而优势互补，这就是集体智慧下的共同成长，这就是开放的教研文化，教师要准确定位。

第三，创建校际教研互动的多维专业引领，打造开放的研究平台。在校际互动活动中，专业引领是必不可少的，它强化了理论对实践的指导，是理论与实践的沟通，鼓励教师自觉学习并吸收先进的教育教学理论，并应用于教学实践，在校际互动活动中交流，帮助解决实际问题。

在实现面对面的显性专业引领的同时，学校还将专业引领立体的研究资源相结合，努力发挥隐性的引领作用，通过学区平台、网络等加大交流学习的力度，各校将各自教师的教学设计、课件等进行交流，这样既实现了资源共享，也使专业引领渗透到教师的日常学习和思考中去。如学区内几所学校先将全体教师集中起来听教育发展中心林老师的专题讲座《练习课设计的若干思考》，然后在低、中、高年级各抽取一节单元练习课进行集体备课、设计、听课、评课，并将资源挂到网上共享讨论……这正是开放的研究平台的真实写照。

反思

他山之石，可以攻玉。几所学校实施校际教研互动和谐共进，实现校际教育资源的相互融通，实现教育区域共同发展，是实现学校又快又好发展的途径。具体表现如下。第一，在校际教研互动这一工作框架内，以强带弱、以强促弱，在强校弱校所构成的教研、学习共同体中，开放型的校本教研使区域之间、校际之间形成和达到教育资源互动共享，从而扩大优质教育资源的辐射范围。第二，通过校际教研互动、交流、沟通、合作，拓宽研讨渠道，实现以点带面、资源共享，全面提高教师的专业素质及水平，教师的专业意识得到明显增强，从而保证课程改革的整体质量。第三，可以充分发挥强校的人力资源优势，打造高效课堂，努力实现课堂教学水平的整体提升，推动学校的均衡发展。

总之，校际教研互动的目的就是要建立一种校际沟通、联系的机制，实现利益共担、资源共享、取长补短，实现区域教育均衡、共同发展。①

第三节　学区管理的"集团模式"

越秀区位于市中心老城区，其独特的地理位置和良好的义务教育发展条件，并拥有一批声誉较好的品牌学校。如何发挥这些品牌学校的效应，让更广大人民群众的子弟享受到优质的教育资源，就成为当地政府特别重视的一项工作。因此，政府引领部分学校进行了基于品牌管理的"集团模式"的探索。

一、"集团模式"的内涵与特点

"集团模式"来源于企业管理，它是将企业集团的管理方式提高到"模式"的高度来认识与总结。而企业集团作为一种多企业的联合体，在第二次世界大战前就产生了，当时西方将之与单个大企业性质的"托拉

---

① 越秀区小学第四学区：《学区管理模式资料汇编》第3期。

斯"（Trust）相对比而称为"康采恩"（Concem，德文 Konzem 的音译，垄断组织的形式之一）。在日本，20 世纪 50 年代大财阀解散后的重组和再建，形成了以金融企业为重要核心的经济联合体 Keiretsu，并在西方业界正式取得"企业集团"的称谓。① 但目前，理论界和企业界对企业的"集团模式"的分类还没有形成一致的观点。优质学校作为学校教育教学的领头羊，它本身就是一种教育品牌，因此对优质学校这一品牌的管理就显得尤为重要，应对优质学校的持续发展也至关重要，并成为区域义务教育均衡发展的牵引力。鉴于此，我们认为，学区管理视野下的集团是为了改善品牌学校的发展，需要获得并使用一些教育资源，使学校之间在产权上相互结合而形成的学校联合体。其特征主要表现如下。第一，联结的纽带性。品牌学校通过合并薄弱学校或开办分校而形成的庞大教育组织，其内部实行统一管理，对外是一个法人。这些学校由于合并或开设分校，进行了产权的整合，并以产权为纽带形成紧密的联合，相互之间展开全面的教育协作，被合并校或新办学点也成为品牌学校的分校，它们之间的关系是领导与被领导、管理与被管理的关系。第二，决策的战略性。教育集团的发展主要是分校与总校整体协同效应的提高，而集团效应的提高则有赖于总校所发挥的整合作用。因此，构建合适的管理体系是集团发展的战略问题。第三，管理的系统性。构建合适的管理体系是一项系统工程，需要考虑许多构成要素及其相互关系，而这些要素主要包括计划、组织和管理等。管理体系作为一个系统，既有动态联系的要素的内聚统一性，又有外在影响因素的开放性和动态适应性。因此，集团学校要根据自己的实际情况建设适合自己的管理体系。第四，文化的统一性。由于是合并学校或多所分校的结合体，集团学校在文化建设中既要考虑各合并校或分校的个性特点，也要强调集团学校整体的一致性，从而形成具有统一特色的集团学校文化。

二、"集团模式"的操作和案例

（一）"集团模式"的操作

由于"集团模式"是基于品牌管理的视野，要做好品牌管理就要对品

---

① 王凤彬、赵民杰编著：《企业集团管控体系——理论·实务·案例》，经济管理出版社 2008 年版，第 8 页。

牌建设进行计划、组织和管理。因此，集团的重点是总校为了提高教育集团品牌工作的整体协同性，采用统一管理的方式，负责所有合并校或分校品牌建设的决策工作，各分校只负责配合总校做好相关执行工作。集团学校建设工作涉及组合策略、管理制度、组织设计和监督机制等。具体操作见图4-7。

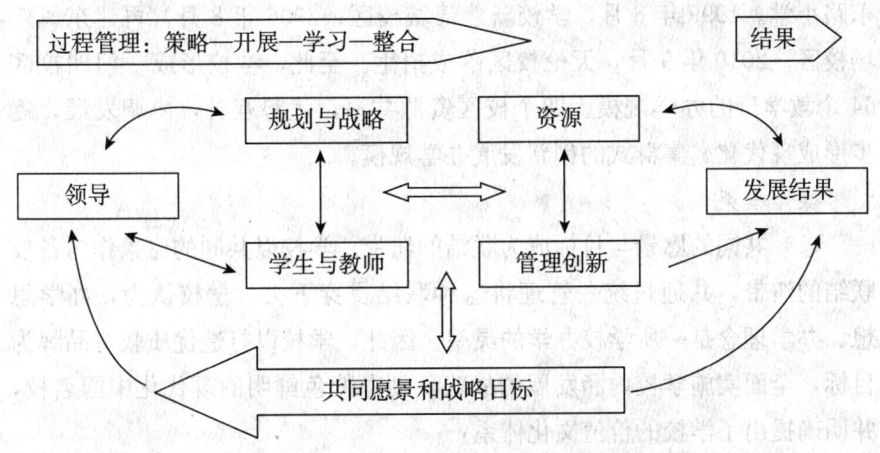

图 4-7 基于品牌管理的集团模式操作图

在图 4-7 中，领导主要是集团学校的决策层；资源主要是学校的硬件资源、知识资源和人力资源，核心是这些资源如何在集团中实现开发、共享和利用；规划与战略主要包括集团未来五年或十年的教育中长期规划、教育发展战略、教师专业发展战略、学生综合素质发展战略、品牌管理战略等；管理创新主要是教育教学管理制度、激励机制、监督机制、文化建设等；学生与教师主要是教师的专业发展、教师队伍建设、学生的学业成绩、学生的综合发展等；共同愿景和战略目标主要是集团发展的意愿和发展目标；发展结果主要是集团学校的教育教学质量、教育效率和效益、教师队伍建设、品牌的持续发展等。以上的集团品牌管理各要素相互作用、相互影响，构成了一个目标—过程—结果的管理回路。同时，在过程管理中，要注重各项管理策略的制定，要注重这些管理策略如何在品牌建设中落实与实施，如何通过学习提升发展潜力，如何通过组织机构的整合提升集团学校的综合竞争力等。

(二)典型学区的操作案例

案例一：分校集团模式①

基本概况

广州市越秀区东风东路小学创建于 1948 年，原名广州私立金巴仑学校，20 世纪 60 年代初曾作为广东师范学院附属小学，1984 年改名为东风东路小学。1999 年 8 月，学校新建锦城校区；2006 年 8 月，再建东风广场校区；2010 年 9 月，天伦校区落成招生。至此，学校形成一门四校区 64 个教学班的办学规模。四个校区资源共享，优势互补，协调发展，逐步形成现代化、集群式的创新发展办学规模。

操作框架

(1)共同的愿景与目标成为联结的纽带。学校以共同的愿景作为各校联结的纽带，并通过统一管理将这种联结贯穿下去。学校认为，办学思想、办学理念是一所学校办学的灵魂。因此，学校以打造优质教育品牌为目标，全面实施学校内涵发展的战略，创办特色鲜明的现代化中国名校，并明确提出了学校的价值文化体系：

宗旨：责任为大、师生为本、发展为重

追求：创办特色鲜明的现代化中国名校

口号：做一名优秀的东风东人

校训：团结、诚实、勤奋、健美

校风：爱满校园

学风：活学善用

其中，东风东路小学三维办学宗旨"责任为大、师生为本、发展为重"，即为孩子终身发展奠基，为教师职业生涯专业发展搭建平台，为学校营造长远的发展空间和机遇；倡导"做一名优秀的东风东人"的精神，蕴含学校培养孩子理想的责任；学校营造"爱满校园"的校风和"活学善用"的学风，彰显了学校以人为本、善于进取的创新精神。

为了将学校的价值文化体系落实到各所分校，全校实行统一管理，即以校长办公室为首的校级管理机构集中在东风东校区，实行一个校本部、

---

① 越秀区小学第三学区：《学区管理模式资料汇编》第 4 期。

一套教师队伍、一套管理机构进行管理的运行机制。这样便于学校的方针政策能直接贯彻到基层，各个校区取长补短，促进统一认识。

（2）注重过程，形成系统的管理。学校实行一门四校区层级式条块管理模式。层级式管理，即学校实行校长和书记、副校长、职能部门、各年级组的四级式管理体制。在实施系统管理的同时，实施条块管理，即除校长主管全面工作、书记主管党支部工作外，副校级领导和中层主任实行条块管理。例如，一名副校长必须分管一个校区，并常驻分管校区，这个校区教学、安全、卫生等所有教育教学事务都必须管理到位，这是"条"的管理；但根据学校的工作分工，这位副校长还会分管全校某些领域的工作，如校园信息技术领域和后勤装备领域等，这是"块"的管理。条块结合管理，让每一个行政人员既可发挥个人特长，又熟知学校各校区发展情况，从而使学校各校区的管理在统一指导下，均衡、优质地发展。

主要做法

（1）构建信息化管理平台，实现多校区统一管理。一门四校，为了进行统一管理，并在管理中打破区域局限，作为学校的管理层，该校关注利用信息技术更好地为师生服务，为教育教学服务。本着"以人为本，以服务为核心"的原则，采取"自主研发和共享应用并轨"的策略，构建了学校信息化五大管理平台，分别是校园门户网站、资源管理平台、办公管理平台、教育教学应用管理平台和后勤管理平台。

第一，搭建校园门户网站，为公众提供信息服务。校园门户网站（www.dfdlxx.com）是公众了解东风东路小学的窗口。公众通过网站可以了解校园概况、办学特色、师资力量、学生情况、教学设施等信息，通过东风快讯、班级新闻了解学校的发展动态。

第二，构建资源管理平台，为师生提供个性化应用服务。主要可分为：校本资源库，即教师自制的课件精选、开展科研课题开发的资源、学校购买的资源、教师推荐的优秀资源网站集于一体，为教师的教、学生的学提供了方便；图书管理系统，即师生借书、还书及藏书记录都通过这个系统来管理；主题网站，即把党支部、团支部、德育处等各部门根据各自需要建设的一些主题网站集中在一块儿。

第三，开发办公管理平台，提供高效、安全的网上工作平台。根据学校自身的需求，学校信息技术科开发了东风东路小学教师办公系统。学校最新公告、校务公开、资料上传下载、学校人事安排、设备设施的故障保修、教师请假、学校信息网络安全汇报等，学校的办公流程在网上进行，方便快捷，高效实时，而且节约资源。

第四，构建教育教学应用管理平台，为师生、家长提供特色化服务。一是校本研究网站。由于学校一门四校区，教师们分散在不同的教学区，要集中在一起并不容易，所以学校搭建了校本研究网，使各校区的教研活动、校本培训、科级组建设与交流等能够通过网上进行。网站中的优化设计、课后反思、热点争鸣等专栏，为教师教学成果的展示与交流创设了平台。二是班级管理网站。这是学校家校互动的沟通平台，也是班级管理平台，学校有 64 个班，共有 64 个班级网站，各有各的特色。信息技术在校教育教学以及管理中的广泛应用，使之成为提高学校管理效率以及师生互动、生生互动、学校与社区互动的有效服务工具。

（2）活动心连心，德育创新多元主题化管理。东风东路小学一校四校区，普通学校大队部的管理模式显然不适于东风东路小学，结合四校区大队部的情况，东风东路小学走出一条属于自己的"四个一"多元主体化管理之路——"每一天，每一周，每一月，每一学期"。其中，"每一天"是指四校区的辅导员每天保持密切的联系，利用网络资源优势，开设东风东路小学德育 QQ 群，进行网络大队部会议，节约时间之余，还能有效进行交流与沟通；"每一周"是指每一星期进行一次校区的总结，把各校区发生的事件在升旗仪式上进行通报，使每一个校区的少先队员都能及时了解到其他校区的信息，让东风东路小学四校区是一家人的观念深入孩子的心灵；"每一月"是指红领巾电视台每月进行一次的"校园瞬间"纪录片的播放，以拍照的形式记录校园里发生的好人好事或者是不好的行为习惯，如各演出队伍的训练情况、国旗班冒雨进行降旗、默默捡起垃圾的孩子、校工晚上清扫卫生、值日生工作的负责、班级卫生的情况等等，每月进行一次汇总，每一张相片均配以文字说明，再由辅导员老师配音，利用中队会时间向全校进行播放，少先队员们通过实实在在的图片观看，均有所思，有所感，对校园多了了解，对别人的工作多了理解；"每一学期"是指全校在每一个学期会进行一次大型的活动，让四校区的孩子可以团聚在一起，是名副其实的"一家团聚"，产生校园的归属感。

（3）整合共享教学资源，促进教学效果的最优化。学校的做法如下。

第一，实现管理层次扁平化，明确工作职责多校区的教学管理应坚持管理层次扁平化原则，实事求是，精简高效，按岗设职，明确工作职责，建立目标责任制和责任追究制度。加强协调机制建设，加强各校区之间的配合，做到协调一致，高效运转。东风东路小学的教学统一由学校教导处管理，语文、数学、英语三大主科各有一位分管行政的校领导，各学科同时在各校区配备分管教学或科研工作的科组长。这种教学管理模式，能及时反映各校区教学状况，遇到情况能够得到及时处理，教师学生都能适应这样的管理模式。

第二，建设科组团队，扎实推进集体备课，实现教学资源共享。针对一门四校区的现状，学校更深入地开展集体备课的研究，既研究同级集体备课，也研究跨校区的集体备课研究，更研究跨年级的集体备课策略。在实践中，充分发挥级组、科组、学科骨干的作用，最大限度利用各种资源，集思广益，实现资源共享与因材施教。学校还在校园网中设立"校本研究"网，专门设立"集体备课"一栏，实现教师互动交流与资源共享，在网络中进行备课资源的收集、成果的整理，取得了明显的效果。

第三，发挥信息技术优势，跨校区教研交流。多校区办学由于教师在多个校区上课，学生在多个校区分散学习，又存在教学资源分散、教学运行中的可变性大等负面因素。要实现上述目标，减少负面影响，尤其要注重信息的畅通和普及。东风东路小学是广东省信息化建设示范学校，在教学管理中充分利用信息技术优势，目前已建立多个教学管理系统，如校本研究网、各学科公共邮箱、东风东路小学教师邮箱等，实现资源利用的最优化，使各类教学管理信息能够得到及时收集、处理和传递。学校利用视频网络系统，让不同校区的教师可以足不出校，就能在视频上观摩教师在其他校区现场执教的课例，并利用系统的切换系统，直接参与评课议课的互动交流。有效地节省了时间，达到高效的教研交流目的，打破传统意义上管理的物理距离界限。

随着学校办学规模的不断扩大，本来操作已经比较成熟的"一校三门"管理模式再次面临新的冲击。如何在吸取经验的基础上，探索"一校四门"的管理模式呢？学校将不断实践，发挥信息化的优势，努力实现同一学校各校区的教育均衡化、公平化、优质化。

案例二：文化引领　共享阳光——小北路小学构建"阳光文化"案例

所谓文化，就是人们在长期的活动中生成和积淀下来的，全体成员共同遵循的价值观念、思维方式和行为习惯的总和。学校需要优秀的文化，优秀的学校文化是一面旗帜，它能引领师生的价值取向；优秀的学校文化是一种氛围，它能浸润师生的心扉；优秀的学校文化是一个磁场，它能凝聚师生的智慧和力量；优秀的学校文化是一股力量，它能推动学校的可持续发展。而近年来越秀区推行的"名校"并"弱校"的举措，更需要重整合并学校的校园文化，打造一种高度认同的优秀校园文化引领办学方向，实现强弱合并促进资源均衡化与优质化发展的目标。

案例背景

小北路小学是一所历史悠久、具有优良传统的百年老校。2001 年 7 月，学校作为广州市越秀区首所省一级学校合并"麻雀学校"——天香街小学，拉开了强弱合并带动学校走共同发展之路的序幕。整合八年来，在以品牌兼并，带动薄弱学校发展中创出一条新路，教学质量明显提升，办学水平迅速提高，使这所教育质量高、社会声誉好的百年名校再上新台阶。2009 年 7 月，小北路小学与丹桂里小学合并，在一校三校区的发展格局下，教学质量稳步提升，三个校区的校园文化得到了很好的整合和优化。领导间的团结与创新，教师间的互助与合作，学生间的友善与帮助，推动着学校各个方面的工作都朝着预定的目标发展，学校呈现出生机勃勃的发展态势，促进了教师队伍的整体素养和学校办学水平的提高。

案例描述

1. 自信、智慧、进取的阳光学生——阳光文化的生力军

20 世纪 80 年代，小北路小学开展了以自理、自育及自我发展为核心的"三自教育"，因理论创新，成效显著，走在了全国德育工作实践的前沿。近几年来，在"阳光文化"的推动下，学校积极开展构建"阳光德育"工作体系活动，积极以新的视野把教育作为人的生存方式，以新的观念定位未成年人思想道德教育；以学生发展为本，优化学校育人环境，将学校、家庭和社会实践紧密结合，创新德育途径，从生命健康成长的高度促进学生身心协调发展，从而创设了"感悟—体验"德育范式，这是小北路小学在近二十年学校道德教育探索中逐步明晰的一种新的道德教育范式。它不是一种简单的道德教育过程，而是根据教育目的和受教育者的身

心发展特点，有目的、有意识、有计划地创设贴近受教育者生活实际的情景，引导他们融入其中，激发他们的智慧，鼓励受教育者自主选择道德行为方式，并在情境中加以感悟与体验，以促进受教育者道德品质的内化和道德习惯的形成。框架如图4-8。

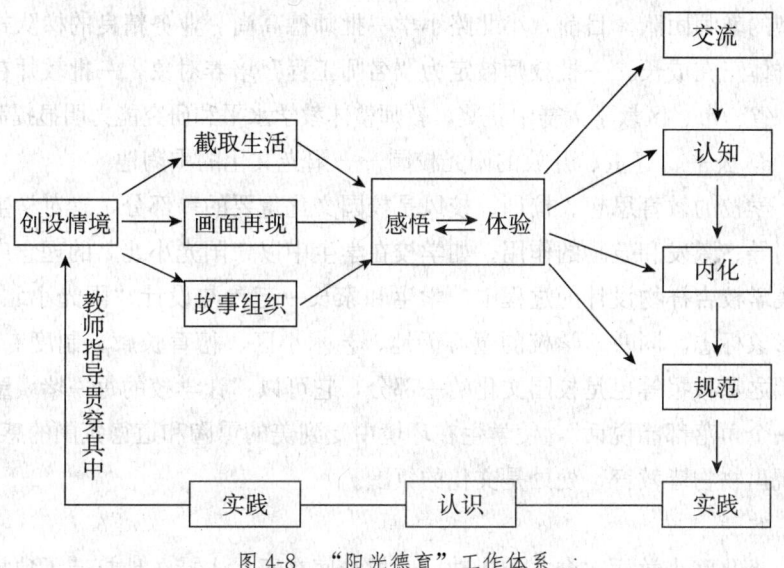

图 4-8　"阳光德育"工作体系

2. 博学、乐思、能群的阳光教师——阳光文化的引领者

"播撒阳光，先要拥有太阳"，"只有一流的教师，才能培育出一流的学生"，在阳光德育文化的感召下，教师走上了自主性专业成长的"阳光快车道"。教师专业快速成长的第一条快车道是自我发展规划。为了鼓励教师快速成长，学校建立"分层培养，扬其所长，形成特色，鼓励冒尖"的教师专业成长"阳光高速路"培养机制，为名师的成长搭平台、树梯子。"一年跟教入门，三年锻炼提高，五年冒尖成熟，八年形成风格"，学校为每位青年教师"量身定做"了适合他们专业发展的短期、中期和长远目标。在导师的帮助下，在课题的引领下，专业自主发展成为每一位年轻教师自主的追求和自觉的行为。教师专业成长的第二条快速途径是不断"充电"学习。学校创造一切机会让教师参与各种形式的学习进修，积极倡导学习型教师、学习型科组、学习型年级、学习型学校建设，鼓励教师成为学习型教师。教师树立终身学习意识，把学习作为一种生活方式和情感需要，作为专业自主成长的动力源。教师专业快速成长的第三条快车道

是积极参与教育科研课题研究。具有阳光心态的小北路小学教师，人人有课题，人人写论文，人人搞研究。在研究中教学，在教学中研究，在研究状态中教学；全员参与教育教学行动研究，问题就是课题，行动就是研究，成长就是成果。强烈的研究意识和科研氛围，成就了一个学习型、研究型的教师团队。目前，小北路小学一批师德高尚、业务精良的梯队式教师群体正在成长，一批教师被定为"名师工程"培养对象，一批教师在国家、省、市、区教学大赛中获奖，教师整体教学水平和研究能力明显提高。

3. 公平、尊重、开放的阳光校园——阳光文化的熏陶地

学校的教育思想、校训、校风是校园文化重要的一部分，它对学生具有引导、激发和鼓励的作用。如学校在学生中以"阳光小北"的理念广泛征集学校吉祥物设计的过程中，学生和家长一起参与设计"阳光小北人"的形象标志。同时，学校的童心天地、艺术小区、德育长廊、制度专栏、校园之星板报等也是校园文化的一部分，它可以"让学校的每一堵墙壁和每一个角落都能说话"，使学生在环境中受到美的熏陶和道德氛围的感染，体现出物物皆教育、处处是文化的氛围。

收获

小北路小学两次合并的成功，归根结底在于深入持久地打造了独特的"阳光文化"，不断丰富内涵：以引导师生形成阳光积极的生活态度、促进师生身心健康和谐发展为目的，通过一系列以人为本的阳光教师的培养、阳光学生的成长、阳光课堂的打造、阳光管理的实施、阳光校园环境的建设，形成以"阳光"为核心的校园文化，培养具备"开放、智慧、和谐"素质内涵以及拥有"积极、乐观、平和"阳光心态的"阳光小北人"。在具体发展目标上则体现为"培育阳光学生，成就阳光教师，营造阳光校园"。象征生命、活力、快乐、开放、和谐、向上的"阳光文化"，成为一种学校持续发展的精神、动力和不懈追求。

体会

小北路小学通过构建"阳光文化"，不仅实现了强校带动弱校共同发展的合并目标，而且有力地推进提升优质品牌的进程。这是一个成功的合并案例，更是一个值得借鉴的经验范本。

1. 共享优良传统，在继承中探索发展之路

时代在前进，教育在创新。一所学校仅有质量没有文化成不了名校，名

校一定有其巨大的文化效应。一所百年老校的学校文化是多年来、几代人形成的，它会形成一个"场"。身处这个"场"内，教师会不知不觉受到影响与浸润。小北路小学的"阳光文化"是基于学校厚重的文化底蕴及悠久的德育传统提炼出来的，同时也考虑到被合并学校的实际与需求。可见，学校的文化理念的确立必须从原校的办学优势与经验、办学中存在的问题与困难、对新学校的稳定、改革与发展的策略等多个方面进行深入思考，并在实践中不断创新、升华和发展，让优秀的校园文化放射出更绚烂的光芒。

2. 培养团队精神，在合作中促进专业发展

现代学校犹如一部结构精密的机器，不仅需要性能优良的零部件，还要将这些零部件进行科学有效的组合，形成相互促进的"同频共振"效应，组建学校的"人才集团"。学校团队精神是一所学校向心力、凝聚力的体现，是学校整体战斗力的体现，是学校赖以生存和发展的精神支柱。因此，两校合并，构建同舟共济的团队文化是学校发展的关键所在。小北路小学构建的"阳光文化"其内涵之一就是人与人之间的和谐，用团队精神来团结全体教师，发挥文化在培训中的精神引领作用，使合并校的教师队伍对学校有着高度的归属感，共同向教育理想迈进。

促进教师专业发展是学校可持续发展的关键因素。教师本身的发展，不但是学校教育质量的基本保证，更是学校教育内涵不断提升的动力之源和学校可持续发展的关键因素。在社会转型、教育观念方法不断更新的时代，教师越来越成为学生潜能发展和学校持续发展的关键。因此，促进教师专业发展就成了落实办学理念、提高教学质量、培养学生可持续发展能力与实现学校可持续发展的关键。教师是教育活动的最终实效的关键影响因素，也是学校教育持续改进的最深刻的变革力量。要使每一个学生都得到主动、和谐的发展，就要使每位教师得到终身的专业发展。因此，学校构建的文化的内涵最重要是能促进教师团队精神的培养及专业素养的提高。

第四节 学区管理模式比较分析

本研究以广州市越秀区的学区管理为例，建立了立足于南部沿海地区

中心城区、适合全国不同发展背景、发展条件地区的三种学区管理模式，即基于知识管理的学区"联盟模式"、基于资源管理的"集群模式"和基于品牌管理的"集团模式"。经过研究，我们发现各种模式在实际操作中都有其优势与不足。

一、基于知识管理的学区"联盟模式"的优势与不足

基于知识管理的学区"联盟模式"，其操作基础是该学区在知识资源方面与其他学区相比有一定的优势。而这些具有知识资源优势的学校组成学区，形成联盟。学校间的联盟效应一旦形成，学校固有的发展活力经过联盟后将加倍放大，从而为教育均衡形成日益完整的知识资源配置格局奠定基础，为义务教育知识资源的整合和学校特色的形成奠定基础，为实现区域义务教育均衡发展找到有效的路径。通过对越秀区中学第一学区和小学一学区"联盟模式"的分析，我们认为，该模式的优势如下。

第一，创造了应用信息技术提高学区教师交流的时效性。经过多次实践，通过应用"网易录"录播系统收到良好的管理应用效果。具体体现在：自动积累教学资源；教研会议的内容让更多人分享；实时远程直播；结合视频会议系统，扩展直播及录制功能。

第二，着力打造并初步形成了学区文化建设特色。文化建设是学区发展的核心和引领，是学区人共同的价值追求。学区工作组的主任和校长们齐心合力，共同致力于学区文化建设的探索和实践活动，通过沟通和研讨，确立了"优质均衡、和谐共进"的学区管理理念，制定了"人文学区、现代教育"的学区建设目标，共同设计了学区的区徽，并在"学区名师指导团"成立的时候第一次使用学区的印章颁发聘书。

第三，营造了学区教师教研文化并成就了一批名师新秀。以名教师群体和普通教师群体的互助合作为基本标志的学区联校教研，通过名师的示范、带头、辐射作用，带动了学科教师群体的成长，为学区营造了良好的研究氛围。如学区采取名师上门与执教者一起备课、组织不同学科的研讨课例在学区进行公开观摩和研讨等活动，更新教师的教学思想，改善教师的教学行为，提高课堂教学质量，促进了教师的专业发展。

第四，提高了教师参与科研和课堂教学改革的热情。学区教师以学科为单位成立子课题组开展研讨活动，并引领学区内学校的课题研究。如越

秀区小学第一学区数学科对网络环境下的数学问题解决式探究学习进行了有益的探索，他们采用跨越式实验主导—主体的教学模式，通过有目的地整合网络资源，充分发挥网络环境支持真实的情境创设、不受时空限制的资源共享、快速灵活的信息交流、丰富多样的交互方式等优势，把学生的主动性、积极性充分调动起来，使学生的创新思维与实践能力在整合过程中得到有效的锻炼，同时培养学习者创造性的自主发现和协同探索的能力。经过研究课题组创建了促进数学探究学习的网络资源整合应用模式，其操作方法是在生活中发现数学，在求证中掌握方法，在应用中解决问题。

第五，增强了教师资源开发与共享的意识和能力。学区为探讨信息资源的有效应用模式，促进教师提高现代教育技术的应用水平。以电教馆组织的"2009年广州市多媒体教育软件评比活动"为契机，在学区校长会议中大力宣传制作教育软件的重要性，研制出高质、高效且满足个性化需要的多媒体教学软件，供广大教师使用，传递共享优秀的教育思想及理念。在本次活动中，学区共设计开发网络课件 37 个、拍摄制作整合课例 7 个、设计 Science Word 优秀教案 3 个、制作学科主题社区 1 个。所制作的课件质量高，可用性强，并符合网上共享原则，为信息资源的有效应用模式研究提供大量基础支持。

该模式在操作过程中也存在以下问题。

第一，特色活动场室共享规章有待细化。各校之间的特色活动场室借用时较难操作，需同时协调安防人员、管理人员、技术人员等安排相关工作，不同的借用人员、不同的活动需求均影响着共享的效果，有必要制订设备设施借用的相关细则，包括细化申请表（人数、活动需求、使用设备、活动时间等）、细化设备设施功能说明（位置、功能、设备效果、财产情况等）、细化活动细则（双方职责、结束善后整理、重要财产清点等），促进共享活动常态化。

第二，优化信息应用条件，提升校际互联层次并发展新应用。如在应用"网易录"的过程中，当教学/讲座现场架设在非省一级学校时，其 10 M城域网接入宽带不足以支持学区内其他学校高清点播现场视频，必须降低直播码流（质量）以保证视频流畅度，直接影响网上教研的质效。解决方法：一是提请教育局信息中心提升网络带宽以加快教育信息化应用的研究步伐；二是增购带信号中转模块的"网易录"主机及便携式可移动摄像头，充分利用省一级学校的 100 M 宽带进行中转，令学区内各所学校都具备成为直播现场的条件。

第三，专家引领，追求信息资源高效应用。在信息资源的有效应用方面，须聘请熟悉该研究领域的专家，以"新课程理念下应如何高效应用教育技术提升课堂教学效率"为题对教师进行培训，避免设计开发单一追求"美"的共享实效性低下的课件，探寻高效应用信息资源的模式。

第四，联校教研要注重成果意识，记录点滴智慧。虽然在学区教研过程中碰撞出了各种优秀教学方法，但未及时形成文字成果，难以进一步共享，因而在往后的学区教研活动中，必须注重结合学区平台中的"名师备课组"建设，及时将教研中的教学设计、教学资源、教师反思、评课记录、突出问题记录等内容记录发布到学区平台中，加强优秀教学案例的共享效能。

第五，由于涉及各校的编制问题，人才流动较难，并且具体的人员以及流动所产生的效应还没有体现出来。

二、基于资源管理的"集群模式"的优势与不足

基于资源管理的学区"集群模式"，其操作基础是该学区在资源方面与其他学区相比，有一定的优势。而这些具有资源优势的学校，组成学区，形成集群。学校间的集群效应一旦形成，民间教育固有的发展活力经过集聚后将加倍放大，从而为教育均衡形成日益完整的价值链条和合理的资源配置格局奠定基础，为义务教育的整合和特色的形成奠定基础，为区域义务教育的管理创新和整体进步奠定基础，最终为实现区域义务教育均衡发展找到有效的路径。通过对越秀区中学第三学区和小学第二学区"集群模式"的分析，我们认为，该模式的优势在于以下几点。

第一，提高了教育的整体竞争力。当学区内部学校之间存在教育发展差别时，处于低位势学校通过向高位势学校模仿学习等方式来实现学校教育的持续发展，从而产生了高位势学校对低位势学校的"拉动效应"。同时，由于低位势学校教育教学水平和质量的增长与追赶，又迫使高位势学校通过不断的外向型学习、自主型学习和集群学习等方式获取持续发展的能力以保持现有优势。它激发了学区内学校间的管理、教育教学行为模仿学习，激发学区内学校为应付更切近的竞争而进行管理创新，从而推进学

校的持续发展，提升集群的竞争力。

第二，带动了学区内学校的发展。学区集群通过教研、课程、考试、资源共享和教师队伍的链接发展，带动了学区内学校的均衡发展和特色发展。如学区已为8所学校义务教育阶段的省、市、区各级名师和骨干教师建立名师工作室，他们通过师徒带教、梯队引领（学区"教坛新秀—教学能手—骨干教师—名师"的教师专业梯队）、名师指导等形式，扩大名师的示范辐射作用，实现师资互助、优势互补，促进各学校教师的专业化发展，并在此基础上加大骨干教师培养力度，着力打造名师专业团队，不断扩大名师专业集群效应。

第三，促进了教育创新。在区域义务教育均衡发展的背景下，要使学区内的参与学校获得持续的发展，就要不断地通过学习对学校的教育管理、教育教学方法和技术进行创新，从而保证学校的教育质量、教育效率得到稳步的提高。

第四，发挥技术的优势，实现资源共享。根据越秀区第三学区学校信息化水平较高的特点，把实现教育资源共享的主要途径定位于借助学区网络平台的开发，积极开展多层次的区域联动教研活动。如利用学区信息化平台组织学区集体备课、采用远程传播方式开展学区教师培训、运用远程监控系统进行网上听课等等，最大限度地实现资源共享。

第五，建立考评机制，提高教师热情。要建立一个动态有效的考核评价机制，各校将把学区工作的开展作为评定优秀科组、优秀备课组和优秀教师的重要依据，并对学区骨干教师及其培养对象实行"捆绑式"评价，从而激励本学区教师互帮互学，互相促进，共同进步。

该模式的不足之处在于，由于群体中核心学校的引领作用非常重要，因此当核心学校的人与资源的引领相互协调时，该模式的效应会发挥到最大，但当核心学校人与资源的引领不相协调时，该模式的效应就会受到制约。

三、基于品牌管理的"集团模式"的优势与不足

基于品牌管理的学区"集团模式"，其操作基础是该学区在教育品牌建设方面与其他学区相比有一定的优势。而这些具有教育品牌优势的学校，组织学区，形成集团。当学校品牌一旦形成，就要对品牌进行打造，而集团则有利于将品牌的效应进行扩散和极化，最大限度地发挥品牌的效

能，为义务教育资源整合和特色发展奠定基础，为区域义务教育均衡发展找到有效的路径。通过对越秀区小学第四学区、第六学区和中学第二学区"集团模式"的分析，我们认为，该模式的优势在于以下几点。

第一，实现了教育资源价值的最大化。由于学校在发展的过程中，其办学方向、发展前景、竞争地位、资源配置等各不相同，当学校进行合并或办分校时，它们对于集团的贡献也各不相同。因此，为了有效地利用教育资源，迫使集团对不同层次的合并学校或分校在资源、愿景、文化、教师队伍等方面对集团的内外资源进行整合，并在整合中不断吸收相互间的长处，做大做强品牌的规模，以产生集团的共同效应，从而将学校打造成强势品牌，实现资源价值的最大化。

第二，形成了教育的核心价值。为了形成集团的核心教育价值，集团要通过学习和讨论，提炼出作为集团品牌组合的灵魂即核心价值，并通过管理，贯穿到学校教育教学的各个环节中去，使集团的核心价值深入到集团内部每一个成员的心中，使集团内部每一个教育成员的自我价值与集团的核心价值相一致，并成为每一个教育成员自觉的行动。

第三，提升了教育的核心竞争力。集团通过"共同愿景"、"责任管理"、"团队协作"和"校本培训"等品牌打造的各项管理策略，延伸了品牌的优势，传播了品牌的核心价值观念，整体提升了学校教育教学的综合水平，优化了集团内教育资源的配置，提高了学校的教育教学质量，在一定程度上满足了社会对优质教育的需求。

第四，实现了整体教育绩效的倍数扩大。集团是由多所学校合并成的或多个分校组合而成的，在合并或分校的过程中，有多种文化的融合。因此，在多种文化融合的情况下，形成了集团整体的教育文化，在"文化引领"下，以"倍数"的绩效提升了品牌整体的教育教学效益。

第五，优化了优质教育的布局。教育集团站在全局的高度，从区域内优质教育合理布点的角度，根据区域内学校的实际情况，科学地对区域内的学校进行合并或办分校，从而优化集团品牌的教育结构，更好地确定集团品牌的发展规划、途径与方式，统筹和规划集团的管理策略，使优质教育能够在区域内合理地布局，满足人民群众对优质教育的需求。

该模式的不足之处在于，由于集团在管理上的统一，容易抹杀学校的特色。

第五章

区域教学资源的管理

第一节　学区管理机制的内涵、特征与基本框架

　　国家和社会正在为所有的学校创造尽可能平等的物质条件，这是促进学校教育均衡化发展的一个方面。除此之外，我们还应关注更深层次的学校教育发展均衡化问题，即人的培养和发展的问题。就教育的培养目标而言，没有地区差别，也不应有学校间的差别，更不应有学生间的差别。但不可否认，在现实中这种差别是普遍存在的。差别从何而来？在很大程度上来自教育行政管理者、教师和他们的教育思想、教育观念、责任心以及对学生的了解、期望和尊重，来自于他们对教育教学内容、规律、方法的理解和把握。可以说，这些正是学校教育发展不均衡现象更本质、更深层的原因。所以，我们认为，要从根本上保证和实现公民受教育权利的平等，促进学校教育均衡化的发展，出路在于通过区域教育管理机制的创新，克服当前还存在着的各种体制性障碍。

　　教育是一个具有投入产出效应又具有强烈外部效益的体系，因此在建立学区管理机制时，我们可以引入和渗透市场经济运行规则，在考虑区情的前提下，改善现行的教育发展运行机制，以崭新的思维、积极的姿态统筹学区教育管理，实现教育均衡目标，使义务教育发展的生机与活力得以不断增强。

一、学区管理机制的内涵

"机制"一词最早源于希腊文,《辞海》对此词的解释是:"原指机器的构造和动作原理,生物学和医学通过类比借用此词。生物学和医学在研究一种生物的功能(例如光合作用或肌肉收缩)时,常说分析它的机制,这就是说要了解它的内在工作方式,包括有关生物结构组成部分的相互关系,以及其间发生的各种变化过程的物理、化学性质和相互联系。"可见,"机制"一词是从机械构造理论中借用的,当用于社会科学时,指的是事物运动变化的内在联系。

学区建设的目标是以教育体制改革为逻辑起点,以人为本,从物质资源、人力资源、文化资源共享与流动三方面来推动区域教育均衡发展。为此,我们必须在分析学区管理的具体需求和发展目标的基础上,优化学区管理措施、方式以及过程,以达到在一个动态开放的区域环境中,使学区建设能够始终为区域教育的持续发展提供有力的保障。如果在教育区域内部形成了相对规范化的、对学区管理有效的手段、方式、程序、标准和规则,我们就可以说该区域已经具有了可行的学区管理机制。

建立学区建设管理机制是一个系统工程,必须立足国家的教育方针以及顺应义务教育现代化的需要,遵循教育管理工作整体性、统一性的特点,从正确处理教育主管部门、学区、学校之间的上下关系、横向关系、内部关系和整体关系出发,系统构建,稳步推进。因此,学区管理机制的含义是:按照区域教育均衡的整体构想,合理确定学区建设的目标,以行政推动、非行政运作的操作方式,制定必要的监控手段及可实施、执行的工作推进制度、调控制度、反馈制度、评价制度等,由此所形成的能够长期作用于管理主体与管理客体的相对固定化、规范化的制度与工作规范,是保证学区内义务教育教学工作的主要目标有效运作的基本程序与手段。

管理机制本质上是管理系统的内在联系、功能及运行原理,是决定管理功效的核心问题。学区管理是由区教育行政机构、区教科研部门、学区学校共同组织整合教育资源,通过学区管理平台实现教学资源共享操作,促使教师由"学校人"转变为"学区人"。由此,对教师本身而言,在业务学习方面,他可以享受到学区内的各类培训资源,通过跨校师徒结对、跨校备课等方式向他校优秀教师学习,从而更好地提高自己的专业能力;

对学生而言，通过参与跨校示范课、交流课，他可以感受到其他学校优秀教师的教学魅力，从中获得感悟、提升。

二、学区管理机制的特征

（一）学区具有适度的管理自主权

市场机制的重要内容之一是企业的自主地位，这是商品交换和市场经济得以存在和健康发展的基本前提。同理，学区教育管理改革的一个重要内容就是学区管理自主权的问题。

首先，学区的管理应明晰自主权的问题。学区是由不同层次且地理位置相对集中的若干所学校组成，能完成资源共享、交流合作及共同发展的协作体；其管理模式主要是由区教育行政机构、学区学校及区教科研培训部门共同组织策划，实现整合教育资源，实行人才交流，实现资源共享，搭建发展平台，促进教育均衡发展的一种管理机制。为了开展学区的"一体化"自主化管理，各学区建立了相应的管理体系。（1）建立组织管理体系。由各学区的龙头学校校长担任学区主任，学区学校自主搭建学区建设领导小组、学区项目小组及工作小组等组织架构并明确各方分工，各校将学区工作纳入学校工作计划，在各校内部还设有学区工作的主管行政和由网管、骨干教师组成的校内学区工作小组，负责落实各项工作的具体开展，保障学区建设有序发展。（2）建立学区管理平台。广州市越秀区运用信息技术，建立数据库和可供各学区自主管理的信息系统；学区内学校在网上达成供求协议，实现学校教育资源的发布、查询、申请、共享与评价，为学区管理提供重要技术支撑。资源流通包括资源提供方、资源使用方和资源监督管理方三个角色，资源流通三方通过信息平台实现资源提供、资源使用及资源管理流程，达成网上资源项目共享的办理。（3）建立学区管理机制。各学区在具体分析自身的优势资源、教育基础和学校品牌特色、优势学科、教师素质的基础上，建立起完整的学区管理制度、学区运行评价制度、教师专业发展评价机制等一体化管理机制，形成"资源共享、优势互补、错位发展"鲜明的学区建设特点。其中的重点是，用系统及全局的观念构建基于网络的管理扁平化、操作自动化、制度公开化的学区现代化管理模式，建立有效的运作机制和管理制度，使学区建设有序推进。

其次，需把握自主权的"度"的问题。在教育发展的过程中，学区的管理自主权与教育行政管理部门的宏观调控是一对矛盾。广州市越秀区在积极寻求二者的有效结合方式方面进行了有益的探索。越秀区教育局不直接插手学区内部的运作，而从组织、政策及经费等方面加强学区建设保障工作。(1) 组织保障。加强学区的组织统筹力度，实行视导员制度，区教育局及教育发展中心派出专人到每个学区做学区视导员。越秀区教育局还成立学区建设领导小组、项目小组，其保障作用是领导小组负责总体规划以及对学区建设工作的进行领导、统筹和指导，协调各项目组及学区工作组开展工作；领导小组下设人力资源、知识资源、硬件资源及实施保障四个项目组，负责各项目的实施与行政管理工作。(2) 制度保障。越秀区教育局一方面制定学区建设发展规划，明确目标和任务，确定实施程序和步骤，把学区建设工作分解到各个项目组和学校，由牵头科室负责落实，各司其职，共同做好学区建设的实施工作；另一方面制定学区建设评价、管理和奖励方案，建立合理的评价、奖励机制，由各项目小组对学区建设情况进行检查和评价，派专人跟踪实施情况和效果，把学区建设各项工作落到实处。(3) 经费保障。越秀区切实加大区财政对学区建设工作的投入力度，设立越秀区学区建设项目专项经费，保障学区建设工作顺利进行。

(二) 学区具有最大化的管理效益

教育作为社会的一种"投入—产出"活动，必须考虑效率和效益。越秀区学区实施的教育效率最优机制，是从树立教育成本—效益的观念出发，通过网络平台，完成学区内大量的硬件资源、知识资源和人力资源的整合与异地使用，实现规模效益；进行一系列的人、财、物、信息资源的整合与共享，实现效益最大化；强调学区教育体系内部的纵横逻辑联系与结构优化，降低教育成本，实现学区管理——学区内的学校管理共系、规则共守、资源共享、平台共用、信息共通、人才共助、教科共谋、研训共办、评价共促、愿景共同和发展共进。

(三) 学区具有均衡的教育发展格局

供需相对均衡是整个国民经济健康发展的重要前提和保证。教育发展也必须建立在供需均衡的基础上。越秀区的学区管理是义务教育管理体制上的一次重大变革。在教育均衡化发展的基础上强调"优质发展"与"特色发展"，学区内各学校在教育硬件资源（体育设施、教育、教学场所）

和教育软件资源（知识资源、信息资源和人力资源）上可以充分共享。

三、学区管理机制建构的基本框架

管理是一项系统工程，是多要素的有机结合。其要素包括管理机制的建立、管理制度的制定、管理的运行、管理的监督、工作结果的评定等，而其中的管理机制的含义，是指管理系统的结构及其运行机理。

（一）学区管理系统的结构

越秀区通过建立简约高效的学区管理机制实现学区高效管理。其内容有建立学区三级体系及相关管理制度，从区域层面、学区层面、学校层面建立管理体制，形成联动机制，通过建立学区信息化平台、学区绩效评价机制实行学区高效管理。学区管理体系由区级、学区级和校级三级管理构成，实现从传统的科层制到三级管理制。

1. 第一级管理（区级管理）

第一级管理由越秀区教育局学区建设领导小组和项目组构成，领导小组成员由区教育局局长、发展科、人保科、中教科、小教科、综合科、督导室、教育发展中心和信息中心等科室和直属单位组成。学区建设领导小组下设"人力资源"、"知识资源"、"硬件资源"和"实施保障"四个项目组。领导小组负责总体规划以及对学区建设工作进行领导、统筹和指导，协调各项目组及学区工作组开展工作；项目组负责各项目的实施与行政管理工作。

2. 第二级管理（学区级管理）

第二级管理是学区管理的中枢。每个学区由其中各学校校长组成一个工作小组；工作小组下设学区工作办公室，办公室设学区主任1人、副主任1~2人，学区助理1人。工作小组和办公室共同负责研究制定学区建设总体规划、学区资源配置计划、学区运行评议、组织落实各项工作等；区教育发展中心为学区教学、科研与培训业务的学术指导部门；区信息中心是信息平台的建设及管理部门，与学区工作小组实行专人定期联系。

3. 第三级管理（校级管理）

第三级管理由各学校承担。在校长领导下，学校分管具体工作的人员按照学区制订的资源配置计划，输出或接收包括硬件资源、课程资源（含校本课程、远程课程等）、知识资源、人才资源等各类资源；校长可将工作中的成功经验、成果及发现的问题，及时反馈给学区工作办公室，定期对本校教师队伍建设和内涵发展的提升情况，进行有效的总结并上报。

（二）学区管理机制的分类

管理机制是一个完整的有机系统，具有保证其功能实现的结构与作用系统，主要表现为以下三大机制。

1. 管理运行机制

管理运行机制是指组织基本职能的活动方式、系统功能和运行原理。在学区管理机制的作用下，发挥学区高效运行功能主要表现为：教育行政部门向学区输入学区建设发展目标、任务要求等信息资源，各学区通过内部运作与整合加以综合利用，即通过实施学区"三共享、两建立"向学区学校输出服务和产品，这种服务和产品包括价值理念提升、良好的学区文化环境、促进学校发展的各种丰富的共享资源，最终实现各校办学水平的整体提升。

学区教育管理运行机制通过教育行政部门、学区、学校诸方面的相互关系及其相互作用来实现。学校内部的运行称局部运行管理机制，学校与学区、教育行政部门的相互作用称整体运行机制。具体如下。

（1）教育行政部门实行宏观调控机制。具体来说，就是通过多种行政管理手段调控义务教育，确立义务教育的发展方向，协调义务教育的总体规模、发展速度和学校布局。

（2）学区实行自主发展机制，这是学区主动适应学校与社会需要、努力探索自身发展特色的内在需要。学区通过树立"区域求均衡、学校树特色、学生有特长"的理念，开拓创新，构建学区内部的自主管理机制、教学质量评价机制、监督机制和问责机制，从而打造生成学区办学特色。

2. 管理动力机制

管理动力机制是指管理系统动力的产生与运作的机理，主要由"利益驱动、政令推动、社会心理推动"三个方面构成。将上述企业管理动力机制的要素融入到学区管理中，形成的创新机制表现如下。

（1）目标管理创新。利益驱动是社会组织动力机制中最基本的力量，是由经济规律决定的。学区目标管理具有制度化、规范化的重要特征。目标管理的创新体现在把学区建设的目标作具体分解，通过岗位责任制落实到每个基层学校和教师个人；与奖惩制度挂钩，调动学校及其教师参与学区建设的积极性，为教师们创造一个能展示自身专业水平、开展良性竞争的机会和平台。

构建学区全面、科学的自主管理目标体系，是学区建设及其有序发展的保证。因为目标管理既是管理工作的出发点，也是管理工作的归结点。

（2）过程管理创新。政令推动是由社会规律决定的，而社会心理推动是由社会与心理规律决定的。学区过程管理的创新体现在教育行政部门可根据学区不同特点布置相应的工作任务，随后开展常态化和阶段性的工作检查；建立学区督导检查组，采取随机抽查等方式加强对学区的过程管理的评估。

加强过程管理是指学区加强各项工作的过程监督与检查，努力做到及时掌握工作的进展程度，修正工作现状与工作目标的偏差，使管理工作顺利达到既定目标。只要持之以恒地加强并不断完善学区的过程管理，整个区域以及各个学区的教育教学质量才能得到切实的提高。

3. 管理约束机制

管理约束机制是指对管理系统行为进行限定与修正的功能与机理。主要包括以下四个方面的约束因素：权力约束既要利用权力对系统运行进行约束，又要对权力的拥有与运用进行约束；利益约束既要以物质利益为手段，对运行过程施加影响，又要对运行过程中的利益因素加以约束；责任约束指通过明确相关系统及人员的责任，来限定或修正系统的行为；社会心理约束指运用教育、激励和社会舆论、道德与价值观等手段，对管理者及有关人员的行为进行约束。

由此，学区管理必须创新教育质量评价机制，要做到以下几点。（1）创新区域教育管理理念。吸纳 ISO 先进的企业管理思想，在学区的教育质量评价中，构建合理、可操作的指标评价体系，贯彻标准化质量管理理念。区域教育行政部门在设计评价体系时要考虑到评价指标与各个学区的工作目标相结合，定量评价与定性评价相结合，绝对评价与相对评价相结合，全面评价与学校工作相结合等原则。各个学区内部也要根据实际情况和学校特点构建详细的学区和学校各类量化评价体系，以协调各个目标之间的矛盾，展开平等竞争，调动每个学校的积极性，促进相互间的合作。（2）创新学区教育监督机制。任何权力都需要有制衡，缺乏制衡的权力都有可能走向异化，因此，从管理学的角度看，一个完整的管理机制应包括监督机制。建立学区新型教育监督机制，就是要从决策出发，经过指挥执行，再经过监督和反馈完成运行全过程。

第二节　学区知识资源共享的管理机制

在学区教学工作中，往往把"知识"作为"课程资源"看待。因此，这类通过"知识"的"课程资源"的表征，来反映"知识"的本质，并对此加以保护、开发和利用的学区教学资源就是学区知识资源。它主要由"学区共有"和"学校独有"的素材性知识资源组成，包括学区内所有的备课资源、教学课件、校本课程、优秀题库以及联合备课、共同开展教科研课题研究、共享校本研修资源和课改成果等资源。①

学区知识资源的结构，按知识资源的开发来源分为学校独有资源和学区共有资源两大类，按课程资源的功能特点可分为素材性资源和条件性资源两大类，故上述两大类可各分为素材性资源和条件性资源（见图5-1）。②

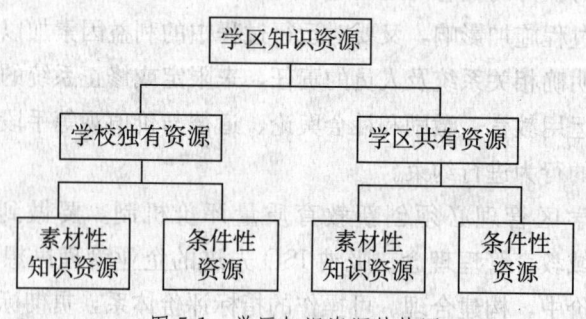

图 5-1　学区知识资源结构图

在对学区知识资源作辨识和理解后，就可探索实施学区知识资源共享的创新管理。

---

①②　蔡定基、高慧冰：《学区知识资源共享管理机制研究》，载《中国电化教育》2011 年第 7 期。

一、知识资源共享管理机制的内涵

全球知识大会（Global Knowledge Conference）是知识相关研究的主题会议，为不定期举办的大规模、高规格的国际交流会议。根据知识研究和实践的情况，每次议题不同。全球知识会议目前仅召开了三届，但吸引了各界人士的注意，会议规模大、规格高、讨论议题深入而影响广泛，在知识研究领域具有风向标意义。2000 年 3 月在马来西亚吉隆坡召开的第二届全球知识大会，主题是"建设知识社会——疏通信息和知识的传播渠道，增强应用能力，建立管理体系"。大会的行动计划强调："建立管理体系的出发点是知识作为发展的一种关键资源，必须使全社会的所有成员都能够有同等机会享用。"这与我们追求的以人为本的知识资源共享管理机制的目标相一致。

知识资源共享管理机制，也是基于以知识为关键资源的社会治理思想。其共享管理机制的目标，概括而言，就是指按照知识资源自身发展的规律和特点，以信息论、控制论、系统论等一系列现代管理手段为基础，组织和运筹学区的各项创新活动，从而尽可能在时间与空间上最合理、最经济、最有效地完成预定的知识创新和发展目标的管理活动，保证整个学区的所有学校都享有同等的共享知识资源的机会。

知识资源共享管理机制的含义是：按照区域教育均衡的整体构想，合理确定知识资源共享管理的目标，以学区教研为主体，以区域教研和学校教研为两翼，要有必要的监控手段，制定可实施、执行的工作推进制度、调控制度、反馈制度、评价制度等，协调和整合各种力量，发挥各自的优势，建立优势互补又能彼此交互贯通的知识资源共享共同体，从而形成能够长期地作用于学区管理主体与学校管理客体的相对固定化、规范化的制度与工作规范。

二、简便易行的运行机制

良好的管理运行机制应具有如下几个要素：第一，管理运行机制是一个环环相扣的系统，各个环节和要素在管理活动中协调合作、相互联系；第二，各环节的特有功能在运作过程中形成运行轨迹；第三，运行轨迹应该是高效的。广州市越秀区教育系统在几年来的管理改革实践中，把学区教研管理与以教研室为主体的区域教研管理、以学校为主体的校本教研管理结合起来，形成知识资源共享管理机制的架构；再将其中各个环节联系起来综合考察，分析其运行轨迹，其系统性和科学性已在实践中得到证实。

（一）知识资源共享管理机制的运行

以学区教研为主体、以区域教研和校本教研为两翼组成的，实质上是一个知识资源共享共同体。其中以学校为主体的校本教研是知识资源共享最主要的落脚点，而以教研室为主体的区域教研则是知识资源共享重要的外部支持力量，即为"两翼"。教育行政管理部门通过协调和整合上述各种力量，使其发挥各自的优势，建立优势互补又能彼此交互贯通的教研共同体，真正建立起合作、共生的教研伙伴关系，真正实现知识资源的共享（见图 5-2）。

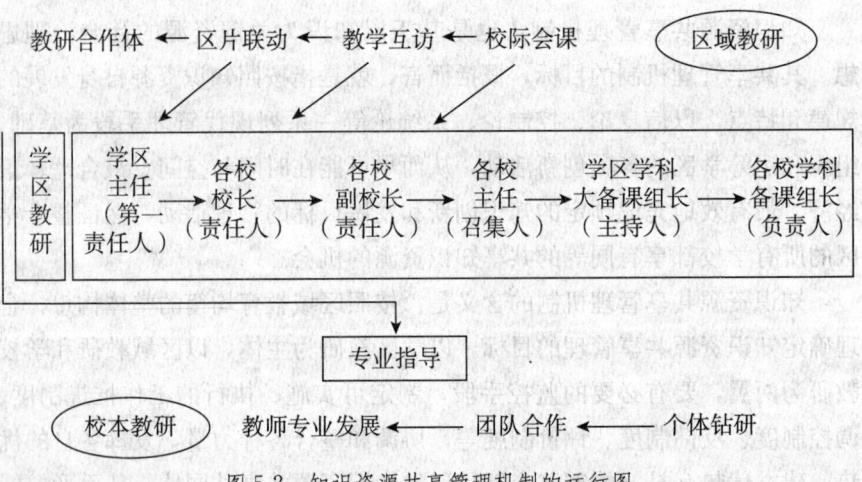

图 5-2　知识资源共享管理机制的运行图

学区教研——以学区发展为主体，以义务教育均衡发展为主题，确定学区主任所在的学校作为主导，实施知识资源的共享管理。学区主任作为第一责任人，突出了学区主任学校在学区教研中的龙头作用和优质资源辐射作用。

区域教研——教研室作为事业单位属于政府以外的社会组织之列，负有向学校提供教学研究、指导和服务等职能。教研员也被作为指导、检查、评估教学的行政化角色。例如，教研员参与听课、评课、赛课，至今还一直承担教育行政部门执行评选教学能手等名师资格的职能（尽管确认的单位是教育行政部门，但教研员是事实上的行政执行者）。虽然新课改加强了教研员的教学研究、指导和服务功能，但其行政化的特点并没有实质上的改变。教研室作为事业单位，是专门的教育公共服务中介机构之一，新课改背景下，必须转变教研方式，有效开展区域教研。区域教研一般是以某一行政区域为单位，定期或不定期组织教师以某（或某些）教学问题为核心进行教学研讨，目的在于解决问题，促进教师专业成长的教师间的交流互动活动。我们的区域教研通常是由越秀区的教研部门安排和组织，与学区或学校联合开展，形式多样，有"集中研讨"、"校际会课"、"教学互访"、"以强扶弱、区片联动"、"专题合作研究"等，内容通常是公开课观摩、听课评课、案例分析、分组讨论集中发言、问题公开答疑、优质课评比等。因此，区域教研是学区教研、校本教研的重要组成部分，在学区知识资源共享管理体系中起着引领、促进和补充的作用。

校本教研——"个体钻研、团队合作、专业指导"是开展校本教研的三个核心要素，它们构成了校本教研多元互动的关系。教师个人对教学的研究与反思是校本教研的基础，教师个体与个体的合作所构成的教师团队同伴互助是一种驱动力，而专业指导则是一个方向盘，它对帮助教师群体把在合作互动过程中形成的直接经验提炼上升为指导或改进教学的原则，产生积极甚至是决定性的作用。与此同时，我们还根据教师专业发展的需要和校本教研的目标，发展性地对"专业指导"的概念进行了拓展和充实。我们认为，专业指导的主体除了传统认识上所指的专家学者之外，还可以是教研室的教学研究专业人员与来自相同学区或不同学区的学校教师组成的"学科教研共同体"（通过教研活动实施指导），以及教师在参与校本教研过程中根据自身需要而主动寻求的专业支持，这种支持可以来自书本或网络，也可以来自先行一步进行探究的同伴，即我们所倡导的教师必须具备"向书本学习、向同伴学习"的能力。

（二）知识资源共享管理机制运行图的操作说明

第一，管理部门的全面性。作为一个完整的知识资源共享管理机构，仅仅依靠学区自身的教研管理机构是远远不够的，必须加上区域教研和学校教研的"双翼"教研管理机构。只有学区教研管理机构与上行的区域教研管理机构、下行的校本教研管理机构的运行轨迹都在高位运行，知识资源才能在整个学区内得以共享，学区的管理机制才会健全；否则，若其中任何一个教研管理机构的运行轨迹在低位，或者起伏波动，学区的共享管理机制也就难保在高位运行。因此，只要上述三个教研管理机构都能相应地建立起管理机制运行表，再按照表中的数据作出运行轨迹图，学区的管理机制就会环环相扣，学区管理者就可以全面调控各个管理部门的工作，知识资源共享的运行态势也就能够有效控制在高位。

第二，管理环节的连续性。构筑学区知识资源共享管理的工作机制，实际上是以学区教研为抓手，力求形成上下联动、纵横拓展、立体辐射的区域教研、学区教研、校本教研一体双翼的知识资源共享共同体。其管理环节的连续性，体现在按照时间进程考评管理主体的各管理环节是否落实。

这种知识资源共享管理的连续运行应该体现集中研讨—共享资源—行为跟进—完善资源—进一步共享的螺旋式上升的特点。它体现出既是深入"剥笋"，完善资源建设，又是分工研究，深化资源共享。

第三，运行观察的及时性。制订学区资源共享管理机制运行表，有利于学区管理者督促检查各管理主体及其下属管理部门注重过程管理，重视相互合作，强调相互协调，有利于充分发挥各级管理者的创造性。如果学区资源共享管理机制运行表中有了具体的运行数据，那么按照数据作出运行轨迹图，就可生成学区资源共享管理机制趋势图，便于通过对比了解各管理环节（即管理部门）的运作情况。

学区资源共享管理机制运行表与学区资源共享管理机制趋势图相配合，不仅便于各管理主体及时修正管理缺陷，有效地控制及调整各个管理环节，而且便于学区管理者在管理过程中随时自我评价，观察运行轨迹趋势，及时进行宏观调控，有效地减少由于工作疏忽而造成的过程失误。

第三节　学区人力资源共享的管理机制

"人力资源"一词是由美国著名的管理学家彼得·F. 德鲁克（Peter F. Drucker）于 1954 年在其《管理的实践》一书中提出来的。目前，人力资源的共享中以企业、高校、科技领域研究为多，其重点是关注高层次人才的共享使用。例如，有学者把人力资源共享定义为"改变教师分布不均匀、结构不合理、人员不流动、余缺不互补的现状，充分挖掘重点高校中的骨干教师、学科带头人的潜力，合理安排他们拿出少量时间和部分精力到普通高校去兼授课程、指导研究生、合作科研、帮助那些层次较低的高校教师提高教学和科研能力"①。此外，还有学者从全球化视角理解人力资源内涵，"从人力资源的共享来看，有两方面的含义：一方面是人力资源的入口，中国赖以选人、用人的范围更大了。入世后，随着投资者的大量涌入，世界优秀人才势必在中国经济、社会与世界整体接轨的环境平台上更多地进入我国。另一方面，入世也是人力资源的出口，入世后我国人力资源将全面融入世界人力资源圈之中，我国的优秀人才可以更方便地进入国际人才舞台展示才华"②。可见，由于研究的视角和共享指向的内容不同，实践中对于人力资源共享的内涵的理解也有所不同。

人类社会发展的历史表明，社会经济活动中的一切竞争，归根到底是人力资源，特别是人才的竞争。人力资源，是"人力"和"资源"的有机结合。人才资源，是人力资源中的高层次。知识经济的发动者和承担者是人，特别是人才，这是知识经济的生命线。教育以人为本，师资队伍是关键。当前，在义务教育领域，从人力资源管理的视角研究人力资源共享，形成人力资源共享体系的比较少，因而对人力资源共享的研究具有理论与实践价值。

一、人力资源共享管理机制的内涵

科学发展观外延博大，内涵精深，既是世界观，又是方法论，党的十七大报告指出"科学发展观的第一要义是发展，核心是以人为本，基本要求是全面协调可持续，根本方法是统筹兼顾"。教育事业中落实科学发展观，就要继续坚持教育优先发展的战略地位。以人为本是科学发展观的本质和核心，也是教育发展的核心命题和基本价值取向。将科学发展观的内

---

① 吴松泉、傅建明：《高校教师人力资源共享探讨》，载《卫生职业教育》2010年第4期。

② 刘军：《入世与中国人力资源国际化分析》，载《深圳大学学报》2001年第5期。

涵运用到教育领域中来，就是科学的教育发展观的内涵。树立以人为本的科学的教育发展观，就是要把教育的重点转向人本身，在教育过程中把人的全面发展放在中心地位。人力资源共享管理机制的管理理念也是"以人为本"，与科学发展观、科学的教育发展观的本质都是相一致的。

现代的区域教育管理中人力资源的管理地位越来越突出，人力资源共享管理机制以科学发展观理论为统领，树立人本管理发展理念，科学开发与共享管理新时期下的学区人力资源，实现区域教育全面、协调和可持续发展。在学校管理的各种资源中，人力资源是学校管理最根本、最核心的资源。加强学区人力资源管理，持续不断地开发人力资源，既是学校管理的职能需求，也是学区生命活力之所在，更是科学发展观以人为本的本质和核心要求的题中之义。所以，树立科学发展观，更新学校人力资源管理理念，走人力资源科学开发与共享管理之路，已成为广州市越秀区区域教育实现可持续发展的必然选择。

人力资源共享管理机制的含义是：按照区域教育均衡的整体构想，合理确定人力资源共享管理的目标，以学区人力资源为管理客体，区域刚性管理和学区学校柔性管理双管齐下，要有必要的监控手段，制定可实施、执行的工作推进制度、调控制度、反馈制度、评价制度等，协调和整合各种力量，发挥各自的优势，构建既能适应和谐共赢又能实现个性超越的人力资源共享体系，从而形成能够长期地作用于管理主体与管理客体的相对固定化、规范化的制度与工作规范。

二、协调运行的动力机制

《孙子兵法·行军篇》中说："故令之以文，齐之以武，是谓必取。"意思是，要用"文"的手段，即用政治道义教育士卒；用"武"的方法，即用军规军纪来统一步调，这样的军队打起仗来就必定胜利。"令之以文，齐之以武"，体现了文武兼施、德威并重的治军思想。这一思想同样适用于义务教育的区域管理，将孙子所讲的"文""武"之道，转换过来就是区域教育人力资源共享管理中的人本管理和组织管理，用之可解决区域教育系统人力资源共享管理中出现的问题。

为了提高管理效率，越秀区教育局建立了"扁平化"的人力资源共享管理机制——区教育局领导下的学区主任负责制，即"二级制"的管理体制。这种管理机制，既有利于教育行政部门对学区进行宏观调控，也有利于实现学区的自主管理，还避免了"三级制"、"四级制"的多层领导，减少内耗。由此，越秀区的区域教育人力资源共享管理进入了一个教育局与学区"二级分治"、组织管理和人本管理"协调运行"的有机结合时代。

（一）人力资源共享管理机制的运行

以学区人力资源为共享管理的客体、区域刚性管理和学区学校柔性管理刚柔相济，构成一个学区人力资源共享体系。教师是学区人力资源中最关键的元素。因为教师承担的职业角色存在多重性，既有"社会表现的角色"（包括教书育人、行政管理、心理辅导的角色），还有"自我表现的角色"（包括学者与学习者的角色、学生家长的代理者、模范公民），所以对教师的管理一定要讲究科学性。对学区人力资源共享的管理和协调，既要由教育局借制度约束、纪律监督等手段进行刚性管理，也需要依靠学区主任和学校领导以感召、启发、诱导、激励和奖惩等方法进行柔性管理，从而实现人力资源共享。组织管理是人本管理的依托和基础，对人本管理的实施往往具有决定性的影响；人本管理则是组织管理的导向器、润滑油和催化剂，能起到刚性管理不可替代的巨大作用。只有实现文武结合、刚柔并济，才能取得共享管理的最佳效果。具体见图5-3。

1. 区域组织管理

组织管理是以"事"为中心，以达成组织绩效为目的，依靠职责体系、规章制度、行政法纪等进行的管理。越秀区教育局对学区人力资源共享的区域管理，强调的是组织管理的战略、体制、结构等，依靠规章制度、法纪和组织职权进行程式化、有序化的管理，变放任管理为规范管理，体现出科学管理的精确性和规范性。由此可见，越秀区学区人力资源共享的区域管理工作，大致分为以下几个方面。

第一，人力规划（即人力资源配置）。越秀区教育局通过正确分析教师师资分布、年龄、学历、专业结构等人力资源现状，深入研究出现某些岗位空档的原因，从而不断完善学区内学校教师结构的优化配置。

第二，人才开发。学区的发展要求区域管理者要有发展眼光，越秀区教育局根据学区的发展定位、规模和任务，审时度势，通过关注"六个相结合"来设定人才开发目标，即"学区制度规范与教师主动发展相结合，师资结构调整与队伍内涵建设相结合，理论学习与实践探索相结合，名师

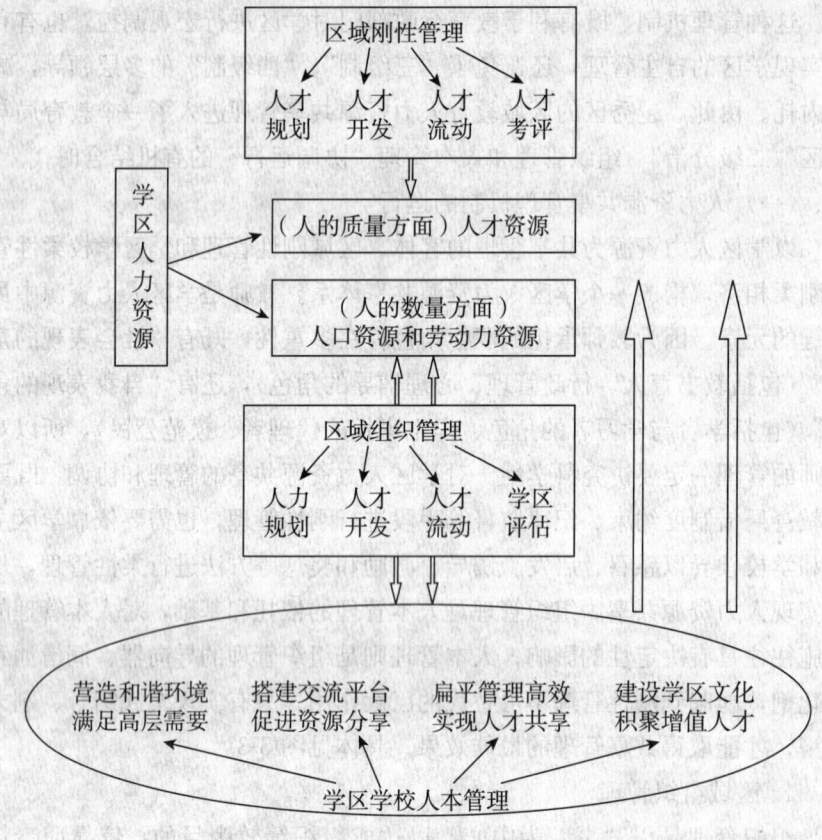

图 5-3 人力资源共享管理机制的运行图

带教与校本研修相结合，师德建设与专业发展相结合，分类培养与整体提高相结合"，从而制定出具有超前性和一定弹性的学区人力资源共享与开发管理规划，进而拟定实施计划，确定学区人力资源开发的行动方案。

越秀区人才开发的措施主要包括：招聘引进与带教培训相结合，筑高学区师资队伍整体提升的平台；统整学区教研与科研，开展团队攻坚的校本教研活动；建立学区内教师专业发展指导制度与教师专业成长的评价激励机制，促进不同层次教师的共同提高；从注重学历、职称、年龄等结构调整，转变到队伍本质的内涵提升，实现师资队伍从量变到质变的飞跃，努力建设一支结构合理、师德高尚、业务过硬、能够适应素质教育要求和区域教育可持续发展需要的专业化教师队伍。

第三，人才流动。理论和实践经验都证明了，只要改革用人制度，就能促进区域教师人力资源的合理配置与学区人才资源的合理流动。为了形成"能进能出、能上能下"的用人机制，越秀区提出了一些可操作性强的有实用意义的学区人才流动实践方案。首先，学区要淡化教师的"身份管理"，强化"岗位管理"；其次，学区要遵循"按需设岗、公开招聘、择优聘任、聘约管理"的教师聘任原则，建立学区内"弹性与固定相结合"的人才合理配置与流动机制，设立教学人员的淘汰机制，从而促进区域教师人力资源的合理配置和学区人才资源的合理流动。

第四，学区评估。众所周知，一个富有效率的适合知识经济时代要求的人力资源管理机制，其用人的核心是人才的"行为质量"；而行为质量是由人员对行为所持的"态度"以及相关的"知识"和技能的匹配程度所决定的。因此，建立一套客观的、社会认可的人才评价标准，形成一种科学、公开、公正、公平的人才绩效考评制度，并且把评价结果与教师的升降、培训、待遇、奖惩等紧密地挂起钩来，对于促进人才的奋发进取大有裨益。

越秀区的学区绩效评估是指在对区域义务教育战略目标理解的基础上，通过合理的工作分析，制定相应的绩效考核标准。绩效评估、薪酬和奖金三者的关系是紧密相连的，构成学区及其学区学校、校长、教师激励机制的核心内容。绩效评估可以为区教育局对各个学区、学区领导小组对各个学区学校及校长进行薪酬给付与奖金分配提供基础和依据，它不仅关系到学区每一所学校的切身利益，而且直接影响着区域的整体效率与效益。越秀区定性和定量相结合的科学的绩效评估，关注学区学校绩效的改进与文化内涵的提升，使其中的人才的能力得到肯定，并从中体会到满足感。同时，公正合理的绩效考核制度，有利于在学区里形成公平竞争的机制氛围。

综上所述，从越秀区对学区人力资源共享的管理工作的实际效果来看，具有以下优势。第一，这种以制度为核心的管理，是学区各级组织存在和发展的前提和保障。第二，区域管理者制定统一的标准，对学区的工作绩效进行量化评估；学区管理者依据统一的规章制度，对教师进行绩效评价，体现出管理的公正性、公平性。

2. 学区学校人本管理

学区人本管理是一种以知识工作者（如教师）为中心的人性化管理。

从本质上说，它是一种对"稳定和变化"同时进行管理的新战略。具体而言，它是以"人性化"为标志，具有内在驱动性、影响持久性和激励有效性等特征，通过采用非强制的方式，在人的心目中产生一种潜在说服力，从而把组织意志变为个人的自觉行动。

作为学区及其学校的人本管理，具体体现在以下几个方面。

第一，激励机制人本化，"营造和谐环境，满足高层需要"。对许多校长和教师来说，金钱已经不是第一需要，他们更重视的是自身的可持续发展以及较好的工作成就感。因此，学区根据不同校长和教师所处的不同的事业发展阶段，从精神和自我实现等方面进行激励，让其获得实现自身价值的满足感，从而满足校长和教师的高层需要，激发他们对工作的高度热情，因而具有有效的激励作用。

第二，用人机制人本化，"搭建交流平台，促进资源分享"。越秀区学区在用人机制上倡导"不求所有，但求所用"，只要是合适的人才，都可以为"我"所用。学区根据各学校对教师人才资源的需求，通过信息化管理平台的名校长工作室、名教师工作室、新秀工作室等形式，搭建人才交流的平台，提供人才资源共享，使学区内的薄弱学校可以共享名校的优秀人才资源，实现学区内各校间的人力资源互补。各级名师在学区管理平台上拥有自己的"名师工作室"，在工作室发布自己的教学心得和经验，并上传优秀教案，各校教师都可在上面进行交流，发挥名师的带动效应，促进学区内各学校教师整体教学水平和素质的提高。由此，随着学区逐步采用柔性化的管理模式，使教师从"学校人"变为"学区人"。

第三，组织结构人本化，"扁平管理高效，实现人才共享"。越秀区学区的管理组织结构体现出人本化，它是以学区内学校人力资源需求变化和人才资源共享为核心的，采用二层的扁平化组织结构进行运作，能明显地提高信息传递的效率和工作效率，从而加强了学区内各级组织之间的相互沟通，使整个学区组织变得人本化。

第四，学区文化人本化，"建设学区文化，积聚增值人才"。由于学区、学校都是教育人、培养人的社区，因而在这种意义上可以把学区理解为大规模的学校，那么学区文化也是一种校园文化。越秀区的学区文化是由学区内学校在较长期的办学实践过程中形成的独特的风格，能增强学区学校间的凝聚力、向心力和持久力，是具有团队性、包容性、融洽性、可持续性的人本校园文化，其核心是共同的文化观念，因而能够成为持续激发教师工作动力和唤起青年一代高尚的、独立的人格追求和高尚的道德追求的潜在力量。

（二）人力资源共享管理机制运行图的操作说明

1. 二级制机构的扁平化教育管理

从管理属性上看，学区既含有组织的成分，具有科层属性，同时又是从事义务教育研究与应用的学术组织，具有学术属性。学区依托这两种属性形成的代表区域教育管理制度的权力链条——学术权力与组织权力进行教学管理，扁平化模式有利于学术权力与行政权力的规范和发挥。越秀区教育局领导下的学区主任负责制，即"二级制"的管理体制，突出了学区在管理中的主体地位，强化了学区在扁平化管理下的高效运作。

扁平化管理是针对科层化管理所存在的弊端而提出的适应时代发展的管理模式。越秀区教育局将这种扁平化管理引入学区的教育管理中，探索出适应学区人力资源共享并推动学区发展的人力资源共享管理方式。它主要呈现出以下特征。

（1）具有信息化的特征。越秀区扁平化教育管理强调"信息"是学区教育管理的基础。一方面，在运作过程中，扁平化教育管理使区域教育决策层、学区领导层及学校执行层之间的信息传递较为迅速；另一方面，学区中的扁平化教育管理以网络技术为支撑，通过越秀教育网上的"越秀学区化管理系统"使各学区及其学校能更及时有效地捕捉各种有利的内外部信息，以信息来带动学区教育的发展。

（2）具有开放化的特征。越秀区扁平化教育管理倡导教育管理"走出去，请进来"的工作方式，认为"教育组织要开辟各种渠道与外界环境建立起经常的、广泛的信息、能量和物质的沟通与交换，形成动态的网络结构关系"[1]，强调教育管理面向社区、面向社会的服务性与协调性的职能。同时，学区管理者具有开放的管理观念，勇于吸收和借鉴其他有效的教育管理经验，并具有开拓创新的精神，能带动整个学区教育管理健康、稳步、持续地发展。

---

① 柳清秀、唐勇：《在学习型社区中实施扁平化教育管理的思路》，载《广西社会科学》2006年第10期。

（3）具有柔性化的特征。越秀区扁平化教育管理具有柔化学区内部各种人际关系的作用与功能，不仅柔化上级与下级之间绝对命令与绝对服从的关系，而且积极协调学区管理者与学校全面参与学区的教育决策与日常管理工作，有利于区域教育管理部门与学区及其学校之间的交流与沟通，以及调动学区管理人员的工作积极性、主动性和创造性，有效地整合并开发学区中的各种人力资源，增强学区教育决策与管理的人性化、科学化和高效化。

2. 组织与人本共存的教育管理

管理根据灵活性和人性化特征可分为组织管理和人本管理两种模式。它们互有长短，相互补充。组织管理基于理性原则、秩序原则和简化原则；人本管理基于系统的复杂性、环境的多变性和人的独特性。学区就是组织与人本共存的单位，犹如一枚具有两面的硬币，潜显相随，无所不同在，无时不共存，体现在管理上的目的就是追求双赢。

学区人力资源共享管理吸收刚性管理与柔性管理的长处，采取"组织与人本"的管理模式。这种模式的关键有三：一要树立"人"的观念，二要更新"知"的库存，三要重视"则"的规约。主要体现在以下几方面。

（1）刚柔有据，刚柔得当。区域管理者和学区管理者在处理人力资源具体事务时，尽可能做到刚柔有据、刚柔得当。一方面，用刚性管理应对刚性事务（如人力资源规划、人才流动管理、人才开发管理、学区评估机制的执行等）。通过刚性制度维护区域管理的严肃性和权威性，就能保证学区运行的有序有效。另一方面，用柔性管理处理柔性事务（如在教研活动、教育活动、文化活动中的很多方面，特别是涉及人的管理）。柔性事务通常难以通过量化的硬性规定、采用步调一致的刚性制度来处理，适宜采用灵活机动的柔性管理。

（2）组织与人本相结合。组织与人本结合并非简单地相加，而是组织与人本的相依，即组织中有人本，人本中有组织；是组织与人本相融，组织与人本贯通，组织与人本相生，从中收到"弃两者之短，集两者之长，得两者单一之未得"的效果，最后达到"无为而治"。在实际工作中，组织管理与人本管理是此消彼长而又渗透、融合。组织管理可看成是一种效率管理，效率管理要求正确地做事，强调的是做事本身的方式和流程；人本管理则可看成是一种效力管理。效力管理则要求做正确的事，强调的是一种领导力、影响力，它提倡尊重人的思想和需求，提倡心悦诚服的和谐，提倡以管理的人本化激发人的主观能动作用。

第四节　学区硬件资源共享的管理机制

从国内最早使用"教育资源"概念至今，它已逐渐成为教育经济学的专业术语和核心概念。固定资产是中小学校国有资产的一个重要组成部分，是一类重要的教育资源，是公办学校建设和发展的基本条件，是培养人才，保证教学、行政办公、生活后勤等项工作顺利进行的物质基础。按国有资产管理局统一分类标准，将固定资产划分为以下六类。（1）房屋建筑物，指学校拥有占有权和使用权的房屋、建筑物及其附属设施。房屋包括办公用房、教学科研用房、库房、宿舍、食堂等，建筑物包括运动场、纪念碑或塑像、围墙等。（2）一般设备，指学校的通用性设备包括交通运输设备、炊事设备、家具设备、电气设备、消防设备、办公设备及其他一般设备。（3）专用设备，指学校根据教学、科研和其他工作的实际需要购置的各种具有专门性能和用途的设备，包括教学一般设备、物理设备、化学设备、生物设备、音乐设备、体育设备、美术劳技设备、教学地理设备、电教设备、计算机与网络设备、广播电视音响设备、医疗设备、幼儿园玩教设备。（4）文物和陈列品，是指学校拥有和接受捐赠的供教学科研或收藏、展览、陈列用的各种古物、字画、纪念物品，包括文物和陈列品。（5）图书，是指学校图书馆和下属其他单位阅览室、资料室储藏的，统一管理使用的各类书籍，包括图书、期刊、报纸。（6）其他，指不属于上述各类，但符合固定资产标准的其他资产。

学区硬件资源共享中的"硬件资源"，即指上述的"固定资产"。在传统的教育管理中，学校的"硬件资源"不可能在其他学校进行流动与有效配置，这就很难发挥资源的最大作用。越秀区在学区中全面推行硬件资源的共享机制，既可使学校的资源得到合理的使用和配置，避免了政府对教育的重复投入，提高了政府教育经费的利用效率；同时达到在相同的资金投入情况下，实现不同的教育规模扩张，使得那些硬件资源建设较为薄弱的学校能够更加集中精力搞好学校的教育教学，从而同步提高各校的办学效益和办学质量，带动整个学区教学水平的提高；还可以加强学区内外学校之间相互联系、相互交流的广度和深度，真正实现义务教育的均衡发展。

一、硬件资源共享管理机制的内涵

同一资源可以被多个用户使用，因此称为"资源共享"。资源共享极大地方便了用户，也有效地利用了资源，节省了资源的重复性浪费。只有让资源走向共享，其作为财产的资源产权才能转变成财富。由此可见，当区域内学区之间、学区内学校之间存在竞争时，学区学校之间的协作关系会使得学区能够获得更多的机会，所有参与学区资源共享的学校都能够从中获得收益。共享是人类的理想，但资源共享不会自动实现。要实现硬件资源科学有效的共享，其核心是建立管理和运行的保障机制。

越秀区学区硬件资源共享体系是由同一学区内作为独立组织的学校之间，或者区域内不同学区的学校之间（包括中学与小学、中学与中学、小学与小学之间），因同类资源共享或异类资源互补所形成的共生体，是一个完整的系统。因此，需要正确处理好以下关系。（1）共享和竞争的关系。资源共享要求各学校实现最大程度的开放，盘活各校的硬件资源存量，提高资源利用率。但各校又是独立的办学主体，在一定程度上又存在着办学的竞争。在强调各校办学特色的今天，某些学校难免会有"藏私"之心，如设施先进的实验室和功能室不对外开放等。那么，如何建立一套行之有效的保障机制，使各办学主体在学区内共同发展，是值得进一步认真研究的问题。（2）学校利益和社会利益的关系。建立一个合理的利益机制是资源共享的关键。共享的过程也是利益分配的过程，利益分配的不均，将导致共享机制的失效。那么，应该是社会利益还是学校利益优先？两者的权重应该如何平衡？在保障社会利益的同时，如何保障学校的利益？等等，都是必须认真考虑的问题。硬件资源共享管理机制就是为了解决这些问题提出来的，它试图通过激励性的制度安排，使学区内各学校的"自利行为"朝着改善整个共享链绩效的方向发展，从整体上提高区域竞争力。

硬件资源共享管理机制的含义是：按照区域教育均衡的整体构想，合理确定硬件资源共享管理的目标，以学区所有学校为共享主体，以学区内资源信息平台和跨学区资源互补构成双通渠道，制定必要的监控手段及可实施、执行的工作推进制度、调控制度、反馈制度、评价制度等，协调、整合各种力量，发挥各自的优势，构建既能互补融合又能同舟共济的硬件资源共享体系，从而形成能够长期地作用于共享主体与硬件资源的相对固定化、规范化的制度与工作规范。

二、互补融合的保障机制

教育资源共享的实质是将特定区域内的教育资源与社会系统彼此融合，使区域彼此独立的子系统或更小的系统开放，有机地联系起来，最合理、最有效地相互利用教育资源。对于区域教育系统而言，则是要将学校的教育资源与区域内相同或不同的学区彼此融合，使学校的硬件资源在相同或不同的学区中得以共享。

越秀区的学校，特别是学区内的学校，它们的硬件资源是可以相互适用的、互补的，可以实现"同舟共济"。因此，可以认为资源共享是一种群体性行为，并且在这种群体性行为背后，资源共享本质上是利益的共享。对于越秀区而言，区域资源共享追求的是从各方利益差异的"合作"到共享整体利益最大化的"融合"，实现资源配置的社会整体效率最高。

（一）硬件资源共享管理机制的运行

以学区所有学校为共享主体，以学区内资源信息平台和跨学区资源互补构成双通渠道，对由资源共享或资源互补所形成的硬件资源整体实施管理，即为"一体双通"硬件资源共享管理体系。一般来说，不同学校功能场室的建设会存在一定的差异。越秀区通过实行"一体双通"的硬件资源共享管理，在实现同一学区硬件资源共享，尤其是一些功能场室（如礼堂、体育场馆、游泳池、机房、实验室、图书馆等）共享的基础上，还建立区域内跨学区资源互补机制，实现硬件资源共享由点向面的延伸。由此，既可以让一些受场地限制的学校的学生能平等地享有优质的教育环境资源，还可挖掘硬件使用功效，提高硬件利用效能，从而避免浪费。为了奖励提供共享硬件的学校，越秀区教育行政部门每年也会根据场室的共享量给予一定的补贴。

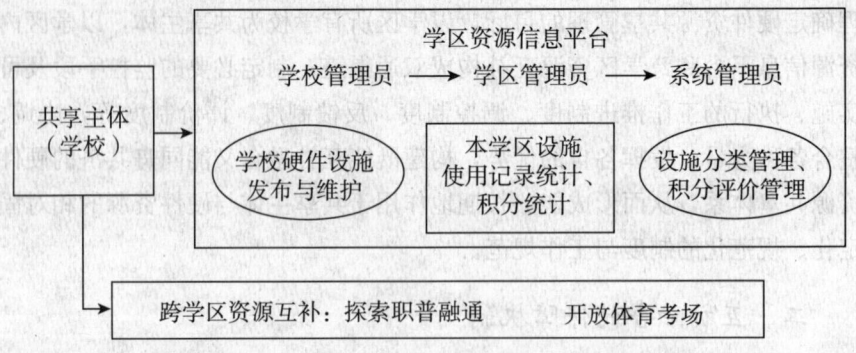

图 5-4 硬件资源共享管理机制的运行图

1. 学区资源信息平台的建设

在学区资源信息平台中，用户对象包括教师、学校管理员、学区管理员、系统管理员和游客。不同的对象登录后显示的界面各有不同。管理员业务包括学区设置、硬件设施管理模块、积分管理模块以及其他后台管理功能。（1）学区设置。划分各学区的成员学校，由系统管理员操作。（2）硬件设施管理模块。学校将可供他校共享的硬件设施登记发布出来，其他学校可以根据实际开放时间预约场室。场室的调配主要通过学校管理员来完成，他们的维护工作包括了场室信息的发布、场室预约、回复他校信息等。在场室共享后，提供场地方和使用场地者要相互评价，根据双方的评价情况进行积分奖励。由学区管理员完成本学区硬件设施使用记录统计，以及由系统管理员进行各学区硬件设施使用统计汇总、设施分类管理等工作。（3）积分管理模块。由学区管理员（即是学区助理）评价和统计管理系统上本学区学校完成的硬件共享有效操作所得的积分，由系统管理员完成整个区域的积分评价管理（包括积分设置、学区积分统计与积分查询等），鼓励共建共享。（4）其他后台管理。包括学校管理员设置、更新硬件设施类别等，由系统管理员操作。

2. 跨学区资源互补的运作

针对区域内不同学区学校之间存在教育教学设备设施配置不平衡、使用管理水平参差等现状，除了在各学区内部实施资源共享外，还必须开展跨学区的资源互补。通过资源互补，可以实现双赢甚至多赢。具体而言，跨学区资源互补的运作，主要围绕以下两个方面展开。一方面，探索职普融通，增值优质资源。越秀教育创造性地开发出学区职普融通课程体系。

首先，职业学校利用自身拥有的职教资源，在学区内外的初中综合实践活动课和高中选修课中，开设多层次、多专业类别的综合性职业技能课程，对中学生进行职业教育和职业引导，着力提高学生的技术素养和实践能力，拓展素质教育，满足学生发展的需求，帮助学生将来在升学选择或就业选择时能作出合适的抉择。其次，高中学校利用自身拥有的普教资源优势，在学区内的职业学校开设普高文化选修课，让部分有普通高考升学愿望的职中生接受完整的高中文化课课程学习，满足学生升入高一级学校深造的需求。通过实施职普融通课程教育，让职业学校与普通中学的教师互换讲台，让普通中学的学生走进职业学校的实训室，可以促进普职学校及其学生相互了解，尤其是让学习基础较薄弱的初中生和学习基础良好且有高考升学愿望的中职生找到新的学习目标，给自己找出新的发展定位，从而激发学习动力，找回自信心，使他们不再认为自己是失败的陪考者，学校弃考、辍学的现象就会逐渐减少。因此，职普融通课程的实施，有利于普教和职教的资源整合，实现学区里教师人力资源和学校设施设备资源的共享，对提高教学质量、拓展素质教育等起到积极作用，很好地促进普职学校的共同发展。

另一方面，开放体育考场资源，提升学生应考技能。越秀区内的广州市第三中学是广州市教育局确定的初三学生中考体育专用考场，具有符合中考考场要求的标准的体育设备设施，广州市市区初三学生均在此处参加中考体育考试。利用中考体育考场的便利资源，为本学区其他学校乃至跨学区其他学校的学生提供训练体能并提升技能的场所，从而激活存量，提高硬件设备的使用率，使资源的利用率达到最大化。三中的体育场馆对本学区及跨学区的其他学校开放，让这些学校的学生来训练，必然有利于准备迎接初三体育考试的学生进行有针对性的高效的应考训练，以提高体能和技能，同时也能大大提高区域教育系统的竞争力。

（二）硬件资源共享管理机制运行的操作说明

同学区和跨学区各学校之间教学资源共享，有利于各校优势互补，提高育人质量，提高教学资源的利用率，进而提高教学效益。但是资源的共享并不意味着打破各学校的界限，学区毕竟不是一所学校。学区内各学校办学层次不同，文化特色不同，资源优势不同，因而其管理制度甚至管理模式也可能不同。那么，如何在不同的管理模式下保证教学资源共享的公平性、合理性、可操作性呢?

　　首先,要建立开放式学区信息化管理系统。学区信息化管理系统具有多方面的操作功能。(1)在此系统内,名校长、名师和教坛新秀拥有各自的虚拟工作室,在虚拟工作室中,他们既可以撰写教育随笔,发布公开课信息,上传论文和优质资源,还能建立网上备课组,组织教师跨校备课、交流,从而以人力优质资源为龙头带动区域教师的发展。(2)普通教师则可以申请加入备课组,在备课组内开展网上讨论、提问或解答疑难、上传资源或者共享资源。教师也可以申请加入到工作室中,作为工作组的成员,共同维护工作室、发表评论,也可以上传资源相互交流。(3)学校将可供他校共享的硬件设施登记发布出来,其他学校可以根据实际开放时间预约场室。场室的调配主要通过学校管理员来完成,他们的维护工作包括场室信息的发布、场室预约、回复他校信息等。(4)在每个学期末,行政部门以共享量作为评价指标,通过学区信息化管理系统的积分予以量化,对学校和教师进行评价。对共享量大的学校或个人给予奖励,并将学区共享积分作为个人评优和职称评审的参考数据。

　　其次,要建立共享资源的认定与管理制度,以及建立共享过程的监控与保障系统。以职普融通优质资源的共享管理为例。通过加强职普学校之间的沟通,端正和提高师生对融通课程意义的认识,一方面组织研发职普融通校本教材,完善教师考勤管理机制和工作业绩的评价机制,调动教师开展融通课程教学的积极性和主动性;另一方面安排和组织好学生的报读和组班工作,完善学生跨校上课的安全管理制度,严格实行普教学生使用专业实训室的制度,严格实行学生学习融通课程的考核制度。由此,逐步建立健全资源共享过程的管理与监控体系,有效地克服"诸侯经济"现象,大大提高区域系统的竞争力。

第六章

区域学区管理模式的信息化支撑平台

教育信息化是实现教育现代化的基础和条件，是教育现代化的重要内容和主要标志，以教育信息化带动教育现代化是当今世界教育改革与发展的共同趋势。在构建学区管理模式的过程中，必须充分利用教育信息化的优势，建立学区信息化支撑平台，为探索学区之间的均衡发展，促进教与学的均衡，提供有益的尝试。

第一节　学区信息化管理支撑平台的设计

学区信息化支撑平台，作为在推进学区管理模式中具体承担教育信息化任务的基础性平台，其重要性不言而喻。根据学区、学校的日常管理和教育教学共享需要，在构建学区管理模式的探索过程中，我们开发了四个子系统平台，分别为学区信息化管理平台、学区教育教学资源共享平台、学区远程教学视频系统、学区化积分评价系统，四个子系统平台既相互联系，又相对独立，四者缺一不可。四个子系统构成了学区信息化的主要支撑力量，是探索学区管理模式的一系列探究活动中不可或缺的重要组成部分。根据该四种系统平台的用户对象，可将用户统一为教师、管理员、普通游客三种类别。为给学区信息化系统日后的可扩展性预留空间，四个子系统之间采用三层设计架构，分别为表现层、业务逻辑层、数据访问层，将各功能模块按不同层级进行分类。其架构如图 6-1 所示。

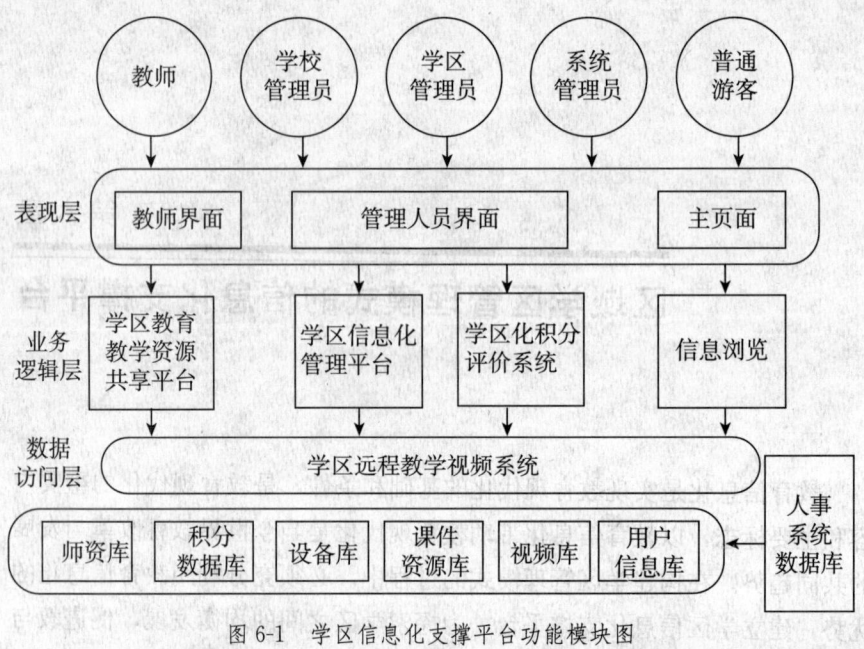

图 6-1　学区信息化支撑平台功能模块图

第二节　学区信息化管理支撑平台的功能

　　学区信息化管理支撑平台是学区信息化的主要基础性平台，学区、学校的管理主要是通过该平台实现。该平台共分九大功能模块，其结构如图 6-2 所示。

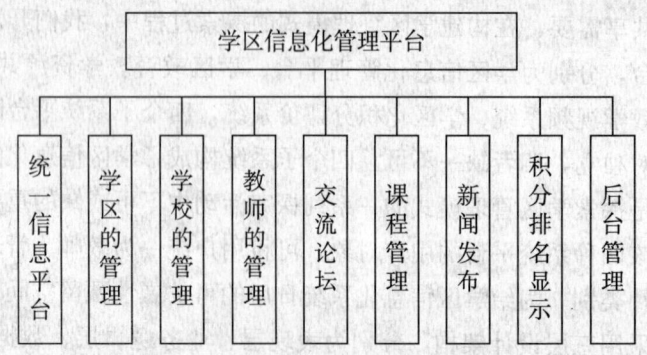

图 6-2　学区信息化管理支撑平台功能图

各模块的主要功能如下。

1. 统一信息平台

作为学区信息化的最重要的基础性平台，该平台系统以网站首页的形式呈现给学区和学校的管理人员，以及学区内所有成员学校的教师。首页汇总显示学区平台的各类信息，为学区平台使用人员提供一个良好的最初入口，方便学区和学校管理人员以及教师进入相关子功能模块。

作为学校的管理者和教师，平台使用者在登录框输入各自在学区内单独拥有的账户和密码，便可正式登录进入平台。若要进行相关的学区学校管理，只要继续点击首页上方平行显示的各功能模块的链接口，即可进入相关的子功能模块，进行相应的学区活动，如学校管理、教学共享、网上集体备课、远程视频教学、个人工作平台管理等。

2. 学区的管理

越秀区内的学校按地域分布和教育教学的实力情况，将所有学校分为十个学区。每个学区拥有一名学区主任，由学区内一所学校的校长担任，另配一名学区助理，作为协助学区主任开展工作的主要帮手。该学区助理也是作为其所在学区的平台管理员，每个学区都有一名学区平台管理员，负责在学区平台中发布其所在学区的相关通知通告，以及审核各学校管理员所设置的通知和新闻信息。同时，学区管理员可在"人才资源管理"功能模块中根据学区内学校教师的实际情况，设置某教师为名校长、名师、新秀或者骨干教师中的任何一类，则被设置的该教师既有权限创建自己的备课，并拥有自己独立的网上工作室。由于名师、新秀以及名校长，均可在网上建立自己的网上备课组，但其最终能否创建的权限，则在学区的管理员，因此，学区的平台管理员还要负责其所在学区的网上备课组的审核和管理，可根据备课组的情况，开启、关闭、删除网上集体备课组。

3. 学校的管理

除了每个学区拥有一名学区管理员，每所学校也有一名相应的平台管理员，一般由较懂信息技术的学校网络管理员担任，也有由较懂教育教学的教务主任担任的，主要负责本校教师的管理、学校硬件设施的设置、学校教学活动信息的发布、学校学区活动的新闻撰写和发布等。学校管理员在平台中，通过对本校教师的动态管理，使学校内教师的信息在平台中完整地存档和维护，构建起一个完整的、动态的学区教师信息库，方便对教师个人的信息化管理。通过设置本校的各种硬件设施，学校管理员可以轻松地将本校所拥有的各种硬件设施资源公布给学区内其他各成员学校，从而利用学区平台的设施共享功能模块，其他学校成员可方便地预约各硬件设施的使用。学校的管理者还须协助学校教师预约其他成员学校可供使用的学校教育教学设施，如各种教学场地、体育场馆、教学仪器、办公用具等。

4. 教师的管理

学校的每位教师都拥有自己独立的学区平台账号，可随时随地登录学区平台，进行个人信息的管理和维护，使用学区平台提供的各种功能模块，轻松地在网上完成自己的备课、网上讨论、课后反思等教学活动。同时，名校长、名教师和教师新秀可在平台上创建自己的工作室，经学校管理员和学区管理员审核批准后，进行自己工作室资料的维护。教师在平台上的每个活动，都有相应的积分系统来进行记录、积分，并形成教师的个人档案记录，方便日后对教师的评价。

5. 交流论坛

学区平台设立了交流论坛模块，开放给平台系统的各个访客，方便每一位访客在使用和浏览这个平台系统后进行反馈留言，学区管理员和学校管理员则负责根据这些留言情况进行汇总统计，统一反馈给区教育局信息中心，然后由区教育局信息中心继续汇总，根据反馈情况来决定如何升级和进一步完善该学区平台信息化管理系统，提高学区、学校的信息化管理效率。这样，平台的使用者和管理者可以进行很好的沟通，达到交流的目的，为平台的升级维护提供了一条便捷的沟通途径。

6. 课程管理

学校的平台管理员根据本校实际的教学计划，以及学校内部各教师的课程教学安排，统一在平台上进行设置和管理本校的教学安排，公布给学区内的各成员学校。这样，学区成员学校之间很好地进行了教学信息的共享，学校的管理者们也能够很好地利用该平台来进行教学课程的安排和管理，有效地将信息化手段介入到课程教学的管理中。

7. 新闻发布

为促进学区内成员学校之间的交流和信息共享，方便学校外的人员了解学区活动信息，建立起各学校在校外人员中的良好口碑，各学校管理员可通过学区信息化管理平台，撰写和发布自己学校最近的学区活动信息，方便外界了解自己本校。

8. 积分排名显示

与另一个子系统——学区化积分评价系统，进行联合数据交换，可将学区、学校、教师个人的积分信息在学区信息化管理的首页面进行排名显示，从而方便平台的管理人员清晰地了解学区学校的平台使用情况和使用效率，使平台访问人员轻松地了解学校和教师的排名信息。同时，对应学区的评价体系，系统根据教育行政部门督导室的评价规则，定义了一套针对学校和教师的积分评价管理办法，目的是鼓励教师在学区平台上进行教育教学资源的共建共享，同时促进学区内不同学校进行场馆设施的互相利用，使设施利用得到最大化。

9. 后台管理

整个学区信息化管理平台后面设有一名超级管理员，负责对整个平台的后台数据维护和平台的管理，如硬件设施的类别管理、教师人才的类别管理、各子系统的开启关闭管理等，与前面所述的学区管理、学校管理一起构成层层相连、环环相扣的完整严密的学区信息化平台管理体系。

第三节　学区信息化管理支撑平台的应用价值

在学区管理过程中，教育信息化发挥着先导性作用。搭建学区建设信息化支撑平台，可以使学区内一系列教学在该平台上随时随地进行研究和交流。广州市越秀区的实践表明，学区管理信息化支撑平台有效促进了区域义务教育的均衡发展。

一、搭建学区管理信息化支撑平台，促进学区内资源的共享

在学区建设中，越秀区首先建立健全管理机制，成立领导小组，将区辖内学校划分为 10 个小学学区和初中学区，每个学区由一所名校牵头带动。不同层次、各具特色的学校被划分在同一个学区内，共享各种资源，共同发展。在"构建学区管理模式"项目启动初期，学区建设领导小组高

度重视学区模式的信息化管理工作，将搭建学区信息化管理平台纳入学区发展规划的重要组成部分，保障经费投入，依托现有的教育城域网，建设和完善学区管理信息化支撑平台，实现了学区内资源的共享。

学区内资源共享包括信息资源、硬件资源、人力资源和课程资源的共享。学区平台分配学区管理员、学校管理员、教师三级用户账号，学区主任助理为学区管理员，每位教师拥有平台使用权限，每级用户有明确的管理和操作权限。学区管理员分配学校管理员权限，添加名师工作室、网上备课组，发布学区工作计划、通知、学区研究新闻；学校管理员负责发布学校开展学区研究新闻，登记学校的设备设施及其使用情况，设置学校的优秀课程、网上备课组等人力资源和课程资源信息；学校、教师通过平台及时了解各学区最新工作动态，增进学校彼此间的了解，达到了信息资源共享的目的。平台的使用促使资源共享量达 37 842 条，教师在学区平台上开设骨干教师工作室和名师工作室的数量达到 1 087 个，公开课数量达 1 946 节，学校进行设备、场地资源的共享，设备设施借用率达 83%。学区平台促进了区域硬件设施、教师人力资源、教育教学资源充分共享和使用。

二、借助学区管理信息化支撑平台，实现学区教师网上集体备课

传统的教师集体备课一般是由两位以上的教师就同一课程的内容，在同一时间、同一地点，利用教材、讲义、文稿进行的备课交流活动。这种传统的教师集体备课采取的是面对面的围桌而论的备课方式，由于这种备课方式会受到所在处所空间、各位参与教师集中时间难于统一、参与人数有限等各方面的限制，使其在新的历史条件下，已经不能适应现代教育发展的需要。[①] 而使用学区管理信息化支撑平台，学区内的教师可以进行跨校、跨学科的网上集体备课，利用学区平台，对该课程教学过程中所涉及的相关事宜进行集体交流讨论。各所学校各个学科的每一位教师都可以加入网上集体备课组，可以上传与备课相关的教案、课件、题卷、视频等资

---

① 牛慧、石瑞芹、梁慧娟：《现代教育技术用于"教师网上集体备课"的实践探索》，载《全球教育展望》2005 年第 8 期。

源进行共享与交流。这种新型的网上教师集体备课方式突破了时间、空间、人数等诸多限制，极大地促进了备课教师的交流，使备课过程变得更为便捷与高效。同时，网上集体备课具有信息传递的及时性、快捷性，可以做到一知百知，使教师间的信息沟通更为流畅，让备课教师能够及时了解到与所备课程相关的国内外最新的学术动态，无形中使备课教师间形成了一种虚拟学习共同体，让所有参与备课的教师共同提高、共同进步。[1]

三、使用学区管理信息化支撑平台，促进学区内校际间的交流与合作

各学校通过学区平台发布相关新闻信息，公开学校硬件设施资源信息，进行教师网上经验交流和跨校跨学科集体备课，实际上使学区内强校与弱校之间形成了一种定期的交流，强校对弱校起到了一定的帮扶支教作用，使学区内名校的先进办学理念和经验得以传播、推广，带动薄弱学校的成长，也使得教育行政部门对薄弱学校的改造这项原本长期而艰巨的任务变得更为简单。学区内各校在各项交流中互相启发、互相促动、共同进步，促进了教育均衡发展。

通过学区管理信息化支撑平台，学区内各学校间还可以采取课题合作等方式，对同一个课题进行网上合作，共同研究，共同交流。一所学校申请到某个课题后，可在学区平台上设置该课题的相关信息及研究情况，其他学校可以申请加入该课题进行合作研究，并将课题研究成果上传到平台供大家分享。这样，在网上课题合作研究的过程中，校际交流得到了加强，使各课题参与学校认识到自己的优势与不足，不断提高和进步。[2] 在实践过程中，一些中学还将课题引入学校课堂教学实践，成立实验班，经过一年的探索研究，某实验班班级成绩从入学摸底考年级第六名进步到年级第三名，效果很明显。

---

[1]　熊梅、李洪修：《教师专业发展：一种合作的视角》，载《外国教育研究》2008 年第 9 期。

[2]　吴佩国：《构建区域教师成长共同体》，载《上海教育科研》2008 年第 6 期；金加其：《基于网络平台的"一课多研"》，载《全球教育展望》2008 年第 6 期。

四、利用学区管理信息化支撑平台，实现对各学区、校长的考核与综合评价

学区信息化管理平台引入相应的平台积分机制，制订积分规则，开展构建学区管理模式绩效评估。平台采用实名制管理，及时记录学区管理员、学校管理员、教师的操作，并根据积分规则自动对登录教师、所在学校、所在学区进行积分。由于在学区平台上任何一个交流活动及资源共享过程都会被记录并以积分的形式保存下来，区教育行政部门可以通过资源共享量的多少、积分上排名的先后以及共享效果等对学校参与学区活动的情况进行评价，并根据资源共享量的多少和效果，实行以奖代补的办法，适当给予经费补偿。

在计算资源共享量时，学区平台根据不同类型共享资源的稀缺程度、共享成本大小、促进教育优质均衡发展的作用强弱和资源公共性程度，为不同类型的资源设置了不同的权重。如人力资源、课程资源是稀缺资源，对义务教育的优质均衡发展具有举足轻重的作用，因此具有最高的权重；而网络课程资源共享的成本较低，其所占权重也相应较小。学区管理信息化支撑平台如实客观地记录各学校的积分情况，为考核评价提供依据。区教育局把学区作为一个考核单元，定期对其学区管理工作、学区资源、学区交流和成效进行督导评估，并把资源共享程度及学区管理水平与学校和校长的综合评价挂钩，促使其共同发展。

五、借助学区管理信息化支撑平台，实现学区内校际远程教学共享

在教育投入中，越秀区政府重视信息化设备的投入与更新，为教育的信息化教学提供了充足的设备保障。在学区建设过程中，越秀区充分借助这个优势，重视信息技术在教育教学中的运用，将现代远程教学设备与现有教育城域网和校园网进行整合，并纳入学区平台中作为一个独立的功能模块，供学校和教师使用。

通过学区平台首页的链接，不同学校的教师即可进入远程视频教学系统，向学区内其他学校的教师发起远程视频教学申请，经该平台管理员核准后，双方即可在约定时间内进行远程视频教学，共享优质教学课。教室

现场采用专业的教学课例智能录播设备，从多种角度和方向将现场授课教师上课的详细过程和每一音视细节完整地录下来，自动生成一个完整的视频教学课例文件，存储在服务器上，并通过配套的视频发布系统，公布在教育城域网上供学区内各学校相关学科教师点击播放。通过这个手段，学区内一些师资力量相对薄弱的学校同样可以通过远程视频教学的方式共享学区内名校的优秀教师的课程资源。为提高利用学区平台进行远程视频教学的效果，真正达到优质教学共享的目的，区教育发展中心派出相关学科教研员在学区平台上听课和评课，定期组织讨论，评出不同学段各门学科的优秀远程教学课程，并颁发获奖证书。学区平台则自动根据获奖情况以积分形式对获奖教师和所在学校进行反馈，由此极大地调动了学校和教师的积极性，使优质教学课例不断涌现，极大地丰富了可供学校教师研究和观摩的课例资源。通过这种方式，学区内校际间可自由共享教师资源。在学生层面，师资力量较为薄弱的学校可共享到其他学校优质的教学资源；在教师层面，不同学校相同学科教师在相互交流后不断地提高自身教学水平，缩小教学差距，有利于更好地实现义务教育的优质均衡发展。

六、运用学区管理信息化支撑平台，开展形式多样的信息化应用培训

信息化时代对教师的信息素养提出了更高的要求。只有在教师全面掌握有关信息技能的情况下，才有可能真正实现全面的教育信息化，也才有可能在学区建设中更好地发挥信息化手段的作用。因此，对教师进行信息化应用培训就变得十分必要。

越秀区运用学区管理信息化支撑平台，开设对区属学校教师进行培训和继续教育两个功能子系统。区属学校教师登录学区平台后，不必更换账号和密码，便可进入该系统。其中，区教师培训网子系统负责提供对在职教师进行信息技术远程培训，并进行继续教育学分登记和培训管理；区教育研训网子系统负责提供区教研员与学校教师互动沟通、各种教研信息的发布以及教研资源的下载。学区建设对教师的信息化素养提出了更高的要求，教师必须熟悉网上集体备课、网上交流、网上教与学等学区平台的各种操作功能。自学区平台使用以来，越秀区一直重视对教师信息化应用的培训，将教师的信息化应用培训纳入每个年度的教育信息化工作计划中。

教研培训部门利用学区平台培训子系统，提供多种网上培训课程，采取区统一组织培训、校本培训、教师自学等多种形式，对全区的骨干教师、网管人员进行多重信息化应用培训，使教师及时掌握最新的信息化应用技术，熟练使用信息化手段开展学区研究。利用学区平台对教师进行信息化应用培训，提高了广大教师利用信息技术进行教育教学的能力，推动了学区建设工作的顺利开展，也促进了教师个人专业素质及综合素质的提升。①

---

① 蔡定基、黄崴：《学区管理信息化支撑平台应用价值分析——以广东省广州市越秀区为例》，载《中国教育学刊》2010年第3期。

第七章

区域学区资源共享的比较分析

学区资源共享是区域教育均衡发展中一个重要的研究问题。本章着力对越秀区的学区资源共享情况进行分析与比较，为建立全国学区资源共享方式提供借鉴。

第一节　区域学区硬件资源共享的比较分析

在我国，基础教育的教育财政投入不足，公共教育经费占国民生产总值的比重刚刚达到 4%，远远低于世界平均水平，同时我国政府在教育投资上向高等教育倾斜，致使基础教育的资金更加短缺。① 由于基础教育投资存在着区域差异，导致原本紧缺的教育资源出现了结构性配置不当，不仅阻碍教育资源的利用效率，而且还产生了一大批薄弱学校，致使教育发展在结构、层级、地域上都出现了严重的不均衡。而教育发展不均衡的产物——薄弱学校，最明显的特征就表现在硬件上，如校舍破旧、教育教学设施设备短缺、图书资料匮乏、办学规模超负荷等等。因此，在现有教育投资体制下，如何采取积极的态度和方式来应对资金短缺和保障教育质量便显得十分迫切。鉴于此，学区管理中的硬件资源共享则是解决教育设施

---

① 孟旭、樊香兰：《我国基础教育投资中存在的问题与建议》，载《中国教育学刊》2003 年第 4 期。

资源短缺的积极尝试。

一、学区硬件资源共享的内涵

(一)学区硬件资源共享的定义

学术界对硬件资源众说纷纭。有学者认为，硬件资源主要指生均教育经费、校舍、教育教学用房、教学用具、教学仪器、教学设备、低值易耗材料、图书资料等的配置。[①] 也有学者认为，硬件资源主要指供师生学习、生活、工作的设备和设施等，特别是学校的建筑物。[②]

基于此，我们认为学区硬件资源是指提供给学区师生共用的学习与工作的设备与设施。因此，学区硬件资源共享是指提供给学区师生共用的各种教学仪器、教学设备、专用场室、图书资料等，包括教学录播电子设备、教学仪器、摄影器材、图书资料、多功能室、大型会议室、电脑室、实验室、教学楼、食堂、阶梯教室、操场、运动场等。

(二)学区硬件资源共享的特点

研究区域基础教育均衡发展的学区硬件资源共享，不仅要研究其内涵，也要研究其特点。根据对学区硬件资源共享内涵的理解与分析，我们认为，学区硬件资源最大的特点就是共享性，在共享性的基础上，还有以下特点。

(1)互利性。学区硬件资源通过共享提升其利用率，从而最大限度地发挥资源的使用效益。怎样才能发挥硬件资源的使用效益，互利性则是共享的基础。因为这种互利并不是一种完全等价的交换，它可以是单向的，也可以是双向的。学区设施、设备资源（含由此形成的管理成本）原则上是无偿使用的，由教育局酌情予以补偿。如特殊资源所产生的费用，可由学区管理小组研究并报教育局审批确定。

(2)互补性。学区间学校硬件资源进行错位投资与建设，这样可以使学区内学校硬件资源的配置进行互补，从而避免产生重复投资与建设的浪费。

---

① 王春雷：《云南省义务教育生均经费及办学条件的地域差异分析》，载《教育测量与评析》2010 年第 8 期。
② 李永生：《论学校特色建设》，载《基础教育参考》2008 年第 5 期。

（3）非竞争性。硬件资源只有在需求错位的情况下才能先后产生共享。当两个学校对同一硬件资源都有需求时，资源共享就很成问题。在需求相同的情况下，硬件资源的共享只有存在时空差异时方能产生，否则只能靠资源的再投入来解决问题。因此，硬件资源的非竞争性要求各共享主体注意在时间与空间上进行资源调配，防止资源需求在时空上相撞。

（4）经济性。所谓的经济性，就是减少成本。学校间进行共享的基础（内部动机）是双方都能达到各自的目的——减少成本。当学区对提供的设备设施进行补偿时，且补偿多于双方在市场中的交易成本，则硬件资源共享就产生了。

二、学区硬件资源共享的操作

（一）学区硬件资源共享操作框架

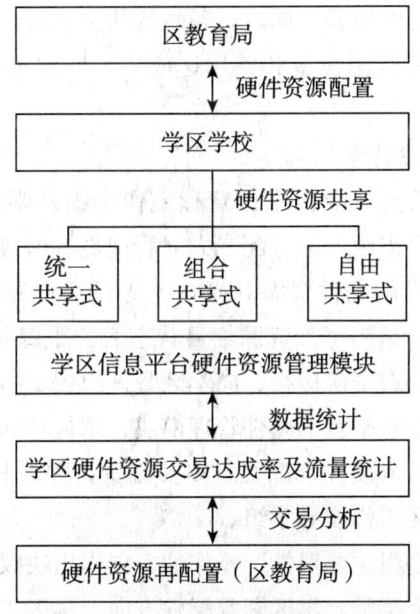

图 7-1 学区硬件资源共享的操作框架

1. 学区信息平台是硬件资源共享的依据

硬件资源共享的目的是将静态资源存量盘活为动态资源增量，实现资源效益最大化，其主要依托学区信息平台中的硬件资源管理模块进行。主要操作流程为：资源上报汇总—资源查询—资源预约—使用授权—资源使用一使用信息反馈。具体操作如下。第一，各学校把可提供方的资源情况上报，包括资源的类型、规格、现状、使用规定和可提供使用的时间。学区管理小组将其整理添加到学区信息平台的硬件资源管理模块。第二，资源需求方到学区信息平台上查询所需资源，如符合使用的条件，通过平台提出资源使用预约，等待提供方授权。第三，资源提供方参考资源使用方的信用度及其使用条件，确定是否授权。如果同意授权，就给使用方一个授权信息。第四，资源使用方收到授权信息后，应在 24 小时内给出答复。如果因特殊原因要取消共享的，必须给资源供应方提供相应的信息。第五，资源使用完后，资源使用方要对资源提供方的资源作出评价。第六，系统自动统计各单位资源交易达成率、交易流量及使用情况评价。区信息中心将资源使用情况作出分析报告，提出硬件资源再配置建议供学区管理领导小组参考。学区管理领导小组根据分析报告确定新增教育资源的配置方向，并提交区教育局审核。同时，各学区从区教育局根据评估下拨的学区奖励资金中，依据资源流量和使用达成率、好评率给予资源共享双方奖励。

2. 学区硬件资源管理

学区硬件资源管理主要由学区管理工作小组及学区工作领导小组负责。学区管理工作小组由学区分配专人（管理员）组成。工作组为常设机构，具体负责学区内的硬件资源共享，主要包括资源交易、信息动态更新、资源利用统计、编制每日资源细目状态表、跟踪每个资源节点状态、统计资源空置率、协调资源运行、向学区管理组提交报告等工作。工作职能之一是通过学区信息平台的硬件管理模块，掌握学区的硬件资源共享的信息交流，统计学区内硬件资源交易率及流量，并对相关数据进行分析，提交工作报告给学区工作领导小组。

学区管理领导小组主要对学区操作的方向作出决议。在硬件资源共享方面，包括学区资金奖励、学区资源配置方向、学区工作指导等。

3. 硬件资源的共享方式

基于硬件资源特性的差异，学区构建了三种硬件资源共享方式：统一共享式、组合共享式和自由共享式。

统一共享式是指对一些投入大、限制大、学区同类资源有限的硬件资源进行统一管理。其操作程序如下。第一，学区根据年度计划及学区实际，定期举行大规模的学区活动，并指定举行活动的场地。第二，学区在分析各校实际情况、结合各校的资源特点的基础上，将一些资源上存在互补性并有共享需求的学校组合在一起，以弥补学校硬件资源配置上的不足，提升硬件资源的使用率，并以奖代补的方式弥补硬件资源的自然折损率。第三，由场室所在学校及学区负责部门统一管理、协调，在提高资源的利用效率的同时，关注资源校均使用率，实现对大型硬件设施有组织的协调管理。如拥有 400 米跑道的大型操场、室内游泳池、足球场等的共享。

组合共享式指对于一些常需共享的教学设备设施，采用邻近学校组合共享的方式。其操作程序是：第一，了解各校拥有的优质硬件资源状况；第二，根据自己的所需，利用学区管理平台，向拥有优质硬件资源的学校提出申请；第三，拥有优质硬件资源的学校根据资源利用状况，在学区管理平台上答复申请学校。该模式主要解决举办大型交流活动时本校资源不足的问题，如多媒体室、摄影器材、图书资料等。这种共享机率与数量都比较大，有利于设备设施的维护与保养。

自由共享式是指当统一共享式、组合共享式都无法应对资源短缺的问题时，可以根据需要，学区内两两学校单独进行资源共享。其操作程序为：学校协商—自主完成资源共享。

在三种共享方式中，统一共享式、组合共享式是一种有序的共享方式，它按学区的计划进行，因而具有组织性；而自由共享式则是应对突发问题，满足应急的需要，因而具有人本性。自由共享式可以从各个方面弥补组织性共享的不足，从而使三者相辅相成，全方位地盘活学区硬件资源，使硬件资源使用效益最大化。

（二）学区硬件资源共享的案例

盘活硬件资源　合力推动学区发展

——以小学第二学区为个案

案例背景

越秀区小学第二学区地处广州市老城区的中心，其中百年老校 2 所，省一级学校 3 所，市一级学校 4 所，区一级学校 1 所，特殊学校 1 所。学区内学生 9 108 人，教师 494 人。受地理及历史因素影响，该学区办学条件薄弱，硬件资源不足，体现在学校办学规模较小、生均占地面积不足、大型场地设施严重缺乏。优势是，学区以享誉省内外的品牌老校文德路小学为龙头，各校各有特色、优势互补。自 2007 学年开始，作为学区建设的试点，第二学区就如何打破校际界限，促使现有的硬件资源发挥更大效能，使学校自身发展的内在机制差异转化为学区学校教育整体发展的内驱动力。在对学区硬件资源统计整理的基础上，提出了一系列共享策略，以期通过对有形资产的盘活，实现办学质量的整体提升。

案例描述

小学第二学区在开展硬件资源共享中，坚持"一个宗旨，两个结合，三种方式"。"一个宗旨"是指坚持硬件资源为教育教学服务的宗旨；"两个结合"是指学区内硬件资源的统整与规划相结合、硬件资源共享与学校课程发展相结合；"三种方式"是指将学区内硬件资源分为"特色资源"、"稀有资源"、"空闲资源"，并对这三类资源采用迥异的共享方式。

1. 坚持硬件资源为教育教学服务的宗旨

学区领导小组坚持以硬件资源为学校的教育教学服务的宗旨。学区旨在通过硬件资源共享产生新的合力，同时通过物理性硬件资源的盘活推动学区教学质量的整体提升。

2. 统整与规划相结合

"预则立，不预则废。"小学第二学区领导小组首先对学区内可共享的各类资源，如图书馆、体育场馆、实验室、微机室、多功能教室及其他功能教室和专用教室共享，对各校教学设备、仪器、图书等进行统计。与此同时，各校提交了各项可共享硬件资源的使用说明、开放程度、使用计划。学区领导小组结合学区的年度计划，对硬件资源共享统一规划，统筹安排，做到协同工作、互通有无、优势互补。

同时，利用学区管理平台把学校开放的场室资源公布到学区平台上，办理借用手续，登记本校场室资源被本学区其他学校成功使用情况，并及时到学区平台点评场室使用情况及评价。学区利用网络技术搭建学区资源共享平台，构建纵横交错的交流网络，实现人与物的互通，网上与网下的互通，为学区的教学资源提供一种交互、开放、易用的综合环境，以此来支持学区制下的教与学、研与训，建立学区教育教学资源共享机制，促进学区内部的协调发展。

3. 分类对待，盘活现有资源

为了最大可能地盘活现有硬件资源，第二学区将学区可共享的资源分为"特色资源"、"稀缺资源"、"空闲资源"三类，并分别提出不同的共享方式。

"特色资源"是指与某项课程紧密结合的，已形成学校特色的硬件资源。如学区核心校文德路小学的心理健康教育已成为学校一大办学亮点，为了发挥名校的品牌效应，学区将适合心理健康教育的场地统一管理使用，其中包括各校的心理辅导室、文德路小学的沙盘游戏室、启智学校的统感室、多感官室等。通过硬件资源的共享，提高学区教学资源共享的实效，从而使学校特色资源变成学区特色资源。

"稀缺资源"指场地要求高、设备投入大且不是每校必备的硬件资源，如大型操场、能容纳三百人以上的多媒体室、大型舞蹈室等。学区通过组织大型的教研活动、专题讲座、大型师生联合活动，提高稀缺资源的使用频率，防止硬件资源的自然磨损。

"空闲资源"指利用率不高的资源。如图书资料、图片活动展示架、舞蹈室、礼堂、风雨操场等。通过对闲置资源的整理，正确认识各类硬件资源的功能和特点，对各种硬件资源进行选择和整合，拓宽校内硬件资源的分享渠道。健全各场馆用室管理制度，充分发挥已有实验室、专用多用教室、各类教学设施等利用率，提高教学仪器、设备、器材等使用效益，防止资源的重复投入及闲置性浪费，提升资源的利用率。

存在的问题

学区内实行硬件资源共享有利于学校发展。然而，由于受外在诸多因素的制约，将这种共享可能性变成现实共享仍存在一定的制约因素。如北京南路小学有一个设备齐全的大型舞蹈室，学区内学校也有这一共享需要，但考虑到安全问题，该舞蹈室多为本校使用，利用率不高。同时，通过硬件资源共享推动学区特色课程发展也受到限制。

对策

针对安全性问题，要进一步加强资源配置布局的合理性。硬件资源配置应因地制宜，注意资源配置的分散性，对于一些大型的场地设施可进行"捆绑式"的配置，避免资源的浪费。

针对特色课程发展问题，要解决认识问题，只有当学校有共享的需求及意愿时，才能赋予共享不竭的内生动力。因此，学区特色课程的开发与发展首先必须各校达成共识，而后才是硬件资源的共享与利用。

案例评析

（1）硬件资源共享应遵循因校制宜、因人而异的原则。从实际出发，发挥地域优势，强化学校特色，因地制宜地开发硬件资源，用最少的财力和人力，达到最理想的课程目标。

（2）建立共同开发和利用硬件资源的有效机制，实现校内各学科、校际和社区的硬件资源共享，发挥硬件资源的最大效益。

（3）挖掘校内外潜在的各类硬件资源，提高师生识别、捕捉、积累、利用和开发课堂教学中动态生成的课程资源的能力，促进教师教学方式和学生学习方式的根本转变。

三、学区硬件资源共享的分析

资源经济学认为，人类的资源是稀缺的，而人们的需要是无限的、多种多样的。国民经济是由相互联系、相互依存的各个组成部分构成的有机整体，要解决资源稀缺性与人们需要的无限性和多样性之间的矛盾，必须是有限的资源按照一定的客观比例分配到国民经济各个组成部分，并使资源得到最充分、最有效的利用。① 因此，要将学区硬件资源使用效益最大化、资源配置最合理化，需要在对资源使用情况及资源分配现状透彻理解的基础上，提出更合理的硬件资源配置与使用方式，在运用过程中各有优势与不足，并适用于不同发展基础和条件的学区。

（1）提升硬件资源利用率，解决优质资源紧缺问题。区域内各学区，普遍存在着硬件资源配置不足与硬件资源利用率不高的问题。而开展硬件资源共享则是在不增加教育投入的情况下，解决这一矛盾的有效途径。同时，通过硬件资源的共享，增进了学校间的交流，加快了学区共同体的建设步伐。

（2）对学区硬件资源的配置进行统筹规划。首先，教育局要通过调查，了解学区相关硬件资源的使用频率，并通过常模分析预计优质硬件资

---

① 翟博著：《教育均衡论》，人民教育出版社 2008 年版，第 45 页。

源的使用率与使用需求之间的差距。其次，在对学区硬件资源进行调查与数据分析的基础上，区教育局要制定学区配套硬件资源的数量及质量标准，使教育行政对学区硬件配置进行统一的规划，特别是对大型硬件资源的规划，如标准运动场地和体育馆的建设。区域统筹规划，不仅可以避免重复建设，提高硬件资源的利用效率，而且可以节约资源和资金，使优质教育资源得到最有效的利用。

（3）以奖代补，加大硬件资源的有效利用。在目前的教育体制下，硬件资源的所有权归学校所有，而硬件资源共享则会缩短硬件资源的使用寿命，提高其管理和维修成本。因此，教育行政部门为了鼓励学区内的学校提供优质硬件资源进行共享，教育行政部门要以奖代补的方式，对这些学校进行相应的补偿，鼓励它们的积极性，从而保障资源共享能够顺利进行。

（4）加强硬件资源共享的跟进，完善硬件资源共享监管机制。由于硬件资源所有权属于资源所在学校，在资源共享时，共享方有时不注意资源的妥当使用及维护，人为地缩短了硬件资源的使用年限，难以达到共享的最终目的。因此，有必要加大对硬件资源共享的跟进，进一步完善硬件资源使用、反馈、评估机制。

（5）完善共享层级管理平台。在目前区域学区管理平台的基础上，将学区共享管理平台和校级共享管理平台联结起来，使学区内学校能够更好地发挥统一共享式、组合共享式和自由共享式三者之间的优势，做到物尽其用。

第二节　区域学区知识资源共享的比较分析

随着社会跨入知识经济时代，知识已成为社会变革的轴心和生产要素中一个最重要的组成部分，它对每个人的发展、组织结构和形态的变化、社会生活方式的改变及提高投资收益都发挥着重要的作用。企业要想在竞争中求得生存与发展，就必须不断地创造新的知识。而企业要不断地创造新知识，就要对知识进行管理，学区管理中的知识共享则是基于这一管理理念，使知识在学区内不断获得再创造、不断地获得传播、不断地在教育实践中得到广泛应用，从而使区域基础教育获得持续、优质的发展。

一、学区知识资源共享的内涵

（一）学区知识资源共享的定义

《现代汉语词典》将知识定义为"人们在社会实践中所获得的认识和经验的总和"。《牛津·韦氏大辞典》，将知识定义为"一种被知道的状态或事实，是被人类理解、发现或学习的总和，是从经验而来的加总"。

但从知识管理的角度来看，知识则是一切人类总结归纳，并认为正确真实，可以指导解决实践问题的观点、经验、程序等信息。美国未来学家阿尔温·托夫勒（Alvin Toffler）认为："知识是被进一步融入一般性的信息"，并将知识的含义拓展为"信息、数据、图像、想象、态度、价值观，以及其他社会象征性产物"。①

根据学术界对知识的定义，我们可以认为，知识是一种信息，是一种经验，是一种数据和图像，是一种情感态度与价值观，是一种人类宝贵的战略性与稀缺性资源。知识作为人类一种独特的资源，它是可以反复利用的，可以给社会带来财富的增长，它综合反映在个人与组织的"记忆"中，它不仅存贮于人们头脑、实践和规范中，也存贮于文件、资料、计算机程序和档案等中。

鉴于对知识、知识资源和学区管理的认识，我们认为，作为知识管理方式中的知识资源共享，是指区域对学区内外的课程、课题、课例、教案、学案、试题等形式的知识和教师个人与学区的经验、信念、情感、文化等缄默知识进行获取、吸收、利用、保持、转移和创造的知识管理过程。

（二）学区知识资源共享的特点

研究区域基础教育均衡发展的知识资源共享，不仅要研究其内涵，也要研究其特点。根据我们对学区知识资源共享内涵的理解与分析，我们认为，学区知识资源共享有以下特点。

---

① 徐飞：《知识资源为何成为战略资源》，载《财经界·管理学家》2011 年第 2期。

1. 倍增性

知识一经产生，就会不断地被更新与修正，不断地被传播。知识在传播与转移的过程中，都需要经过转移者与接受者之间的知识联结、内化、同化和表出的过程。知识的这一过程，会使知识被多个个体或群体分享、获取、吸收、利用和保持，从而创造新知识，使知识的效应倍增，实现了个体与组织的绩效与自身价值的递增。

2. 情境性

由于人类选择知识一般都会进行情境对比，因此知识必须在规定的情境下才能发生作用，不同的情境能够为个体和组织提供了解与解读信息的基础。在这一基础上，教师与教师之间、学校与学校之间、学区与学校之间、教师与学校或学区之间通过对话、交流和分享，从多元的角度了解与理解知识共享过程中的每一个环节是怎样通过联结、内化、同化和表出的知识转化过程及所带来的教师、学校和学区三者的变化，而这一变化又将反过来影响知识资源共享的情境。

3. 导向性

共享的知识资源可以引导教师或学区将形式知识与缄默知识结合，对教师或学区创造新知识提供导向，并在一定程度上推动教师或学区的决策和行为，加速他们教育知识拓展与教育行动的过程。

4. 自主性

在共享条件许可的情况下，学区要创造激励环境与条件，引导教师与学校积极、主动地参与到共享活动中，引导教师与学校在获取、解读、利用与保持知识时，能够不断地将形式知识与缄默知识进行转化，提高教师与学校自主创造新知识的可能性。

（三）学区知识资源共享的结构

学区知识资源的载体主要有与课程有关的课例、试题、教案、学案、教学研究、课题等相关知识资源。我们按学区知识资源共享的空间分布，学区知识资源分为校内资源和校外资源；按学区知识资源的功能特点，学区知识资源共享分为形式知识资源和缄默知识资源。其结构具体见图7-2。

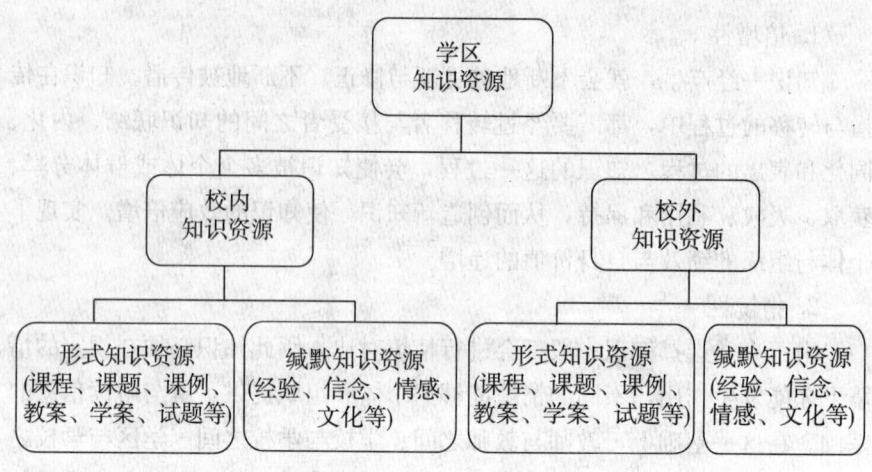

图 7-2　知识资源共享结构

二、学区知识资源共享的操作

学区知识资源共享的过程包括哪些途径，各个途径包括哪些环节？这些是学区知识资源的共享方式必须解决的问题。我们认为，学区知识资源共享主要可分为现场共享与网络共享两种方式。

（一）现场知识资源共享方式

无论是学校内外还是学区内外，现场交流都应该落实四大环节，具体见图 7-3。

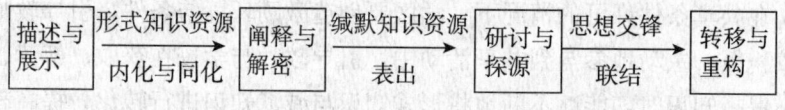

图 7-3　现场知识资源共享方式

1. 描述与展示

知识转移者（教师、学校或学区）对其掌握的形式知识及相关信息进行系统化，并通过教研、专题研讨、经验交流等方式将其系统化了的知识资源描述或展示给知识学习者（教师、学校或学区），使学习者能够分享与学习转移者转移的形式知识。

2. 阐释与解密

知识转移者阐述自己做法的理论依据及其与所进行教学活动的联系，并解密自己的教育哲学主张。知识学习者通过对转移者转移的形式知识的直接体验、分享，将转移者转移的形式知识内化为自身的缄默知识，并将这些缄默知识与自身的缄默知识进行同化，创造出新的缄默知识。

3. 研讨与探源

知识转移者与知识学习者通过研讨进行思想上的碰撞，讨论彼此认识上的差异，谋求共识与解决问题，使知识学习者通过对话和反思，将自身的缄默知识表述出来，形成新的形式知识。

4. 转移与重构

根据讨论结果，知识转移者可对原有知识进行确认、纠偏与重构，知识接受者则可对知识资源加以整理归纳乃至扬弃，重新建构个人教育教学知识体系。这些重构的教育教学知识体系与自身原有的形式知识进行联结，使学习者形成新的形式知识体系，并将其在实践中加以利用。

5. 现场知识资源共享案例——以广州市华侨外国语学校的"中小学教学领域进一步深化素质教育专题研讨会"为个案

背景

为及时总结交流广州市中小学教学领域进一步深化素质教育专项工作的做法和经验，实现专项工作重点由点向面的转移，寻求"区域整体推进"的有效策略，广州市决定召开区域推进中小学教学领域进一步深化素质教育"学生学科素养研究"专题研讨会。

自 2008 年广州市华侨外国语学校被确立为广州市教研室教学领域深入实施素质教育实验学校以来，学校认真组织全体教师进一步深入学习素质教育的理论与实践，每年召开专题教学研讨会，开展在教学领域实施素质教育的讨论和研究，每年一度的"侨外杯"青年教师教学大赛也围绕素质教育在课堂教学中的实践展开，教师们通过理论的学习和实践的反思，对素质教育有了更为深刻的认识，形成了一定的研究成果。

广州市华侨外国语学校认真研读了市教研室编辑的每期《"广州市中小学教学领域进一步深化素质教育"专项工作通讯》，认真学习了有关学生学科素养的学习资料，学校的科组长结合专家们的意见对各学科、各年级的学生学科培养目标作了进一步的思考与研究。

主题

专题研讨会的主题是"学科素养研究"。

学科素养是指在学科学习和实践活动中养成的具有该学科特征的基础

知识、基本技能、基本品质和基本经验的综合。它不是各种要素的简单叠加，而是一种注入主体精神的合金，成为一种处理问题的习惯或思维方式。各学科素养的融合，构成了学生今后生活、学习和工作所必需的基本素质。因此，培养学生形成学科的基本素养是素质教育的核心。

学科基本素养由四部分组成，并有相应的培养方式。

第一，学科基础知识。由学科基本符号、基本事实、基本概念和基本结构组成。

学科基本符号包括词语、名称、术语或标记等，也有人统称为事物的名称。学习这一类知识的最重要条件是重复练习与反馈和纠正。

知道"南京是江苏的省会城市"、"我国主要河流自西向东流"、"我国地势西高东低呈三级阶梯状下降"等都是属于基本事实。许多事实性知识往往不是孤立的，而是有许多内在的联系。运用复述策略和精加工策略，特别是利用精加工策略揭示知识间的内在联系，是学习这一类知识并保持持久的有效方法。

学科基本概念是同一类事物的本质属性或关键特征的概括。人们在认识事物时，遵循从现象到本质的规律，把不体现事物本质的表面现象和客观事物的本质属性区别开来，抽象出事物的"本质"的"必然"的属性，概括成为对这一类事物的"一般性"的认识，这时，我们对这一客观事物的认识就达到了"概念"的阶段，也就掌握了这一类事物。学生掌握了学科基本概念，就会达到触类旁通、举一反三的效果。概念学习的重要过程就是对某一具体知识进行分析与综合、抽象与概括、比较与类比，在此基础上归纳出某一类知识的本质属性。掌握学科基本概念，就是指明确概念的内涵和外延，即给概念下定义作划分。给概念下定义的方式要结合具体学科的特点进行，并要考虑学生的身心特征。概念形成和概念同化是学生掌握概念的两种重要形式。

学科基本概念有着许多的内在联系，学科基本概念的内在联系就构成了学科的基本结构。掌握学科基本结构能更有效地利用概念解决学科基本问题。掌握学科基本概念就是要使具体知识的学习达到概括化的水平，掌握学科基本结构就是要使概念的学习达到结构化的水平。学科基本结构在纵向上要不断分化，横向上要综合贯通，组成一个结构网络。

对学科基础知识的学习，就基本符号、基本事实而言，要努力达到持久化水平，基本概念、基本结构的学习要达到概括化和结构化水平。这样，便于掌握的基础知识在理解记忆的基础上迁移应用。

第二，学科基本技能。这里所说的"技能"，从广义的知识观来看，实际是个人习得的一套程序性知识并按这套程序去办事的能力。程序性知识是一套办事的操作步骤，本质上由概念和规则构成。

如果学习者通过练习，习得了按某种规则或程序顺利完成身体协调任务的能力，则表明他已习得了动作技能。如果学习者通过练习，习得了某种规则或程序完成智慧任务的能力，则他习得了认知技能。认知技能包含智慧技能和认知策略两类。

由于知识的概括化程度越高，知识的迁移应用价值就越大，因此当学生掌握了概括化、结构化的知识内容时，知识就容易转化为技能，当学生掌握了概括化、结构化的操作步骤时，即概括化、结构化程序时，知识就容易升华为智慧。在培养学生掌握学科基本技能的过程中，要努力帮助学生掌握概括化、结构化的知识内容，以及概括化、结构化的解决某一类问题的方法程序。

第三，学科基本经验。所谓学科基本经验是指学生在学科学习过程中的经历和体验，是学生在亲自或间接经历了活动过程而获得的体验。

教师为学生创造思考的过程、探究的过程、抽象的过程、预测的过程、推理的过程、反思的过程等，为学生积累学科基本经验创设良好的时空条件，让学生动手、动口、动脑，参加各种形式的学习活动，以此来帮助学生积累经验。

第四，学科基本品质。学科教学中，在帮助学生掌握学科基础知识，形成学科基本技能的过程中，必须使学生养成良好的基本道德品质，即学科基本品质。

学科基本品质的培养必须体现学科的特点，将基本道德品质要求结合学科学习和实践活动具体化，帮助学生掌握体现学科特点的道德认知，在此基础上培养学生的道德情感和道德行为倾向。

事件

广州市中小学教学领域进一步深化素质教育"学生学科素养研究"专题研讨会 2010 年 4 月 22 日在广州市华侨外国语学校举行。

市区教研室的领导、教研员，市区教学科研核心小组成员，省市直属学校科研负责人，广州市中小学教学领域进一步深化素质教育专项工作各试点学校的主管校长及骨干教师，越秀区各兄弟学校主管校长及骨干教师约六百人出席会议。

作为现场会的承办单位，广州市华侨外国语学校开放了所有课堂，包括 12 节涵盖各学科、以年轻教师为主的推荐课。课后，各学科分别围绕"学生学科素养的核心要素与培养方式"的主题开展研讨，并进行了大会交流。

效果

研讨会后，不少与会教师纷纷反映，这次会议的内容让他们感到耳目一新。过去总觉得素质教育如天上云彩难以把握，一线教师常常是有心无力，但经过这次研讨会，对素质教育和学科教学的关系，对学科教学的重心有了新的认识，感到素质教育就在我们身边，就在我们的学科教学之中，觉得有用武之地了。

诠释与研究

各学科研讨时，与会者对华侨外国语学校的课堂教学进行了评议研讨，认为课堂教学较好地抓住了学科素养培养的主题，抓住了学科知识要素，并通过研讨对"学生学科素养"的概念与内涵，对学科素养中的核心素养有了初步的认识。针对教学中的问题，大家还就如何提升教师素养、培养学生学科素养、在教学领域进一步落实素质教育目标等问题进行了坦诚的交流，提出了各自的见解，不少意见引发了大家进一步的思考。

大会交流时，对"学科素养研究"的讨论更全面、更深入。同时，大会印发了当前广州市中小学教师对"学生学科素养"问题探究的部分文章，其中不少文章较好地探索了学生学科素养的问题，提出了不少真知灼见，部分论文堪称站在了国内同类研究的前沿。

广州市华侨外国语学校校长在大会交流中作了题为"立足课堂教学，培育素质教育之花"的汇报，对学校建立学习型组织、促进教师队伍成长、提升学生综合素质等方面进行了介绍。

市区教研室主任分别对越秀区在教学领域进一步深化素质教育的主要做法作出高度的赞扬与肯定。小学语文、小学数学、初中英语、小学综合实践活动、生物、历史等六个学科分别介绍了听评课的情况。

后续的问题

大会交流尾声，市教育局教研室主任对教学领域进一步深化素质教育下一阶段工作进行了部署，从学校发展层面和学科建设层面提出了具体要求，并希望广大教师要进一步深入对课程标准的理解，实事求是地从中概括出各自学科应该注重的学科素养，不断探索具有针对性的指导学生学科素养形成的有效策略。

（二）网络知识资源共享的方式

无论是学校内外还是学区内外，网络交流都应该落实两大环节，具体见图7-4。

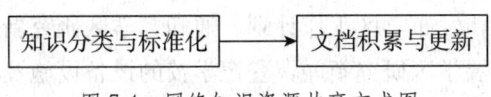

图7-4　网络知识资源共享方式图

1. 知识分类与标准化

为了使知识更好地共享和应用，学校和学区应该建立知识分类制度与标准化制度。学校、学区的知识分类既要根据岗位、专业分类，比如课程、课题、课例，语文、数学、外语等；更要按照局部知识和全局知识、例常知识和例外知识分类，比如学科知识、学科观、学科教学法和学科问题解决、常见的问题解决和罕见的问题解决等。

2. 文档积累与更新

建立文档积累制度，就必须有具体的知识管理人员将学校、学区工作的案例、经验、理论，学校、学区管理的思想、战略、方法整理成文字材料，予以分类存档，以便供学校、学区的工作者、管理者共享。这一点在分支机构比较多的单位尤为重要，因为一个部门的成功经验和最佳实践整理成规范的文档后，通过有效的网络分发机制，可以快速为其他兄弟部门所共享，而避免了由于知识共享不够、信息交流不畅引起的不同分支机构重复开发、重复摸索造成的资源浪费。

3. 网络知识资源共享案例——以越秀区教育局的"学区管理信息化支撑平台"为个案

背景

原东山区、原越秀区与白云区的矿泉街一起重组为新越秀区后，各校之间的办学水平、师资队伍等不够均衡，校际差距较大。因此，越秀区根据学校自然分布情况，把区内小学划分为 8 个学区、中学划分为 5 个学区，推行学区管理模式。学区内学校形成一个资源共享、交流合作及共同发展的教育联合体，从而在优质教育资源相对不足的情况下，通过学区管理来提高优质教育资源的利用效率，发挥优质教育的示范、带动和辐射作用，培育更多的优质教育资源，以促进义务教育公平、均衡、优质发展。

越秀区教育局为促进学区内优质资源的共享，建立了学区管理信息化支撑平台。学区平台分配学区管理员、学校管理员、教师三级用户账号，学区主任助理为学区管理员，每位教师拥有平台使用权限，每级用户有明确的管理和操作权限。学区管理员分配学校管理员权限，添加名师工作室、网上备课组，发布学区工作计划、通知、学区研究新闻；学校管理员负责发布学校开展学区研究新闻，登记学校的设备设施及其使用情况，设置学校的优秀课程、网上备课组等人力资源和课程资源信息；学校、教师通过平台及时了解各学区最新工作动态，增进学校彼此间的了解，达到信息资源共享的目的。

主题

越秀区教育局建立学区管理信息化支撑平台，研究的主题是"学区管理信息化支撑平台应用价值分析"。在学区管理过程中，教育信息化发挥着先导性作用。建立学区管理信息化支撑平台，可以使学区内一系列教学活动在该平台上随时随地进行研究和交流。

事件

第一，借助学区管理信息化支撑平台，实现学区教师网上集体备课。使用学区管理信息化支撑平台，学区内的教师可以进行跨校、跨学科的网上集体备课。利用学区平台，对该课程教学过程中所涉及的相关事宜进行集体交流讨论。各个学校各个学科的每一位教师都可以加入网上集体备课组，可以上传与备课相关的教案、课件、题卷、视频等资源进行共享与交流。这种新型的网上教师集体备课方式突破了时间、空间、人数等诸多限制，极大地促进了备课教师的交流，使备课过程变得更为便捷与高效。同时，网上集体备课具有信息传递的及时性、快捷性，可以做到一知百知，使教师间的信息沟通更为流畅，让备课教师能够及时了解到与所备课程相关的国内外最新的学术动态，无形中使备课教师间形成了一种虚拟学习共同体，让所有参与备课的教师共同提高、共同进步。

第二，借助学区管理信息化支撑平台，实现学区内校际间的远程教学共享。通过学区平台首页的链接，不同学校的教师即可进入远程视频教学系统，向学区内其他学校的教师发起远程视频教学申请，经该平台管理员核准后，双方即可在约定时间内进行远程视频教学，共享优质教学课。教室现场采用专业的教学课例智能录播设备，从多种角度和方向将现场授课教师上课的详细过程和每一音视细节完整地录下来，自动生成一个视频教学课例文件，存储在服务器上，并通过配套的视频发布系统，公布在教育城域网上供学区内各学校相关学科教师点击播放。通过这个手段，学区内一些师资力量相对较为薄弱的学校同样可以通过远程视频教学的方式共享到学区内名校的优秀教师的课程资源。

第三，使用学区管理信息化支撑平台，促进学区内校际间合作研究课题。通过学区管理信息化支撑平台，学区内各学校间可以采取课题合作等方式，对同一个课题进行网上合作，共同研究，共同交流。一个学校申请到某个课题后，可在学区平台上设置该课题的相关信息及研究情况，其他学校可以申请加入该课题进行合作研究，并将课题研究成果上传到平台供大家分享。这样，在网上课题合作研究的过程中，校际交流得到了加强，使各课题参与学校认识到自己的优势与不足，不断提高和进步。

效果

第一，备课。所有参与交流的备课教师在网上的交流留言、上传的教案、教学反思和课件资源等在网上都有备份，这使网上集体备课在无形中建立了共享的网上教学资源库。通过不断的网上教师集体备课，资源库总量在不断增大，弥补了由区教育局统一购买教学资源存在的品种单一、与最新教学课程标准脱节等不足。对经常开展活动、资源较多、交流活跃的备课组，学区平台首页会以总积分排名由高到低顺序显示，鼓励优秀备课组。这样能够使不同层次的教师在同一平台上交流，对提高青年教师水平和质量、分享优秀的教学成果具有十分重要的作用。目前，学区平台已建立网上集体备课组 3 332 个，其中 60％以上的交流讨论活跃，备课资源丰富。

第二，课例。区教育发展中心派出相关学科教研员在学区平台上听课和评课，定期组织讨论，评出不同学段各门学科的优秀远程教学课程，并颁发获奖证书。学区平台则自动根据获奖情况以积分形式对获奖教师和所在学校进行反馈，由此极大地调动了学校和教师的积极性，使优质教学课例不断涌现，极大地丰富了可供学校教师研究和观摩的课例资源。

第三，课题。在实践过程中，一些中学还将课题引入学校课堂教学实践，成立实验班，经过一个阶段的探索研究，某实验班班级成绩从入学摸底考试年级第六名进步到年级第三名，效果很明显。

诠释与研究

在研究学区管理过程中，越秀区充分发挥学区信息化支撑平台在学区建设中的应用，调动了各学区各学校的积极性，以构筑学区发展的共同体来推动学区的发展，促进学区的建设。通过学区信息化支撑平台的使用，越秀区打破部门、学校壁垒，促进学区内各级各类学校的资源共建、共享，实现了优质资源的快速扩充，使弱者变强，优者更优，不断促进区域义务教育的优质均衡发展，进一步满足了广大人民群众对优质教育的需求。

学区建设对教师的信息化素养提出了更高的要求，教师必须熟悉网上集体备课、网上交流、网上教与学等学区平台的各种操作功能。自学区平台使用以来，越秀区一直重视对教师信息化应用的培训，将教师的信息化应用培训纳入每个年度的教育信息化工作计划当中。教研培训部门利用学区平台培训子系统，提供多种网上培训课程，采取区统一组织培训、校本培训、教师自学等多种形式，对全区的骨干教师、网管人员进行多重信息化应用培训，使教师及时掌握最新的信息化应用技术，熟练使用信息化手段开展学区研究。利用学区平台对教师进行信息化应用培训，提高了广大教师利用信息技术进行教育教学的能力，推动了学区建设工作的顺利开展，也促进了教师个人专业素质及综合素质的提升。

后续的问题

后续的问题是利用学区管理信息化支撑平台，实现对学区知识资源的综合评价。区信息化管理平台引入相应的平台积分机制，制定积分规则，开展构建学区管理模式绩效评估。平台采用实名制管理，及时记录学区管理员、学校管理员、教师的操作，并根据积分规则自动对登录教师、所在学校、所在学区进行积分。由于在学区平台上任何一个交流活动及资源共享过程都会被记录并以积分的形式保存下来，区教育行政部门可以通过资源共享量的多少、积分上排名的先后以及共享效果等对各个知识资源投入学区活动的情况进行评价，并根据资源共享量的多少和效果，实行以奖代补的办法，适当给予经费补偿。

三、学区知识资源共享的分析

从上述共享方式中可见，学区知识资源共享就是知识提供方以一定的形式提供知识，知识需求方则以一定的方式来理解、认同这些知识，并且知识提供方与知识需求方的地位并非一成不变，并在运用过程中各有优势与不足，适用于不同发展基础和条件的学区。

（一）学区知识资源共享降低了知识成本

从学区的形成机理来看，学区是由学区内各学校在长期的交互作用中形成的一种紧密关系。每个学校要想拥有课程、课题、课例的全部知识是不可能的，也不可能生产所需的全部知识。由于学区内学校在地理上的邻近、社会文化背景的相似、信任关系的维系、区域内的社会认同感，为学校之间知识的交流与共享提供了便利条件，容易借助丰富的人脉网络（如个人关系、社区联系、人员流动）实现知识的快速流动与分享，为学校寻找所需要的知识源以及相应的专家提供了便利，不但降低了频繁的正式与非正式面对面信息交流与沟通成本，而且降低了学校差异化知识资源的搜寻的成本和时间。同时，由于学区自身的特点，也易于降低学区内学校知识共享的协调管理成本。另一方面，学区内的知识生产部门，如教导处、科研处等，通过知识共享机制，共创双赢或多赢局面，学区内部学校无需走出学区，就能获得所需知识、技术和人才，节省了知识生产和交易成本。这样，通过降低知识获取成本，学区内部大大加快了新知识的利用速度，也大大提高了知识利用效率和创新速度，还大大加强了知识的时效性。

（二）学区知识资源共享提升了创新能力

创新是学区、学校持续发展的源泉。这是时代发展的一个显著特征，即知识已越来越成为学校发展、学区成长、教育发展的关键性资源，学区、学校的竞争优势主要来自于其知识管理、知识创新的能力。如果说学校的知识管理是挖掘学校内部本身的潜力资源进行组合、创新，那么基于学区的知识创新则是通过学区内学校间的知识共享、传播与组合来实现的。当一所学校自身知识、技能等资源无法满足其成长需要时，就要向外部寻找这种资源，以增强自身的创新能力，而知识共享则是实现资源寻找和资源创新的最佳方式。一是通过知识共享，学区内的学校能加深对学区已有知识的了解，避免知识创新行为在学区内的重复，提高学区知识积累水平，在整体上降低知识创新的成本，提高知识的利用程度和产出能力，激发学区内部的创新活动，提升学区的创新能力。二是通过知识共享，学区内的甲校某一知识生产部门更容易与学区内乙校相应知识生产部门建立一种互馈机制，矫正其在知识创新中的偏差，提高知识创新的社会导向，参与学区内知识创新过程，拓展学校获取创新资源的渠道，使知识创新成果更易于实现其最大价值，更易于为学区内学校接受，进而提高学区的整体创新能力。

（三）学区知识资源共享要提高学校的知识存量

要推进学区内有效知识共享，必须有一定的知识存量作保障。如果学区内学校自有知识存量太少，那么能迁移到学区共有知识库的知识量就可想而知了。俗语说得好，"小河有水大河满，小河无水大河干"，学区内学校的知识存量决定了学区内知识共享的效率与效能。从目前的实际来看，学区内学校之间存在着知识存量的差异，知识存量多的学校不太愿意共享，知识存量少的学校又过分依赖知识共享。促进学区共有知识库知识存量增加的措施主要有：一是学区内各校教研部门应加大与学区内相关部门的联系与合作，提高知识生产的针对性和有效性，加大教学研究的开发力度，并及时向学区内各校转移知识；二是学校应增强知识创新能力，开发拥有自主知识产权的成果，缩小学校间的知识存量差异；三是学校应提高学习能力，树立学习的观念，既要从内部经验学习，也要从外部资源学习，既要干中学，也要学中学，通过学习不断地加快学校知识积累和知识整合的速度；四是学校应完善知识基础，将知识模块化、标准化，减少知识流动的成本，缩短知识创新的周期。

（四）学区知识资源共享要建立完整的制度规范

1986 年诺贝尔经济学奖得主、公共选择学派创始人布坎南（James McGill Buchanan）就曾指出，制度化结构能够控制人的道德追求和效率追求，以便两个目标同时得到实现，并促成一个"更好的"世界，使人们能够在一个实际上受局限的方面不受挫折地达到他们的目的。① 也就是说,当社会成员遵守制度规范而行动时,能够实现道德追求与效率追求的协调,并促进成员行为的个体性、自利性和社会性、公利性的和谐。由此可见,在学区内部知识共享中,制定相应的制度规范是多么重要。区教育行政部门在学区制度规范的制定过程中应发挥主导作用,学区内各学校也应就知识共享制定相应的制度规范。制度规范的内容应包括知识共享的激励机制、合同制度、补偿制度、知识产权制度、行为规范等。通过建立制度规范,告诉学区内各行为主体什么是应当做的和不应当做的,什么是可以做的和不可以做的,提高学区内知识共享的意愿度和积极性。

从上述分析可见,学区知识资源共享确实是旨在提高教育竞争能力的识别、获取和使用知识的战略和过程,无疑就是运用集体的智慧提高教育应变和创新能力,最大限度地促进知识的获取、共享和创造。我们要改变只重视知识的使用而忽视知识的共享和创造的观念,重视知识与知识之间的相互沟通、相互融合,重视人才自主的创造和发展,为知识创造确立良好环境,从而有利于最大限度地获取和使用知识,更有利于知识的重组和创造,为区域教育的可持续发展提供了有力的知识保障。

第三节 区域学区人力资源共享的比较分析

目前,在区域义务教育阶段,区域内 80% 的优秀人力资源主要集中在优质学校,导致区域内出现了人力资源配置不均衡和优秀人力资源稀缺的现象。但人力资源作为学校教育发展的重要资源,如何优化配置、开发利用,是促进区域义务教育均衡发展的关键。为了实现教育人力资源数量和质量的进一步优化,做到人尽其才、才尽其用,我们通过学区人力资源共享来探索区域人力资源的优化配置与开发利用,在人才层面促进区域义务教育均衡发展。

---

① 罗成富:《社会主义和谐社会视角下的效率与公平》,载《求索》2005 年第 5 期。

一、学区人力资源共享的内涵

(一)学区人力资源共享的内涵

对于人力资源共享,学术界众说纷纭。有学者认为,人力资源共享是"改变教师分布不均匀、结构不合理、人员不流动、余缺不互补的现状,充分挖掘重点高校中的骨干教师、学科带头人的潜力,合理安排他们拿出少量时间和部分精力到普通高校去兼授课程、指导研究生、合作科研、帮助那些层次较低的高校教师提高教学和科研能力"[①]。有学者从全球化的视角,认为人力资源的共享有两方面的含义。一方面是人力资源的入口,中国赖以选人、用人的范围更大了。入世后,随着投资者的大量涌入,世界优秀人才势必在中国经济、社会与世界整体接轨的环境平台上更多地进入我国。另一方面,入世也是人力资源的出口,入世后我国人力资源将全面融入世界人力资源圈之中,我国的优秀人才可以更方便地进入国际人才舞台展示才华。[②] 可见,由于研究的视角和指向不同,实践中对于人力资源共享的内容和操作也有所不同。

在义务教育的学区中,人力资源主要是指学区教育协作体中从事教育职业的群体,其主要包括校长、教师职业群体,它涵盖了教育劳动力资源和教育人才资源,是学区学校发展的动力源泉和核心内驱力。学区人力资源的形成主要是通过教育投资、积累和增值三个阶段来完成。其中,学区对人力资源的教育投资主要体现在对名师、特级、骨干、新秀、普通等专业水平层次的教师进行教育教学知识、技能持续发展培训和优秀教育教学经验分享的投资;学区对人力资源的教育积累主要体现在"教中学",通过"教中学"进行长期、渐进、潜移默化的教育教学知识与能力积累;学区对人力资源的教育增值主要体现在通过循环周转的流通过程,使优秀教育人力资源的专业层次与能力不断变化,从而实现其自身价值的持续增值。

---

① 吴松泉、傅建明:《高校教师人力资源共享探讨》,载《卫生职业教育》2010年第4期。

② 刘军:《入世与中国人力资源国际化分析》,载《深圳大学学报》2001年第5期。

鉴于此，我们认为，学区人力资源共享则是在学区管理机制下，通过循环周转的流通过程，实现学校人力资源的优化配置和人力资源自身价值的持续增值，促进区域义务教育均衡发展。

（二）学区人力资源共享的特点

研究区域基础教育均衡发展的学区人力资源共享，不仅要研究其内涵，也要研究其特点。根据我们对学区人力资源共享内涵的理解、分析和目前学区人力资源配置不均衡的现状来看，学区人力资源共享有以下特点。

1. 多层次性

由于人才的成长需要一个过程，"教师的成长过程是一个由新手到精炼，向专家型教师发展的过程"[1]。而教师的专业成长主要分为新教师、普通教师、骨干教师、优秀教师、特级教师和名教师；或者从专业发展水平阶段来划分，可分为新手型（1～2年）、胜任型（3～4年）、精炼型（约5年）、专家型（5年以上）教师。但"在教学策略、成就目标、人格特征上，专家型教师优于业务精炼型教师，而业务精炼型教师优于胜任型教师"[2]。鉴于此，我们认为学区教育人力资源是由多层次人才组成的，具有多层次性。而学区内学校对教育人才的需求也是多层次的，因此学区人力资源的共享具有多层次性。

2. 公共性

由于学校是一所具有独立法人的机构，学校人力资源的所属权归学校，也就是说学校对人力资源具有垄断性。因此，要变学校人为学区人的话，就要使学校的人力资源具有公共性，使其成为学区或区域内的公共人力资源，这样才能人尽其用，最大限度地发挥人力资源的效益和价值。

3. 互补性

由于区域内学区和学校的地理环境、发展条件和发展背景不同，导致区域内各学区或学区内各学校的发展也各有特色，其人力资源也各有特色。而学区或学校在特色发展引领下，其对人才的培养和需求也各不相同，使学区或学校间的人力资源呈现了特色性和差异性。因此，区域内人

---

① ②　陈琦、刘儒德主编：《当代教育心理学》，北京师范大学出版社2007年版，第92、95页。

力资源的流通，可以互补人力资源的优势和特色，使人力资源的共享更具效益与特色，进一步促进学区或学校的核心竞争力。

二、学区人力资源共享的操作

（一）学区人力资源共享的操作方式

学区是一种区域教育协作体，它不具有法人地位。因此，为了保障人力资源的有效流通，就需要建立有效运行的组织结构、管理机制和管理平台等系统，从而保障共享活动的有效进行。但是，由于学区是处于内外环境动态变化的过程中，学区人力资源共享的活动也将受到内外因素的共同影响。因此，我们认为，学区人力资源共享主要由投资、运行、产出、评估四部分组成，其操作框架如图 7-5 所示。

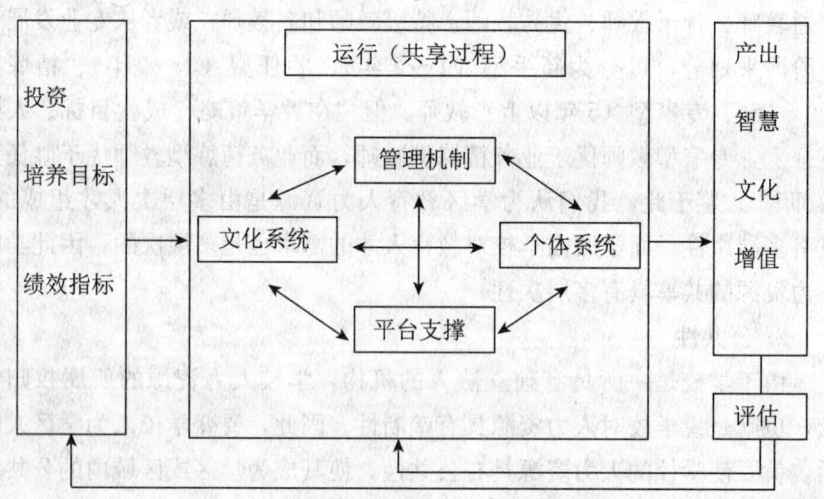

图 7-5　学区人力资源共享操作框架图

1. 投资

为了增加未来教育人力资源的价值和促进其可持续发展，学区要根据自身发展的需要和社会对教育发展的需要，制定本学区的人力资源培养目标和绩效评价指标。同时，依据"培养目标"和"绩效指标"，通过内外交流、观摩、培训、名师引领、定点培养、课题研究等人才投资方式，使学区人力资源的价值得到有效的实现和提升。

2. 运行

学区人力资源要顺利流通与运行，就要以现代信息为支撑的学区管理平台，通过有效的管理机制，使人力资源的"文化系统"和"个体系统"发生变化，从而实现学区人力资源的价值提升和有效配置。

（1）平台支撑。随着信息技术的高速发展，信息化管理方式在各行各业得到了广泛的应用。我们的学区信息化管理平台主要分为学区信息化网络平台和学区情境合作平台两类。其中，学区信息化网络平台主要是利用学区信息化平台网络服务器，传递组织成员提供的相应人力资源信息及其编码化的知识，并通过学区信息化平台内部功能子系统有效运作。如学区信息化平台提供网络集体备课、视频等功能，实现网络组织成员之间共享需求匹配及共享知识的应用传递，从而实现人力资源的"智慧"共享。

学区情境合作平台，主要是在虚拟与真实情境的认知学习中实现人力资源共享。如名师工作室、学区工作室团队、骨干教师跨校指导团队、师徒结队、同伴互助、教师挂职交流等情境合作平台，可以使合作者在核心伙伴的引领下，通过合作学习、教材分析与备课、科研项目、专题性的"听说评课"等情境学习，实现核心成员与其他成员之间的信息传递和交流，促进教师个体和群体的专业发展。

（2）管理机制。由于学区人力资源有效配置和价值实现的管理机制是学区人力资源有效运行的关键，因此学区要依据人力资源的培养目标，制定骨干教师、名教师、特级教师跨校指导、人才流通等一系列人力资源培养与管理机制，并通过人力资源的有效流通，确保学区人力资源的有效运行，实现学区人力资源的有效配置和价值提升。

（3）个体系统。在人力资源共享中，要解决的关键问题是人力资源价值的发挥与增值问题。但从教育组织行为学的角度思考，要发挥人力资源的价值，就要考虑人的需要、动机与激励等问题；要增值人力资源的价值，就要考虑人力资源的培养。因此，学区人力资源共享在个体系统里要将人的需要、动机、行为和目标等因素与激励相结合，充分挖掘教师的潜能，加大对人才培养和使用的力度，最大限度地发挥人力资源的效用，实现人力资源的增值。

（4）文化系统。文化具有很强的行为控制力，它会强烈影响组织成员的价值判断、价值取向和行为方式。因此，学区文化尤其是学区的学校文化、学习文化、教研文化等将深深影响到人力资源的价值增值。在学区人力资源共享过程中，继承和发展优秀的学校文化，引进新的学区文化，建立人力资源共享与发展文化，使学区的文化价值观与教师个体的文化价值观有较高的契合度，形成具有自身发展特色的学区文化系统，实现人力资源智慧的迸发和价值的提升。

3. 评估

为了推动学区人力资源共享，需要通过教育行政部门评估督导的方式，实现学区人力资源的有效配置和价值增值。其主要作用如下。第一，激励。通过设置目标、督导反馈、以奖代补等措施，激励学校、教师参与共享。第二，变革管理方式。通过目标和绩效管理，及时发现人力资源共享过程中存在的问题，调整培养目标、绩效指标和管理机制，促进人力资源的有效配置和价值增值。

（二）学区人力资源共享典型案例

案例背景

2007 年越秀区"学区管理"研究启动，区教育局将人力资源共享纳入了学区建设的战略规划，通过目标导向和制度环境建设，为实施学区人力资源共享的有效运行提供良好的环境保障。同时，在外部环境驱动因素下，各学区、学校结合自身发展的需要，也希冀通过人力资源共享，提高学区学校整体人力资源水平，保持学校持续的创新力和竞争力，促进人力资源的均衡发展。

案例描述

1. 支撑平台

学区充分利用网络资源，建设网络学习环境，进行网络合作学习并通过导师、同伴互助、教学团队等共享方式，建设良好的人力资源共享的学习环境。如学区积极建设虚拟网络隧道，实现网络实时跨校听课，并结合教师教育教学的需要，成立学区优质教育信息资源的开发组、信息技术与课程整合研发组、分科分段课程资源研究组、优秀教育资源库建设组、名师工作室等教学团队，对学区人力"智慧"资源进行开发与整合，从人力资源共享来优化学区学习环境。

2. 管理机制

为了进行人力资源的流通和运行，在区域层面方面，自 2005 年以来，越秀区教育局将人力资源共享纳入了学区建设的战略规划，通过教育行政调控、目标导向和系列管理机制，分别对中小学领导班子各换届 2 次，区域内交流干部人数分别有 77 人和 87 人，占领导干部总数的 1/3。其中，从示范性高中向其他学校、省级学校选派干部 21 人，占交流干部的 22%。通过区域内干部队伍的流通，为学区人力资源的顺利流通提供了良好的外部环境，带来了学校间文化的交流和智慧的碰撞，促进了学区教育管理人员的有效配置和价值增值，实现区域人力资源的均衡发展。

在学区层面，学区根据自身的发展需要和发展目标，开展了名师跨校指导、师徒结对和同伴互助等人力资源共享方式，实现学区内教师的合理配置和自身价值的提升。例如，学区利用名教师与骨干教师或新教师结对的方式，名教师充当导师角色，为骨干教师或新教师提供系统有计划的协助、支持和评价，从而帮助骨干教师或新教师在较短时间内了解到教学方法和技巧。又如，学区教师之间形成伙伴关系，通过同伴学习、讨论、示范课等平台方式，彼此学习教学模式和改进教学策略，提高教师的专业能力，实现学区人力资源的均衡发展。

3. 个体系统的组织与参与

学区在组织个体系统参与学区人力资源共享中要把握三个关键点：第一，个体参与的积极性；第二，参与者角色定位；第三，共享伙伴的匹配。围绕这三方面的因素，通过学区制度、管理平台、管理机制、文化交流等盘活个体系统参与共享活动。

（1）参与成员积极性的调动。研究表明，人力资源的发挥主要取决于教师行为状态被唤醒的程度。在个体系统即共享成员中，个人的认知与动机将影响共享行为。因此，要唤醒教师从事教师合作开放交流的共享活动的心理状态，调动他们参与共享的积极性，就要把握教师人力资源主体的需要、动机与激励措施。如学区通过名师工程、"以奖代补"机制等措施，营造人力资源共享的学区环境，以调动教师个体参与共享的积极性和主动性。

（2）共享成员的角色定位。学区人力资源共享的成员由引导者和学习者两个角色构成。在引导者方面，他们都是学区各学校优秀的人力资源，具有较丰富的实践经验或水平，能够通过其智慧输出对其他人员专业发展起示范、帮助、借鉴或引领作用的教师，他们在共享团队中担任着引导者的角色；在学习者方面，他们是参与共享的学习者，是有学习需求、发展需求的学习者和参与者。但是，无论是引导者还是参与者，他们都是相对而言的，因为在共享团队中的成员是互相交流与促进的。

（3）共享伙伴的选择。首先，要对学区人力资源状况进行识别与评估。学区人力资源领导小组对学区学校的人力资源尤其是人才资源进行评估，初步推选能够承担专业指导、有学科影响力、有专业特色风格的核心成员，建立学区人才资源库，并提供优秀人才资源及其编码化（数字化）的知识进入学区信息化平台的知识资源库，使学区优秀人才资源智慧通过数字化进入学区共享平台，成为网络共享资源。其次，学区各学校通过建立相应的师资人才培养计划及资源库，在考量学科专业特点及专业发展水平阶段等因素基础上，提出共享需求意向，通过学校引导、鼓励、推荐及个人自愿等方式，由学校推荐、个人自愿、学区协调，进行人选组合匹配，形成共享伙伴或共享社群团队。

4. 文化培育

有了学习环境、管理机制和成员的参与，还需要形成学区的文化，并将学区文化深入到每一位成员的心田，成为他们自觉的行动。例如，学区培育开放的学习者理念，即每一个教师既是信息资源的提供者，也是信息享用者，是集提供者与享用者于一身的学习者；每一个教师不仅要成为独立自主的积极的学习者，还要学会关心他人的学习，与他人合作的学习；在资源共建的前提下，教师合作进行知识的建构与意义协商，由此在凝聚个人智慧的基础上形成学习共同体的集体智慧。又如，通过名师带动工程，在学区名师带动下，开放名师课题，成立名师或骨干教师工作室，通过多样化的方式，开展教师之间、学科组之间共享学习资源，自主学习、合作学习、探究学习和交互学习的活动，使优秀教师资源的智慧通过虚拟和现实网络传输实现互动共享。而在这些过程中，基于教与学改进形成的目标、价值观，在学区学习文化中相互交融、相互促进，逐步形成学区的学习文化。

存在的问题及对策

1. 有效制度体系

经过实践探索我们发现，促进学区人力资源共享持续发展的关键，是建立完善共享制度规范体系。那么，如何建构完善的有效制度规范体系呢？我们认为有以下对策。

第一，建构目标。人力资源共享运作最终要经由承载它的个人来实现。因此，外在制度建设是否有利于行为主体积极地启动、支配和使用其所拥有的人力资源以取得最大效益，是有效制度建设的目标方向。

第二，完善着力点。从人力资源共享内容看，学区人力资源共享机制应体现两个方面：一是人事身份不改变的学区学校人才交流互助共享活动的有效机制体现；二是人才在学区学校中迁移流动，实现人力资源深层次共享的有效机制体现。

目前，学区建立了"以奖代补"的绩效评估制度，对学区中人力资源共享活动通过学区积分奖励补偿资源输出方的"损失"，并对参与方给予适当鼓励奖励。该机制对于推进共享发挥了一定作用。然而从文化管理的角度看，还需要建立共享群体规范。群体规范是组织文化的重要组成部分，是共享组织成员公认的价值标准和行为准则。这种规范体系的建立必须体现群体支柱、评价标准、群体动力、行为导向等功能，这是学区人力资源共享制度体系进一步完善和发展的方向。

2. 人才流动

学区人力资源共享目前操作难点则是人才流动，尤其是要解决人才由优质学校向薄弱学校流动的动力（推力和拉力）在哪里。我们认为有以下策略。

第一，正确认识人力资本流动规律。按照人力资源流动规律，"人往高处走"的流动情况如"水往低处流"一样，具有不可逆转规律，在社会经济发展过程中，学校之间发展的非均衡性是客观存在的，这也构成人力资本流动的主要内在动因。人力资本流动理论告诉我们，任何人力资本流动决策都是由行为主体综合考虑流动价值、流动条件、流动预期、流动诱因而决定的，其具体流动行为动机是由工资福利差别、居住满意程度、社会地位变动、生活方式偏好、社会关系网络等复杂因素耦合而成的。因此，如何解决人才外流导致人才非均衡发展的问题，在区域层面制定优惠的政策只是权宜之计，重要的是在学区层面营造公平竞争、合作互助的学区环境。

第二，营造学区公平竞争、合作互助的环境。学区人力资源共享的基点在于共享促发展，营造一个有利于人才创新和发展的公平竞争环境。首先，学区学校要创建教师事业发展的高平台；其次，要把政策基点放在营造平等竞争环境；再次，要处理好人才"为我所有"与"为我所用"的关系，不求"所有"但求"所用"，确立开放的、富有弹性的、人性化的人才观。

案例评析

学区正是能够抓住学区人力资源共享的基本要素，建构了学区人力资源共享运作体系，形成了学区人力资源共享的虚拟网络和情境合作的平台，探索了人力资源共享的有效途径，其后续发展需要深化以下两个问题的研究。

第一，学区人力资源共享形成运作基本框架，但学区规范和制度体系建设还没有完整体系，这是学区人力资源共享深化建设的关键。人力资源能否在共享中发挥作用，还必须完善学区人力资源共享规范，尤其是建立制度体系，使学区人力资源共享可持续发展。

第二，建立合理补偿机制。人力资源是不具备可复制性的资源，当某个学校的专业人员在向其他机构提供服务时必然影响到对本校的贡献，而这种"贡献损失"计算的不确定性，其共享费用计算复杂，其补偿机制不完善，则会影响共享学校及参与者的积极性，目前学区评价补偿机制还需要进一步完善。

三、学区人力资源共享的分析

（1）学区人力资源共享在观念上舍弃狭隘的人才观，克服"唯我所有，才为我所用"的传统观念局限，树立开放的、达观的、辩证的、动态的人才流动观念，确立不求"所有"但求"所用"的人才观，以开放的、达观的、合作互助的观念认识人力资源共享。

（2）学区实施人力资源共享必须把个体、文化、机制、平台等要素进行整体考虑，构成一个有机联系系统。同时，由于学区差异，学区之间面临内外部环境都不相同，学区人力资源共享不可能有普遍适用的最佳方法，学区人力资源共享的有效性还取决于目标、机制与评价对学区发展的适合程度。目前已形成的基本经验主要有以下几点。

第一，把教师尤其是名教师、骨干教师的专业经验，通过技术环境转化为可以分享的公共知识途径，以组织、群体力量推进教学的专业知识积累和创新，实现集体智慧共享。

第二，充分运用虚拟技术的情境性、交互性等特点，为学习者提供可以进行交互、直观、自主探究的学习环境和真实体验，促进学习者对知识的建构，从而在信息技术虚拟情境互动中有效地把教师素养中可编码的有形知识和不可编码的默会知识两个方面结合起来，实现情境、文化和学习活动的共同功能。

第三，开放的学习环境将有助于学习共同体的孕育。学区人力资源共享的过程也是开放的资源环境的建设过程，通过共享学习情境创建，共享中形成的团队围绕教育教学中的共同问题进行交流、知识建构，促进学习团队的形成。

第八章

区域内学区均衡与特色发展的比较分析

　　义务教育均衡发展并不抹杀特色发展，均衡与特色之间的关系是相辅相成、互为促进的。学区管理视野下义务教育均衡发展分为外生性均衡发展与内生性均衡发展。外生性均衡发展是一种外部强制性的组织行为，指横向层面上学区通过组织管理，借助外力，"强弱扶持"、"优势互补"，使强校更强，弱校变强，最大限度地提升学区内学校的优质均衡发展。内生性均衡发展是一种内部自发行为，指纵向层面上学区与学区内的学校要立足实际，明确自身发展的比较优势，找准方向，谋划发展战略，主动在学区内寻求理念支持、技术支持、人力支持、物力支持，形成学区与学校特色，提升学区与学校个体的办学水平。二者均是促进学区与学校均衡发展的途径，前者借用外部动力机制促发展，后者借用内部动力机制促发展，二者发展的核心因素都归结于教师专业发展。因此，要通过学区管理解决义务教育均衡与特色发展的关系问题，就要探讨学区间均衡与特色发展的问题。

第一节　区域内学区均衡发展的比较分析

一、区域内学区均衡发展的内涵

　　区域内学区均衡发展指在"以县为主"的区域教育资源首次配置下，

构建半行政性的学区共同体，进行教育资源的二次整合，通过资源共享、以强带弱、优势互补、资源开发等形式，拉近学区内学校在办学理念、教育理念、师资水平、办学软硬件、教学质量上的差距，从而保障学区内每一个受教育者在教育起点、教育过程、教育结果上的公平。其内涵包括以下几层意义。

第一，区域内学区均衡发展不是平均主义、划一主义。均衡发展不是限制发展，而是共同发展，分类发展；不是划一发展，而是特色发展；不是短期发展、单一发展，而是持续发展、整体发展。因此，区域内学区均衡不是平均主义，不是"削峰填谷"，而是通过优质教育资源的带动，帮助弱者提升，最终拉近学生之间的差距，推动优质教育的实现。它是一种共同提升，通过以强带弱，使弱者变强，强者更强。因此，区域内学区的均衡更加注重发展的过程，而不是结果。

第二，区域内学区均衡发展呈正态分布。自然界中事物的属性和性态都是呈正态分布的。均衡的分布不是平均分布，均衡分布是指正反两方分布对称且概率相等。也就是说正态分布，它只有离散聚集程度的不同，却无法使事物整齐划一到一个性质上来。同理，区域内学区的均衡也是呈正态分布，其螺旋上升发展体现在平衡点的变动，通过平衡点的位移探视学区整体质量的上升。

第三，以学区内教育资源的二次深度整合实现效益最大化。学区内教育资源固定，由区教育局一次分配。学区就是一个介于行政与非行政间、官方与民间的协作体，是区域教育管理的亚单元结构。学区协作组织统合学区内一次分配的教育资源（人力资源、课程资源、设备设施），深入分析学区教育资源的不足及在校际存在的结构性短缺。实事求是，统筹规划，打破校际壁垒，建立共享机制，在学区内实现教育资源的深度整合。不以资源追加，而通过组织管理的柔性手段，以有形资产盘活无形资产，实现学区教育资源的帕累托最优。

第四，充分发挥学区内名校、名教师的辐射作用，以"引雁模式"全方位带动薄弱学校、一般教师的发展。名校与薄弱学校的差异，不仅体现在硬件上的距离，更隐含在办学理念、教育理念、师资水平之上，最后集中表现在教学质量、社会美誉度上的差距。其中，师资水平的差异是学校失衡的关键因素。因此，要从精神层面、制度层面、物质层面，最后落实到教育教学行为层面去全方位地引领薄弱学校的提升，加快教师专业发展的进程。

第五，实现校际质与量统一均衡，最终实现公民受教育机会和条件的公平。质量是教育均衡发展的题中之意。不仅是量上的均衡，还是质上的均衡。教育质量均衡包括课程和教学等学校教育内部的均衡发展。2000年联合国教科文组织在塞内加尔首都达喀尔召开了世界全民教育论坛，会议通过了《全民教育行动纲领》。从达喀尔论坛发出的声音是：向所有人提供受教育的机会是"胜利"，但如果不能向他们提供保证质量的教育，那不过是一种"空洞的胜利"。① 质与量的双层均衡、投入与产出、过程与结果，涉及起点公平。只有实现质与量的统一，才能避免"择校即择命"的局势出现。

从教育资源的配置看，教育的"硬件"设施包括生均教育经费投入、校舍、教学实验仪器设备等的配置；教育的"软件"包括教师、图书资料、学校内部管理以及学校教育教学理念等的配置是否均衡；从教育目标看，义务教育在质量上实现均衡，包括课程设置、教学法水平和效果的均衡。学校均衡发展就是要实现以上三个维度在质与量上的均衡。因此，避免公平理念下的"均衡"幻化，就要立足质与量的均衡。

二、区域内学区均衡发展的特点

区域内学区均衡发展是一种外生性的均衡，是通过学区协作组织，统整学区资源，对学区现状进行系统分析，构建学区资源共享方式，使学区有限的教育资源效益最大化，促进学区内学校间的优质均衡发展。其突破点在实现学区内的校际均衡，其运作方式是共享、帮扶，其重点在于学区学校整体实力的均衡，其共享主体是硬件资源、人力资源、知识资源。其具体特点如下。

第一，动态性。区域内学区均衡发展是动态的，而不是静态的。区域内学区均衡发展的过程是由不均衡逐渐走向均衡，再由均衡到不均衡，并在更高层次上再次从不均衡走向均衡，这是一个螺旋式上升的循环发展的动态过程，是全面、协调、可持续的发展过程。通过平衡点的位移，实现

---

① 陶西平：《教育优质均衡发展的重要保证》，载《教育科学研究》2004 年第 2 期。

均衡—不均衡—均衡的转化并使均衡不断接近终极目标的过程。它的发展是一个从不均衡到均衡，又从均衡到新的不均衡，再到新均衡的持续动态发展过程，是一种螺旋上升的动态发展过程。

第二，共赢性。区域内学区均衡发展不是平均主义，不是"牛奶稀释"，更不是削强扶弱，而是在帮助薄弱学校发展的前提下互惠互利，是一种共赢性的合作。区域内学区均衡发展不是单一发展，而是整体发展。薄弱学校是学区帮扶的重点，在学区同行的帮助下加快学校发展速度，是学区管理模式的最大受益者。名校在帮扶过程中，将学校的办学理念、制度文化、管理经验带入他校，不仅可以扩大学校的品牌影响力，还可以进一步验证办学思想，使学校得以可持续发展。此外，各校显性的教育资源信息及状态都反映在学区管理平台上。在共享与合作中，各类学校均能从中取长补短，提升学校的办学品质。

第三，梯度性。区域发展梯度推移理论的核心内容是经济发展梯度推移论，这一点也同样适应学校的发展。梯度性体现在校际均衡的梯度及学校发展的梯度两个层面上。均衡发展是指区域内学区的均衡发展不是同步化发展。各学区不可能立即解决长期以来因历史造成的教育差异。在鼓励优质学校继续快速发展的同时，要按照均衡发展的思想，帮助薄弱学校加大发展的步伐。同时，薄弱学校的发展具有阶段性，从薄弱学校—特色学校—品牌学校—品牌学区，不可一蹴而就。因此，学区的发展是逐步推进的。

第四，政策的扶弱性。教育资源配置的基本原则是有利于缩小事实存在的不公平，努力纠正教育资源分配不公的状况，并帮助处于最不利地位的阶层和群体等，使全社会中处于最不利地位者获得最大利益。薄弱学校就是要政策扶持的重点对象，其特征主要表现为"三差"、"两低"。所谓"三差"是指校舍、设备比较差，师资队伍的素质和水平比较差，学校的生源和社会声誉比较差。"两低"是指教育教学的质量比较低，学校的整体管理水平比较低。

帮带、指导、协作是一个共享的历程，是教育者为提高教学效果、促进所有学生的学习而付出的共同努力。教育均衡必须树立科学的教育均衡发展观，在不断发展中求均衡，不搞"锦上添花"，而要"雪中送炭"。弱势补偿理念就是要有"保底教育"。

第五，隐蔽性。校际失衡客观存在，实质一致，表现形式不一，体现在教育资源、影响效果的隐蔽性不均衡。这种不均衡不单表现在教学设备设施等显性的办学硬件上，更植根于各种隐性载体中，如学校文化、学校管理水平、教育教学理念、教师素质等。后者具有不可测性，依附在人身上，并具有水的柔性，对办学质量的影响深远。

此外，学校间的交流、共享、合作，其影响兼具直接性与间接性。直接的平衡是事物之间的影响是直接的，而影响的转化也是直接的、全部的、对等的，影响会造成接受影响的一方直接发生变化；间接的均衡是事物之间的影响要经过一个过程，影响产生的作用不会全部转化，被影响者只是接受了部分影响。因此，学校间的均衡发展不仅以可测性的数据呈现，还以隐性知识的状态存在于教师个体、学校组织内部。这种影响的间接性直接说明了校际均衡的隐蔽性。

三、区域内学区均衡发展的操作

（一）区域内学区均衡发展的操作框架

区域内学区均衡发展是一个系统工程，它关系到各个级别的学校，关系到学区与学校的各个层面，关系到学区与学校建设的各个要素。它是一个经济学问题，力图借助组织管理这一"魔术盒"，实现投入不变但产出增加的理想。学区内学校均衡发展还是一个社会学问题，它不仅关注办学效率，更关注教育公平的问题。在公平与效率的悖论中，强调"公平优先、兼顾效率"的原则，是在保证公平的前提下，合理调配、使用教育资源，实现资源的效益最大化，最终实现学区内学校均衡发展。其实现途径如图 8-1 所示。

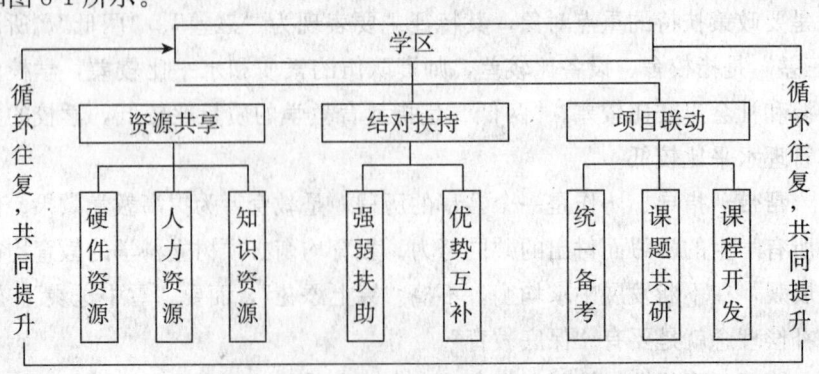

图 8-1　区域内学区均衡发展的操作框架

第一，资源共享、结对扶持、项目联动是实现学校间均衡发展三大支柱。学区借助这三条路径对有限的教育资源进行再度挖掘、调配与使用，促进了学区内学校先进办学理念和办学特色的深层次交流与融合，实现教育效益最大化。一方面是优质学校带动，另一方面是学区内各校在共同组织活动的过程中互相启发、互相促动、互相影响。资源共享强调以共享的方式对现有硬件资源、知识资源、人力资源的合理利用。结对扶持强调学校之间的"捆绑式"发展，强调强弱校之间的同伴互助，强调学校间的优势互补。项目联动则着眼于学区及学校的可持续发展，以知识资源为核心，进行资源的开发与创新。

循环是一个系统或一个特体存在的基本方式，也是物质追求内部平衡的一种方式。三大支柱促进学校间的均衡、持续发展，促进各校办学水平的提升，从而实现集体个体双发展。学校间的均衡发展推动学区整体水平的上升，学区整体水平的上升又带动学区内学校的发展，这种双回路流动循环往复，共同提升。

第二，硬件资源、人力资源、知识资源构成了学区内资源共享的三要素。学区优质资源匮乏与资源闲置并存，校际出现结构性短缺，三共享正好有效解决这一结构性失衡问题。硬件资源共享，通过提高其利用率来缓冲资产的折损率，提高硬件资源的使用价值。人力资源通过名师引领、师徒结对、师资交流等形式，发挥名师、骨干的引领作用。知识资源则通过教研、交流等形式，使显性知识更显性，隐性知识显性化，通过知识改变观念、知识改变能力来提升教师的专业能力，提高学校的办学水平。详细操作见第五章，在此不再赘述。

第三，结对扶持，捆绑发展。"择校热"就是区域教育"极化效应"的表征。采用结对扶持，就是利用义务教育的"邻近影响"，将强弱校、优势互补校"捆绑式"发展。构建学校间发展的动力机制，定任务、定指标、定规章，推动优质学校带动薄弱学校，变松散合作为坚固联盟。充分发挥名校的"扩展效应"，催生薄弱学校在帮扶中产生的"回程效应"，有效防止义务教育发展过程中的"马太效应"。如东风西路小学提出了"多元、自主、发展"的办学理念，学校通过向学区内体育特色学校——净慧体校寻求体育资源，进一步完善与发展学校的"多元"发展目标。

第四，项目联动的主旨就是解决备考及知识创造与研发问题。以统一备考、课题研究、课程开发等具有一定难度性、改革性、深度性的重要项目为主题，建立核心攻关组，"强强联手"，开展"头脑风暴"，发挥集体智慧，提升问题解决的质量，促进学区一体，实现学区的可持续、内涵式发展。如针对中考问题，学区内可实现统一安排教学人员，统一组织备课，统一组织教学，统一开展质量监测，统一组织校本培训。

（二）区域内学区均衡发展的典型案例

开展学区联合备考，推动教学质量螺旋上升

案例背景

教学是教育的主体工作，教学质量是学校考核的主体指标。自 2007 年越秀区启动"构建学区管理模式，促进区域教育优质均衡发展"项目以来，中学第三学区一直将研究突破点放在聚焦教学质量上，通过创新学区教研模式，建立学区教研引领机制，提升学区教研效果，推动学区学校在共享中螺旋式发展。

然而，任何新生事物的产生、发展都须经历以点带面的发展历程，大撒网不太现实，学区领导组再度将教学质量的提升锁定于另一个当务之急——初三中考。于是，中学第三学区以初三中考为试点，开始了以教研为推手的学区联合备考新尝试。

中学第三学区，共有 7 所学校（三中、十七中、知用中学、三十七中、三十四中、越秀外国语学校、长堤真光中学）。从学区内部分析，学校间生源与师资均存在较大差异。其中，三中、十七中、知用中学是省一级学校，越秀外国语学校是外语特色学校，三十七中、三十四中（后与三中合并）、长堤真光中学是仅能招收电脑派位生的弱势学校，可见各校的综合实力差异显著。从学区间外部对照分析，第三学区生源总体偏弱，教学质量在四个学区中处于第三的位置。可见，学区中强弱校平分秋色，内部不均衡尤其明显，这种不均衡集中体现在中考质量上。面对不甚理想的生源现状，充分发挥学区内名师的辐射作用，提升教师的教学能力显得尤为紧迫。于是，联合教研、名师引领、同伴互助成为了解决这一矛盾的主要途径。

学区管理模式是新生事物，从无到有到优需要经历痛苦的蜕变过程。任何新教育事件的探索，不可避免地要经历发动—启动—培育—实践—反

思提升这样一个过程。学区联合备考同样也经历了这样一个阶段。因此，中学第三学区以毕业班中考为试点，在学习共同体理念指导下，尝试通过联合备考推动学区教学质量的整体提升。

案例描述

经过多轮讨论，学区项目组将联合备考定为"一、二、三、四"工程，即一个基础、两个核心、三条策略、四项落实。

一个基础就是要构建合作共享的心理基础。学区项目组在确立试点工作之时，考虑到学区是一个非行政组织的机构，无法以行政命令的方式去执行学区工作。要构建非行政性的学习共同体，并达到集体发展、个人受益的效果，对问题认识的一致性尤为重要，即要构建合作共享的心理基础。这是联合备考成功的前提条件。

学区项目组认为扫除项目合作的心理障碍有两个必要条件：一是领导组务必达成共识，二是联动项目的合理性。前者是一个组织问题，后者是一个技术问题。联动项目必须具有紧迫性、双赢性、可行性。即项目是大家关注的焦点，是大家都急需应对的问题；项目的运行可以互惠互利，具有共赢性；项目具备操作的天时、地利、人和等外部条件。经过学区项目组几轮"头脑风暴"后，大家一致认为初三中考是各校面临的热点、难点、核心点，具有良好的合作心理基础。合作项目为联合备考提供了有利条件，学区再通过层层宣讲的方式使初三任教教师达成共识，较好地解决了集体的认识问题。

两个核心是指对联合备考要合理布局，并慎选备课组长。联合备考的核心是要充分发挥学科大备课组的作用。合理布局则是为备课组实效提供保障。第三学区在布局上采取了两项措施：攻坚共性，制度管理。首先，班级管理、培优补差工作是毕业班工作的重点之一，也是各学科面临的共性问题。学区利用学区内的名教师，举行了两场对应的讲座。其次，基于备课组之间的学科差异，学区难以对其具体的联动内容进行管理。第三学区通过以奖代补资金的奖励以及建立学区管理制度，保障大备课组活动的正常有效进行。

大备课组组长的选定是联合备考的关键点之一。大备课组组长是联合备考的关键人物，直接关系到学科备考方向及备考实效。学区项目组对大备课组组长的选择采取了极为慎重的态度。学区对内部名师进行汇总分析，毕业班七个备课组组长必须是区内的教学骨干或名师，有一定的影响力，有威望且乐于奉献。

三项策略是指联合教研、联合命题、联合考试。三联合是知识资源共享的基础，以知识资源为载体，带动教师备考能力的提升。通过一系列的听课、评课等教研活动，探析日常教学中的备考策略。学区还通过统一命题、统一考试，实现资源共享、名师引领、针对性补救。

四项落实是指现状分析、备考材料的收集、信息资源的交流、总结反思。第三学区对学区内学校的考试现状进行了深入探析，力图为有针对性地解决问题提供现实依据。同时，以大备课组的中心组为主体，开展备考材料的收集与整理，为联合备考的信息资源交流提供载体。初三的月考实行统一命题与统一考试后，认真抓好总结与反思，查漏补缺，为下一步及今后的备考工作提供有效策略。以上四者息息相关，缺一不可。

存在问题及原因探析

2009 年、2010 年越秀区区属学校与全市平均分接近度两年平均进幅 0.69。在全区总体提升的情况下，第三学区采用"一、二、三、四"的策略，与区平均分纵向接近度有所提升。在 2009 年、2010 年中考中，第三学区与区属学校平均分纵向接近度分别进幅 0.57 和 0.79。2009 年中考各科均有进步，介于 0.24 至 1.34 之间，其中，进幅比较大的有数学、物理、英语三个学科。2010 年，数学、英语、物理仍然保持优势，虽然与 2009 年相比较，2010 年语文、政治、化学三科稍有小幅退步，但由于数学进幅达 4.43，物理进幅达 2.51，英语进幅达 0.62，2010 年总体进幅仍达 0.79。以上分析可知，经过联合备考，中学第三学区的教学质量总体得以提升，联合备考初见成效。但学科间效果不一，又是一个值得再度深入探究的问题。可从管理、领军人物、教师基本群体素质三个方面探讨。

第一，管理机制不健全。第三学区确立了具有良好基础的合作点，解决了合作的可行性问题。然而，好的选题只是联合备考成功与否的条件之一，有效的过程管理才是必要的保障，这份保障来自于有效保障机制的构建，通过这一机制，将不同单位的群体凝聚在一起，产生合力。保障机制应包括奖励制度、评价制度。将组织中有益的习惯做法变成常态，形成制度，促生许多高层次需求的产生，并通过制度予以满足。

第二，领导力及执行力的差异。学区联合备考就是要构建非行政性的学习共同体，行政管理的缺乏，必然会产生学科之间的差异。然而，大备课组组长及中心组团队的建设，却可以有效避免管理中存在的漏洞。这就是火车头与火车的关系。其中，领导与骨干教师对问题的认识、工作态度成为了影响效果的又一大因素。因此，大备课组组长至关重要，他既要有人格魅力，又要有高深的专业水平、乐于奉献的精神，三者缺一不可。备课组组长以个人为支点，带动中心组团队的建设，从而影响整个学区教师素质的提升，最终带动教学质量的整体上升。这不是体制问题可以解决的，这是需要备课组组长的专业水平与专业精神的引领。

第三，教师职业追求的差异。联合备考是一个集体行为，最终将落实到基本执行者即教师身上。在同等条件下，即使管理完善，备课组组长专业素养高、觉悟高，教师职业追求的差异也会直接影响联合备考的实效。也就是说，教师对事业的追求度、教师对学区工作的认同度不可避免地将影响到整体教学质量。因此，提升联合备考的实效，就要从根本抓起，以教师专业精神的提升来促进教师专业素养的发展。联合备考不能仅停留于考试备考等技术层面，还要做好教师的师德教育，要唤起教师深层的职业追求，要培养教师的发展意识，要增强团队合作的互助意识，要培养教师的研究意识，要塑造教师的拼搏进取的意识。唯有如此，联合备考才能推动教学质量的加速发展，并有效地避免学科发展速度的差异。

评析

学区联合备考直指教育教学工作重点，事实证明联合备考是行之有效的。中学第三学区联合备考给我们带来以下两点启示。

第一，把握需求是学区工作有效开展的关键。合作基础是集体认同感。从以上案例可知，学区要有良好的合作心理基础，而这良好的合作心理基础又必须有相关的利益驱动，利益驱动又来自个体的需求，需求—利益驱动—共识—合作，四者循环往复，互为推动。由此可见，需求是决定合作能否进行的关键因素。马斯洛（Atraham Maslow）把需求分成生理需求、安全需求、社交需求、尊重需求和自我实现需求五类，依次由较低层次到较高层次排列。当某一层次的需要相对满足了，就会向高一层次发展，追求更高一层次的需要就成为驱使行为的动力。相应地，获得基本满足的需要就不再是一股激励力量。因此，把握需求，把握不同群体不同的需求层次是学区工作重要的选点依据。

第二，学区是交流、互助、共享、共进的立体式平台。学区是一个交流平台，是校长办学思想、理念、策略的交流平台；作为学校执行与组织的中枢部门——中层，可在此进行工作交流，是一个互助的平台；面对一次资源分配的不均衡，"用小纸条，做大文章"，就要通过资源共享（场地、设施、硬件资源共享），实现有限资源的效益最大化；在学区平台中，学校领导—中层—科组—教师，构建出一个立体式的交流平台，在交流、共享、互助中，通过人才资源的交流、知识资源的分享，推动教师专业发展，无疑是一个共进的平台。

四、区域内学区均衡发展的比较分析

通过对区域内学区均衡发展的比较，我们认为，学区管理促进学校实现均衡发展的优势在于以下几个方面。

第一，加快规范化学校建设。一部好的办学条件标准是推进教育优质发展的保证，也是促进教育均衡发展的保证。[1] 过去的等级学校评比，人为地打造了一批优质学校，挤占了有限的教育资源，并伴生出一大批薄弱学校，最终导致择校热愈演愈烈，升学竞争激化，升学竞争低龄化。规范化学校建设，从硬件、软件两个维度对学校进行评估，有效地控制教育资源的不均衡配置。同时，也从科学的角度，引导学校树立正确的办学理念、办学目标、办学策略。

第二，进行增值性教育督导评价。传统教育督导就是整齐划一的评价，难以体现学校办学水平的提升曲线，对薄弱学校缺少及时的肯定与鼓励，优质校凭借天时地利也难以产生居安思危的生存危机感。增值性的教育评价制度变一维的横向评价为二维的横向、纵向评价。这种多元化、增值化的学校教育督导，有利于激发薄弱学校的发展动机，也可避免优质学校在原有成绩上"原地踏步"。

第三，关注薄弱学校的建设，更新教师的观念，促进师资的双向流动。加快薄弱学校建设，扩大优质教育资源，是实现区域内学区义务教育均衡发展的基本条件。薄弱学校建设的核心是走内涵式发展道路。走内涵

---

[1] 陶西平：《教育优质均衡发展的重要保证》，载《教育科学研究》2004 年第 2 期。

式发展道路主要包括办学思想创新、管理制度创新、师资队伍创新。办学思想决定着办学思路，办学思路决定着学校出路。不均衡的学区与学校因素，即学区与学校办学理念和教学方式的差异。差别很大程度来自于校长、教师的教育思想、教育观念、责任心以及对学生的了解、期望和尊重，来自于他们对教育教学内容、规律、方法的理解和把握。可以说，这正是区域内学区与学校教育发展不均衡更本质、更深层的原因。因此，薄弱学校的校长及领导班子改革的精神和务实的态度是学校发展的动力，抓住改革机遇，确立自己的办学思想，探索形成自己的发展模式和特色。把制度建设作为治弱的突破口，深化学校内部管理体制改革，使内部管理步入规范化、法制化、科学化的轨道，为促进学区与学校发展提供软件保障。

师资水平是抑制区域内学区均衡发展的第二个瓶颈。无差别教育包括区域内学区基础设施的"无差别"、学区与学校资金投入的"无差别"、区域内学区师资力量的"无差别"。前二者借用行政手段重新分配教育硬件皆可实现，后者仅凭行政手段则难以解决。受教师管理机制调配不力的影响，从差校到好校的单向流动进一步加剧了名校与薄弱校之间的差距。因此，有必要建立教师流动机制，抑制教师资源的无序流动，开展"师资扶贫"。通过建立骨干教师巡回授课、紧缺学科教师流动教学，加大名师对薄弱学校的对口支援力度。

第四，构建区域内学区发展动力机制。区域内学区与学区内校际的不均衡，除了学区与学区之间、校与校之间的地域区位不同、历史文化积淀差别、生源差别等方面的不均衡外，还表现为办学条件、教学设施、师资力量、区域内学区与学校内部发展机制等方面的不均衡。因此，区域内学区与学区内校际均衡应是多层次的，从系统论的角度分析，促进均衡的共享是分层逐步推进的。首先，以人为单位，共同体的构建应包括校长共同体、中层共同体、教师共同体，确保学校之间的交流进入学区的每一个细胞。其次，学区工作应进一步建章立制，责权分明，保障协作实效。

但区域内学区和学校在均衡发展过程中也要注意以下问题。第一，要注意均衡过程中的"漏桶效应"。"漏桶"原理说明为追求公平而对效率造成的损失。第二，在共享过程中，不是要区域内学区和学校进行利益的转让，更不能在资源流转过程中造成资源的流失。

第二节　区域内学区特色发展的比较分析

一、区域内学区均衡发展与特色发展的关系

如果说区域内学区均衡发展讨论的是教育的社会属性、公益属性，那么区域内学区特色发展研究的是教育的经济属性。随着经济的发展，教育服务从短缺状态进入过剩状态，"买方市场"出现，而优质教育市场则以"卖方市场"的姿态出现。优质教育不足、教育同质化加剧了教育的供需矛盾。对教育优质化、多元化、个性化的需要呼唤学区和学校走特色发展之路。区域内学区特色发展是区域内学区均衡发展的内生模式，体现的是学区和学校在办学理念和主观追求上的完美统一。

我国地域差异显著，这种区域经济现状的差异直接导致教育的差异。然而，同一区域经济体内，也存在严重的义务教育发展不均衡。因此，笼统地讲义务教育资源均衡是没有意义的，在经济发展水平近似的区域内努力追求义务教育资源的均衡化是我国教育均衡发展要解决的一大难题。这种均衡化决不能以日、韩的"平准化"取而代之。日、韩曾推行"平准化"政策以推动教育均衡发展，历史经验证明，"平准化"政策使其义务教育效率、学校多样性逐步丧失。因此，均衡化应该是一种尊重差异的均衡化。胡森（Torsten Husen）认为三种平等分别对应于效率、公平和自我实现三种主要的社会价值：效率优先的起点平等论，公平优先的形式平等论，突出个性发展的实质均等论。[①] 区域内学区特色发展就是突出个性发展的实质平等论，其关系具体体现如下。

第一，特色与均衡并非矛盾的对立面。是不是有差异就意味着不平等？一种"普适性"、"应当性"的教育公平究竟是否存在？如果用整齐划

---

① 诸燕、赵晶：《胡森教育平等思想述评》，载《徐州师范大学学报（哲学社会科学版）》2007 年第 4 期。

一的手段、视角去审视教育的公平，那么区域内学区的鲜活将不复存在，教育均衡就只需"削峰填谷"或"牛奶稀释"。显然，这是不可取的。特色与均衡并非非此即彼的对立关系。

学区管理就是让区域内学区和学校资源配置更为一体化。区域内学区特色发展就是要促进区域内学区与学校呈现多元发展的格局。因此，我们可以从一体化与多元化的关系中探讨特色与均衡的问题。

"一体化"英文为 convergence，该词另有"趋同"、"趋向"的含义。可以认为它所指的是许多东西或许多因素在发展中趋于统一或整合为一个协调整体的过程及其结果，也就意味着其内部不是同质的，而是有着复杂的结构和包含着许多相对独立的部分。它所强调的只是这些部分能协调相处，能组合成一个统一体。"多元化"英文为 diversity，强调事物的多样性或说事物之间的差异，也就是说多样性部分是可以和而不同的。由此可以看出，"一体化"和"多元化"是指一个事物同时存在的两种或多种属性及发展趋势，一个强调的是同一，另一个强调的是差异。如同机体内的各种器官，它们各有其功能并组成一个统一体。所以，一体化不是单一化，允许内部有差别，而且是以差别为前提的。① 构建学区管理模式就是对区域内学区特色发展有所保留的一体化，而区域内学区特色是对学区管理有所丰富的多元化。

第二，从教育均衡发展的阶段看，区域内学区特色发展是新形势下教育均衡的新途径。教育均衡发展必须把握特点，区别对待。教育均衡发展特别是义务教育均衡发展可分为四个阶段。（1）低水平均衡阶段，这个阶段主要是让每一个适龄儿童都能享有受教育的权利和均等的受教育机会。（2）初级均衡阶段，这个阶段主要是追求教育资源的合理均衡配置，使受教育者在就学机会和受教育条件方面享受均等。（3）高级均衡阶段，这个阶段主要是追求教育质量的均等，办出学校特色，让每个学生的特长和学习潜能获得最大限度的发展。（4）高水平均衡阶段，这个阶段主要是让每一个学生都能接受相对均等的教育，都能最大限度地发挥自己的特长和学

---

① 王超：《欧洲高等教育一体化与多元化并存的合理性、实质及启示》，载《外国教育研究》2008 年第 2 期。

习潜能，获得学业成功。①

教育个性化、办学特色化是当前国际义务教育均衡发展的大趋势，也是实现教育向更高层次的均衡方向发展的要求。均衡发展不是"千校一面"，而应是鼓励学校积极创新，努力办出特色、办出个性的均衡发展。区域推进义务教育均衡发展，一个带有方向性的举措就是促进特色学区与学校建设。这是义务教育均衡发展未来道路的根本走向。② 美国学者麦克马洪（McMahon）指出，水平公平就是平等地对待平等，垂直公平就是不平等地对待不平等。特色学区与学校的发展就是一种垂直公平。③

二、区域内学区特色发展的内涵和特点

我国古代唯物论认为，形神一体，形具神生。由此可见，自有学校之日起，学校就有各自的特色。区域内学区的特色是有着本质意义的差别。如何界定"区域内学区特色"，可从语义学、学区文化等角度分析。

1. "区域内学区特色"的语义学分析

古人云："事物之独胜处曰特色。"可见，"特色"包含"独特"和"出色"两层含义。按照《现代汉语词典》的解释，所谓"特色"就是事物表现的独特的形态、色彩和风格，是事物呈现与众不同而且特别优异之处。"特色"的本质在于"独特"和"优质"两个方面。用通俗的话解释就是"人无我有，人有我优，人优我精"。

特色概念有广义与狭义之分。广义的特色是指有别于其他事物之处，是一个中性的概念，既可以指正面特色，也可以指反面特色。狭义的特色则专指正面褒义的特色。我们所研究的特色仅指狭义的，仅指事物的出类拔萃之处。

2. 区域内学区特色与区域内学区文化

区域内学区特色是学区内学校文化影响力的产物。学校流传一句俗

---

① 朱家存著：《教育均衡发展政策研究》，中国社会科学出版社 2004 年版，第20 页。

② 陈军：《区域推进：建设特色学校是义务教育均衡发展的走向》，载《人民教育》2010 年第 3 期。

③ 沈有禄：《教育权利：从机会均等到实现权利保障的平等——关于教育公平研究的综述》，载《教育学术期刊》2010 年第 4 期。

语：三流的学校靠校长，二流的学校靠制度，一流的学校靠文化。学区和学校管理的最高境界是文化管理。文化管理取代传统管理模式势在必行。徐国华、张德、赵平在《管理学》一书中指出，"走向文化的管理"是"21世纪的必然选择"。当今的学区学校管理存在着由理性的科学管理即物本主义的"硬"管理向人文管理即人本主义的"软"管理的跨越。这便是文化管理的标志。其至高的境界在于创造一种促进人不断学习和积极发展的组织氛围，进行内在的知识积累，在此基础上实现潜力的外化，实现"人是管理的目的"，即创新发展和自我实现。"人本化"的区域内学区和学校文化管理模式影响着学校的特色发展，为区域内学区特色发展奠定精神基础。

　　区域内学区特色就是学区内学校文化表现出来的独特之处。学区内的学校文化是以教育价值观为核心的文化体系。区域内学区精神文化、制度文化和形象文化都是区域内学区教育价值观的反映和表现形式。从某种意义上说，区域内学区特色就是区域内学区之间和学校之间的差异，但又不是一般的差异，因为差异无处不在，如学区与学校的名称、学区与学校的地理方位、学区与学校规模等。我们所研究的特色，不探讨这些一般性的差异，追本溯源，必须具有区域内学区和学校文化的差异。因为区域内学区文化上的差异是在学区与学区内学校师生自己创造形成、自己浸润其间、自己享用获益的文化差异，具有学区与学区内学校与众不同的气质特征。这种气质特征就是区域内学区文化的影响结果，体现在区域内学区师生员工的生存状态和生活方式中，其中区域内学区价值观是学区与学校师生员工生活方式的背后支撑，也是区域内学区与学区内学校文化的核心。如小学第一学区中的培正小学，是一所拥有一百多年办学历史的老校、名校，"善正教育"、"红蓝精神"一直是学校秉承的办学精神，以"红蓝精神"作为学校的核心价值观引领师生的教学行为，整合学校历史、传统、社区的资源，注以"善正教育"新的内涵，赋予学校特色新内涵。而培正小学的学校文化，正在通过学区内的各项活动，传播到学区内的各所学校，并影响着学区内的各所学校的文化建设，并逐步成为该学区的文化核心。

　　3. 区域内学区特色发展的定义

　　综合以上观点，我们认为区域内学区特色是区域内学区学校文化的产物，是区域内学区学校文化独特的体现。同时，区域内学区特色发展在学区环境下，吸收学区优质资源，优化学区内学校特色。因此，区域内学区特色发展就是区域内学区学校基于自身的历史传统、现实情况、学校文化，有效整合学区资源，按照区域内学区发展的特色定位、办学目标、办学策略，在办学实践中逐渐形成的一种区别于其他学区和学校的独特、优质而且相对稳定的办学气质和办学风格。

三、区域内学区特色发展的特点

区域内学区特色是区域内学区学校主体根据共同愿景和学校自身特点，经过长期努力而形成的优良独特的区域内学区与学校文化品质。其本质是区域内学区主体个性、智慧和精神的自觉外化。① 区域内学区特色具有以下特点。

第一，优质性。办学特色的形成与发展离不开一定的环境与基础，而优质性就是办学特色形成与发展的环境与基础，它决定着区域内学区特色的档次。离开了优质性，办学特色就成了无源之水、无本之木，缺乏生命力。归纳起来，优质性包含以下两层含义。一是办学特色本身的先进性、科学性，也就是说区域内学区的特色发展要具有一定的前瞻性，在多元文化形态下，是主流文化的代表。区域内学区选择的发展项目有较高的质量和水平。二是办学育人整体水平有着一定的质量，够一定的档次。

第二，独特性。区域内学区特色是区域内学区的学校在一定时期内沉淀下来的某些独特风貌。它在一定程度上具有不可替代性。因此，独特性是区域内学区的核心因素，是优质性的外显标志，是学区在具有学区内一般学校共性的基础上，又有着与众不同的个性。独特性的实质就是创造和革新，没有创造和革新就没有学校特色。达到或追求教育均衡、特色发展的途径或方式有很多，一般分为两类：一种是逆向，一种是顺向。逆向是指与使自己失衡的东西相对，或者说与之相矛盾、相斗争；顺向是与使自己失衡的东西相同，或者说与之统一、结合。"相应相成"是追求均衡（追求逆向均衡），人们容易理解；但"相反相成"追求均衡（追求顺向均

---

① 孙孔懿著：《学校特色论》，人民教育出版社 2007 年版，第 36 页。

衡），也就是说的这个意思。

第三，稳定性。区域内学区特色是学区内的学校在长期发展过程中保持某种办学风貌的结果，它标志着区域内学区某些教育个性的定型和成熟。办学特色的形成和发展不是一蹴而就的，而是一个长期而复杂的历史过程，一旦形成以后，能够相对稳定，被历届师生继承和发展，最终成为一种优良传统和优良作风。但同时，它的稳定性也是随着时间的变化在不断发展的。因此，办学特色又是一个动静结合的联合体，只动不静，形成不了特色；只静不动，发展不了特色。

第四，地域性。在学区管理模式下，区域内学区特色发展的地域特色尤为突显。过去学区内的学校各自为政，现在学区打开了校门，实现了精神、制度、特质、行为等层面的立体式共享，有利于学区内的学校在学区内寻求对口资源，推动自身的发展。通过合并，名校实现自己的品牌扩张，吸纳合并校的良好经验与资源，使学校特色更特、更优。薄弱学校或一般学校，通过结对、交流等形式，吸纳学区特色发展的对口资源，推动学区内的学校特色的形成与稳固。通过学区管理模式的构建，充分发挥学校的"邻近效应"，通过特色的发展，呈现区域内学区和学区内学校百花齐放、特色各异的办学状态，满足人民对教育的差异化需求。

第五，内在生成性。区域内学区特色的主导范式已经由过去的外在依附过渡到内在生成。区域内学区特色固然会含有某些自然自发的成分，但根本上则是学区内的学校主体在外部环境的作用下自觉自为的产物，体现出区域内学区主体的意志，是区域内学区主体对办学过程中经验性、盲目性、盲从性的否定与摒弃。学区内的每所学校主体的智慧和精神世界都不尽相同，外化的方向、力度和成效不尽相同，因而会形成种种不同的学校特色和学区特色。当然，这种特色的形成不全是意志的产物，而是在规律和条件允许的范围内才能发挥作用。

四、区域内学区特色发展的操作

教育个性化、办学特色化是当前国际义务教育均衡发展的大趋势，也是实现教育向更高层次的均衡方向发展的要求。均衡发展不是"千校一面"，而应是鼓励学校积极创新，努力办出特色、办出个性的均衡发展。

（一）区域内学区特色发展的操作框架

对区域内学区特色和特色学校建设的强烈需求是我国教育进入新发展时期的新特征。区域内学区特色和学区内学校特色的形成是天时、地利、人和的聚合，但面对优质教育需求的无限扩大，区域内学区特色和学区内的特色学校建设的内在要求已经不能依赖外在治理范式，而必须代之以内在生成的哲学。在区域内学区特色和学区内的学校特色这一循环往复的建设过程中，如何催生区域内学区特色内在生成机制是十分重要的。面对知识经济时代的新挑战，区域内学区特色和学区内的学校特色的形成可参照以下发展路径（见图 8-2）。

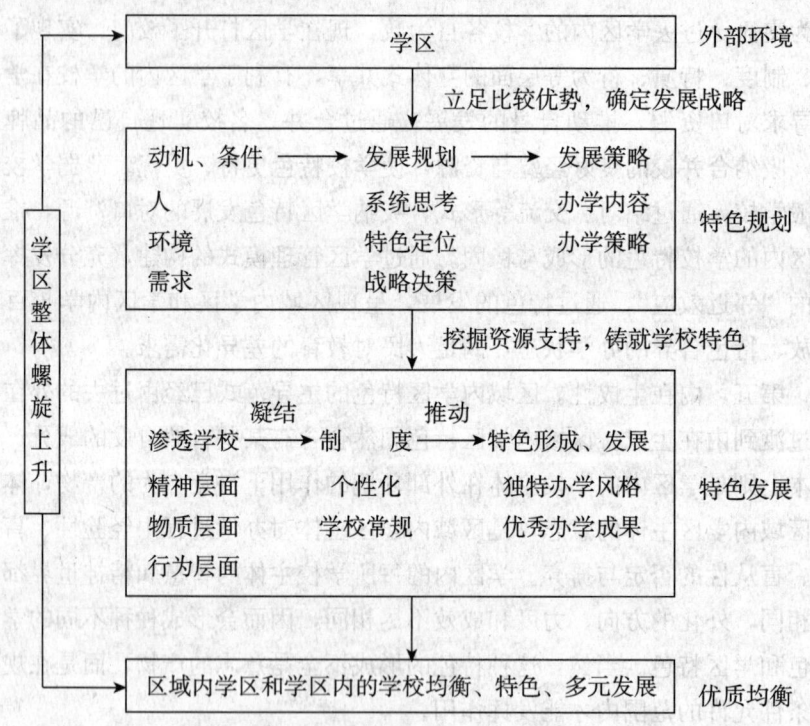

图 8-2　区域内学区特色发展的操作框架图

第一，区域内学区特色和学区内的学校特色是一种状态，又是一个过程——学校主体双向建构的过程。区域内学区特色和学区内的学校特色影响因素可分为内部因素和外部因素。内部因素包括学校办学思想、师资队伍、学生素质、管理机制、办学条件、文化积淀等方面。外部因素是指学区和学区内的学校所处外部环境，包括教育政策和法规、地域文化传统、社区社会经济发展要求等。区域内学区特色都是学区内的特色学校内外因产生的整合力的结果。区域内学区特色和学区内的学校特色发展过程不可避免地要经历外部环境推动—特色规划—特色发展—优质均衡这几个发展环节。

第二，特色规划是区域内学区特色和学区内的学校特色发展的前提保障。构建学区管理模式就是要学校高效共享，在共享中立特色、固特色、扬特色。学区和学区内的学校对自身突破性发展进行时位分析，根据个体特色发展阶段，分析学区和学区内有利于学校发展的对口资源的质与量、行与否，进一步明确区域内学区和学区内的学校发展的比较优势。经过系统思考、特色定位、办学目标、办学策略等步骤，确立区域内学区特色和学区内的学校特色发展规划。此外，不同学区和学区内不同类学校其特色发展策略与模式也不同。名校的特色发展重在文化建设和品牌扩张，致力于特色的优化发展。薄弱学校重在形象塑造和产品差异化，要规避同质化趋向。名校与薄弱学校的特色发展均是学校均衡发展的助力器，只是发展方向有所不同。名校的特色发展是一种正向均衡，常常是"传统发扬式"的特色优化发展。薄弱学校的发展是一种逆向均衡，是"借机发挥式"、"弊端矫正式"、"困境奋起式"、"空白填补式"的特色发展。

首先，区域内学区特色发展有其外部条件。学区的特色发展有其条件：需求、环境和人。需求是指学区内的学校具有发展特色的内在需要，这种需要有强烈与微弱、持久与短暂、普通与个别之分。区域内学区均衡发展进一步催化区域内学区和学区内学校的特色、多元、优质发展的需求。

环境主要是指外部提供给学区和学区内学校发展的政策环境、资源环境。区域内学区和学区内的学校特色发展分为三个阶段：特质孕育阶段、特点过渡阶段、特色成熟阶段。①

人包括学区组织的所有利益相关者，校长、教师、学生、家长、社区以及校友等，在特色学区和学校的建设过程中，他们的作用和地位并不相同，校长无疑是核心，教师是关键，学生是主体和目的。

---

① 孙孔懿著：《学校特色论》，人民教育出版社 2007 年版，第 142—146 页。

　　需求、环境、人构建了推动区域内学区和学区内的学校特色的"铁三角"，三者缺一不可。需求与环境启动了学校特色发展的动力机制，而人则是学区特色能否顺利推进的关键因素。因此，人的素质、人的需要和这种需要的唤醒与整合以及人的能动性的充分发挥，是学区特别是领导层需要认真思考的一个课题。①

　　其次，规划是学区特色发展的前提。如果说需求、人、环境构成了学校特色发展的动机与条件，那么学区规划则是学区特色发展的前提保障。特色规划要经历外部需求、发展规划以及确立策略三步骤。学区的发展规划是特色发展的关键点，要经历系统思考—特色定位—战略决策三步骤。比较要建立在对学区内学校的系统思考之上，不可以偏概全，应既将学区内的学校作为一个系统来操作，也将学区内的学校置入社会这个大系统中权衡。在系统思考中，应找准学区的比较优势，确立学区特色定位，再开展学区和学区内学校特色发展的战略决策。

　　最后，规划要落实到实践操作层面。确立战略决策后，关键是要将战略落实到实践操作层面，将办学理念转化成实践操作，将战略转化为策略。这些策略关键要落脚于学区内学校的办学内容与办学策略。

　　第三，学区特色发展路径。学区特色发展的实践路径不一，其发展渠道难以穷尽。考虑到学区特色发展的可操作性，学区特色发展可从以下五个方面入手：组织文化建设、课程建设、课堂教学创新、教研和管理。学区文化具有强渗透力，无孔不入，学区组织文化建设是学区内所有学校发展势必考虑的一个因素。但由于其具有较强的隐蔽性，而且需要一定时间的沉淀，因此，也不是所有学区和学区内学校都可以将之发展为学区与学区内学校特色发展的主导因素。学区要走文化管理模式，还需要一定的基础，只有当学区有较明显、稳定的核心教育价值观时，学区才有可能走出一条文化引领发展的特色之路。

　　在科学规划的基础上，学区可选择从以下路径将办学策略渗透进学校的各个层面，包括精神层面、物质层面和行为层面。办学策略在各层面产生效用，并不代表办学特色的形成，只有将这些凝结为制度，形成具有学

---

　　① 漆新贵、蔡宗模：《特色学校建设：内在生成的理念》，载《中国教育学刊》2010年第2期。

区个性和学区内学校个性特色的规章制度，学区特色才初具雏形。最终，在这些制度的推动下形成学区和学区内学校独特的办学风格，产生优秀的办学成果。至此，才可以说学区特色和学区内学校特色形成。

第四，学区特色发展推动学区内学校优质均衡发展。学区特色渗透到学区内所有学校的校容校貌、标识系统、教育管理、教育教学过程、家长及社区工作中，经过时间的积淀，将隐性的知识显性化，形成各项制度，规范师生行为，并形成独有的师生特质，育化出学区和学区内学校的独有特色。特色各异的学区和学校最终促成了区域内学区均衡、特色、多元发展。这是区域教育均衡追求的终极目标，也是构建学区管理模式的目标之一。

（二）区域内学区特色发展的典型案例

历史与时代的契合

——外语学校特色发展个案

特色是学区和学校发展的硬道理，特色是质量的升华，质量是特色的生命。由此可见，创建学区特色和学校特色是时代的呼唤，是现代教育发展的客观要求，是学校自身生存和发展的需要，是薄弱学校能否异军突起的有效途径，也是实现教育优质均衡发展的最佳途径。中学第二学区中有越秀外国语学校（原广州市第二十七中学，以下简称"秀外"）和华侨外国语学校（以下简称"侨外"），其以特色求发展，是学区在学校历史渊源中注入新的时代气息，是越秀教育以特色促均衡发展的一次尝试。

案例背景

越秀区是广州市的教育强区，名校林立，示范高中、省一级学校随处可见。秀外和侨外作为中学第二学区中的普通中学，如何在夹缝中求生存，如何规避学校发展的同质化趋向，如何化茧成蝶，谋求更高位的发展，成了摆在学区和学校领导面前的一个个紧迫的现实问题。

案例描述

教育国际化是经济全球化发展的客观要求，是推进教育改革发展的战略举措。扩大教育开放、推进教育国际化是越秀区建设国家中心城市核心区、提升区域综合实力和国际竞争力的必然选择。近几年来，中学第二学区和学区中的秀外和侨外秉承学校外语特色传统，利用外国语学校的独特优势，致力于办学国际化，全方位开展国际交流与合作，学区内学校学生的外语水平在同类学区学校中名列前茅，外语特色已经得到社会的广泛认可。几年内将秀外和侨外建设成为特色鲜明、业绩显著、区内享有盛誉、市内有高知名度、省内有强辐射力的与国际教育接轨的优质中学。有此佳绩，缘于学区和学校紧扣时代精神，深挖学校资源，在传承、整合、创新中创立学校品牌，扎实走好学区特色和学校特色发展之路。

1. 学校改名：避免同质、优化特色

学区内的越秀外国语学校创建于 1948 年，原名广州市第二十七中学，1985 年命名为"广州市外语职中"，1999 年命名为"广州市外语综合高中"。多年积累的外语教育办学经验造就了广泛的社会知名度。当区域教育进入纵深发展时期，在区委、区政府、区教育局的支持鼓励下，根据学校内外诉求，于 2008 年正式更名为"广州市越秀外国语学校"。校名的改变，是一次全新的出发，一次本质的跃升，是一次将学校历史渊源与时代机遇有效整合的创举。

2. 课程优化：丰厚外语特色的培养基础

课堂是学校的主阵地，课程则是学校特色的主要表征。秀外和侨外优化课程结构，深化课程改革，夯实外语特色，为国际化人才的培养奠定基础。

实行英语小班化教学。秀外和侨外在英语小班化教学方面探索出一条行之有效的成功之路。秀外和侨外所有外语课程都实行小班化教学，即将每个班级拆分为 A 班、B 班两个小班，每个小班不超过 25 人。小班化教学有助于强化课堂互动，增加学生参与课堂活动的机会，充分体现新课程所倡导的"以学生为主体"的教学理念，提高课堂训练实效，从而确保外语特色的发挥。

开展丰富的外语第二课堂。秀外和侨外有着浓厚的外语学习氛围，定期举办英语演讲比赛、英语课本剧比赛、外语文化艺术节等活动。丰富多彩的校园文化生活不仅营造出浓厚的外语学习氛围，还给学生提供了展现外语综合素质的平台。

3. 国际合作：搭建走向世界的桥梁

经济全球化推动教育国际化，学生流动是教育国际化的重要标志。为拓展学生视野，培养学生的国际理解力，秀外通过搭建多元的国际交流平台，推动学生与国际的交流。

第一，免试直升国际知名高校。秀外的学生可免除托福或雅思考试，也不需参加入学考试，可直接升读美国东洛杉矶学院、阿肯色州立大学、英国哈普瑞学院、北安普顿大学等 4 所美、英名校，并可获得学费优惠、优厚奖学金和勤工助学机会。将来，学校将继续开通与法国、德国、澳大利亚、新西兰、阿根廷等国家的"大学直通车"项目。

第二，积极参与 AFS 项目。AFS 国际文化交流组织（AFS Intercultural Programs）是一个从事国际教育交流的非营利性民间国际组织。秀外不仅负责接待来华交流的外国学生，也参与"高中学生年度派出项目"和"高中学生年度接待项目"。

第三，积极参与 CISV 项目。CISV（Children International Summer Village）是联合国教科文组织正式属下的非政府组织，是一个非营利性的国际知名志愿者团体。秀外于 2008 年 10 月与 CISV 签约，参与国际交换项目。根据协议，秀外的学生可以到美国佛罗里达州杰克逊维尔市进行为期一个月的国际交换活动，同样，美国的学生也可以回访秀外。

第四，与友好姊妹学校教育交流。学校与全球知名的高校和中学建立合作关系，通过合作关系，组织秀外和侨外的师生到国外留学、访问、交换或举办夏令营活动。

第五，深入探索与国际教育接轨，开办国际班和孔子学院。秀外和侨外准备在条件成熟的时候开办孔子学院，招收外籍学生，教授和推广中国文化，进一步扩大学校在海内外的影响。同时，秀外和侨外还与海内外教育机构联合开办各种类型的国际班，直接引进原汁原味的国际课程，让学生零距离参与对话，真切感受外国文化。

案例评析及启示

近几年来，秀外和侨外外语特色日益彰显，生源水平不断提高，教学质量节节攀升，社会美誉度和知名度不断提升。秀外的腾飞是越秀教育均衡发展、特色发展战略成功实施的范例。

秀外和侨外的成功办学案例给予我们的不仅是办好每一所薄弱学校的信心，而且引发了办学的深层思考。

第一，发展定位是学区和学区内学校特色发展的前提。这一前提离不开基于比较优势分析的系统思考，离不开学区内学校的原有基础，也离不开学区内学校所处的社会环境，小到社区、学区，大到整个社会的教育背景。因此，学区与学区内的学校能否优质发展，一定要整合各项合力，优化办学环境。

第二，国际理解教育仍需进一步强化。在全球化形势下，外语特色学校的发展，不能仅停留于语言学习的技术层面，而应该立足于具有国际视野人才的培养，国际视野人才的培养核心之一就是其国际理解力。因此，外语学校的学生素质培养要注重国际沟通与交往能力的培养，包括外语应用能力、跨文化沟通能力、信息处理能力、创新能力和良好的心理素质。此外，在外语教学上，强调外语教学的工具性、人文性、国际性，三者并驾齐驱，实现外语教学的跨越式发展。

五、学区特色发展的比较分析

学区特色发展可以改变学区内学校的僵化局面，激发学区和学区内学校的办学活力，为学生发展提供多种风格的教育，有利于较好地满足个性化的教育需求。同时，特色学区和学区内特色学校建设使社会资源的配置更加合理，教育均衡发展的基础更加扎实。通过对学区和学区内学校在均衡发展的同时实现特色发展的比较，我们认为，学区管理促进区域义务教育实现均衡发展的同时，也保留了学区和学区内学校的特色发展，其优势在于以下几点。

第一，进一步引导、鼓励学区和学区内学校特色发展，推动区域义务教育均衡发展。首先，要加强行政引导。在教育资源均衡配置的前提下，政府应鼓励学校根据自身发展的差异打造特色，形成相对稳定的育人模式和自己的发展优势，推动义务教育均衡发展。其次，要百花齐放。人民群众对优质教育多样化的需求，希望教育在特色发展的同时要百花齐放，从而更有效地促进区域义务教育均衡发展，满足人民群众对优质教育和多样化教育的需求。

第二，加强学区管理，探寻学区和学区内学校特色发展路径。"善攻者动于九天之上。"特色学区和学区内特色学校建设的核心主体是学区和学区内的学校。从学区与人、学区与政府、学区与市场、学区与社会、学区与文化等几个理论视野进行反思和考察可得出如下结论：学区特色和学区内学校特色发展的实质与目的是学区和学区内学校的自主发展，学区精神的重建是学区特色发展的核心与灵魂，提高学区的办学效益和增大人的活动自由度是学区和学区内学校特色发展的两大课题，从外控管理走向自主型学区管理是学区特色发展和学区内学校特色发展的必然选择，有限办学资源的优化配置与优质教育资源的打造是学区和学区内学校特色发展的重要环节。

同时，要加强学区管理中草根式的学区培训。学工区的个性特色不是自发形成的，而是一个有意识、有目的、有计划的建设过程。学区培训是结合学区教育教学实践的培训，个性特色的形成便是学区培训的最终目的和核心思想，学区与人的自主发展才是学区特色发展和学区内学校特色发展的实质和核心。提高学区和学区内学校办学效率和激发人的自主能动性乃是当前学区特色发展和学区内学校特色发展实践必须同时完成的两大历史任务。

第三，加强学区文化的建设，在文化建设中探寻特色之路。学区和学区内学校弥足珍贵的资源是文化，最有传递性的文化资本在教育中影响深刻。学区文化决定了学校教师的价值取向，学区的发展有赖于文化的引领。连锁办学，要将学区文化提升到发展战略的高度来关注与建设，要不断发扬优秀传统文化，与时俱进地不断培育发展。江苏省教科院的彭刚在谈到学校文化建设中形成学校特色时指出："学校文化建设与学区特色形成是同一枚硬币的两面，在学区文化建设中形成学区特色和学区内的学校，着眼于课程与教学特色的形成，其实就是在建构学区文化的软实力。"① 因此，学区的特色发展要注重学区和学区内学校特色文化的培育与形成。

第三节　区域内学区教师专业发展的比较分析

择校问题广受诟病，择班问题暗流涌动，前者是对教师团队的一种共

---

① 尹祥：《中小学学校特色研究述评》，载《江苏教育研究》2010 年第 4（A）期。

同选择，后者是对教师个体的针对性选择。二者归一，就是一个师资力量在区域、校际、校内配置不均衡的问题。因此，师资均衡是教育均衡的关键，离开师资力量的优质均衡发展来谈教育的均衡发展，无论如何都只是纸上谈兵。

学区教师专业发展就是针对以上问题，以学区内教师的学习共同体为载体，整合人力资源，寻求教师群体均衡、优质发展的内生模式。

一、教师专业发展的内涵和特点

(一) 教师专业发展的内涵

1. 教师是一种专业

教师是否像医生、律师一样的专业，教育界争议已久。"专业"的概念在国际教育界广泛运用的是美国学者利伯曼（M. Liebeman）。他指出，所谓"专业"应满足以下基本条件：（1）范围明确，以"垄断"的形式从事于社会不可缺少的工作；（2）运用高度的理智性技术；（3）需要长期的专业教育；（4）从事者无论个人、集体均具有广泛的自律性；（5）在专业的自律性范围内，直接负有作出判断、采取行动的责任；（6）不以营利为目的，而以服务为动机；（7）形成综合性的自治组织；（8）拥有应用方式具体化的伦理纲领。① 由此可见，教师职业是专门职业，教师就是专业人员，教师的发展就应该强调专业发展。然而，长期以来，教师地位不受重视，认为只要把基本的技术传授给教师，教师就能胜任课堂教学，完成教学任务。直至 1966 年，联合国教科文组织和国际劳工组织在《关于教师地位的建议》中，首次以官方文件形式对教师专业化作出了明确说明，提出"应把教育工作视为专门的职业"②。自此，教师的专业地位才正式被确立。

2. 教师专业发展的定义

对于教师专业发展的界定，国内外专家学者有不同的论述，迄今为止没有最具权威性的界定。各学派，从态度、功能、专业表现、情感、阶段

---

① 刘芳：《教师专业发展之策略》，载《教育探索》2003 年第 9 期。
② 潘海燕主编：《教师的教育科研与专业发展》，中国轻工业出版社 2006 年版，第 4 页。

等方面提出各自的观点。其中，最具代表性的有哈格里夫斯（Hargreaves）和富拉恩（Fullan）（1992）的专业表现派[1]，伊文思（Evans，2002）的态度和功能派，哈格里夫斯（1995）的情感派等。

戴（Day，1999）综合众多学者的观点提出一个颇具包容性的观点认为教师专业发展是包含所有自然的学习经验和有意识组织的各种活动。[2]

我国学者李瑛综合众多学者的观点，也提出一个颇具包容性的观点，认为教师专业发展是指以教师个人成长为导向，以专业化或成熟为目标，以教师知识、技能、信念、态度、情意等专业素质提高为内容的教师个体专业内在动态持续的终生发展过程。[3]

我们认为，教师专业发展是指教师在专业学习共同体中，以教师知识、技能、信念、态度、情意等专业素质提高为内容的教师个体专业内在动态持续的终生发展过程。[4] 剖析定义，有以下两个方面的含义。

第一，学习共同体是教师专业成长的培养基础。面对瞬息万变的知识经济时代，教师需要及时进行知识的更新换代，应对以知识传承为中心的传统教学模式向以学生自主发展为中心的现代教学模式转变。单枪匹马难成气候，闭门造车必遭淘汰。教师必须破除各自为战的学习与工作方式，在专业学习共同体中促进自己的专业成长。因此，要厘清教育专业发展的含义，首先必须了解学习共同体的内涵。

"共同体"一词是社会学、人类学研究中的概念，最初来源于德国学者滕尼斯（F. J. Tonnies）采用的德文 gemeinschaft，用以区别"社会"一词，原义是指共同的生活。滕尼斯用这个词指称那些具有共同价值取向的、关系密切的社会关系和社会团体，认为用忠诚的关系和稳定的社会结构来界定"共同体"是最恰当不过的了，因为他发现个人在共同体中，比起更大

① M. Speck & C. Knipe (2001). *Why can't We Get it Right? Professional Development in Our Schools*. Thousand Oaks, California：Corwin Press.

② C. Day (1999). *Developing Teachers：The Challenges of Lifelong Learning*. London：Falmer, p. 4.

③ 李瑛：《我国教师专业发展研究综述》，载《巢湖学院学报》2006 年第 8 期。

④ 卢乃桂、钟亚妮：《网际视野中的教师专业发展》，载《比较教育研究》2006 年第 2 期。

的社会环境，会养成更强有力的、结合更密切的关系。共同体分为三种类型：话语共同体、实践共同体和学习共同体。一个共同体若是以学习作为其主要的实践活动，那么它就是一个"学习共同体"。①

广义而言，凡是以社会协商的方法建构知识的团体都可以称为学习共同体。它是一种多元、民主、平等而安全的开放式学习环境，不仅能促进学习者认知的发展，同时也催生了学习者的主体性，从而提高学校、课堂教学实践的质量。

第二，学习共同体能够完善教师专业发展结构。教师的专业发展涉及多方面、多层次，主要包括专业信念、专业精神、专业知识和专业能力四个方面。专业信念是指教师个体对从事教师职业价值的追求。具有专业信念的教师，不仅仅把教师当作一种职业，一种谋生的手段及生存的依靠，更是把它当作实现人生价值的一项崇高事业。专业精神是指教师的专业灵魂，集中体现为爱智统一。专业知识是指教师应具备的教育理论知识和学科知识，这是教师力行传道、授业、解惑职责的根本保证。专业能力是指教师从事教学活动所具备的语言表达能力、教学设计能力、课堂管理能力、师生交往能力及创新能力等，这是有效教学的关键。

（二）教师专业发展的特点

教师专业发展是以知识为主载体的、终身化的、自主发展的学习过程，"知识"、"终身化"、"学习"、"自主发展"成为了当今教师专业发展的核心概念。围绕这几个核心词，教师专业发展也是在多因素综合影响下的个性与共性的统一，内在与外在的统一，个体与集体的统一。具体表现在以下几方面。

第一，知识的依附性。教师是知识的吸收者、传授者以及运用创造者，是学校中极其重要和基本的知识载体。从某种意义上讲，教师专业发展就是支撑教师专业的知识体系不断丰富和完善的过程。正如孙中山先生所主张的"文学渊博者为师"②、"惟必有学识方可担任教育"③。教育肩负"开民智"的育人职能，"学习"、"知识学习"、"终身学习"是教师的

---

① 郑藏、李艺：《学习共同体及其生成》，载《全球教育展望》2007年第4期。
②③ 孙培青、李国钧主编：《中国教育思想史》第3卷，华东师范大学出版社1995年版，第147、148页。

工作常态、生存常态。因此，我们认为教师专业发展是以教师的专业知识为载体的教师的专业成长史，就是教师的专业知识发展史。

第二，发展的动态性。教师专业发展是一种动态发展的过程。教师的态度、价值、信念、知识技能和种种行为表现需要经常调整、修正、重新审视、评估、接受挑战和考验。① 虽然教师作为一门具有规范性的行业，其专业能力中常规性的部分——具有确定性的知识，会以相对稳定的方式存在于个体之中，并指导教师的教育教学行为，然而知识经济时代，知识以几何级数的速度日新月异，这部分知识仅具有相对稳定性，难以长时间存在。因此，教师专业发展不是一件一劳永逸的事情，而是一个一体化的过程，是一个动态发展的过程，贯穿于教师的整个职业生涯。

第三，文化的生态性。教师专业发展具有社会性，社会环境给予人身心发展巨大的影响。人与社会环境并非对立的关系，而是一种所属关系，人处于社会环境中，二者相互"营养"。不同的学校构成不同的"文化生态圈"，可视为一种微观的文化模式。教师就生活在这一文化生态下，教师作为一门专业，其成长离不开其社会子环境——专业学习共同体。因此，"孤独的学习者"将不复存在，只有在学习共同体中求发展，才能使个体不断地保值、增值。教师专业成长的"母体"——各类学习共同体，它是一种组织，会产生组织文化。共同体是组织文化诸因素影响所产生的结果。我们要在学校管理组织下，充分发挥学习共同体、资源共享对教师专业发展的催化作用、孵化作用、助力作用。借助学习共同体的构建、资源共享等均衡手段，通过培训、研讨、结对、帮扶、共享等组织活动，在交流与"浸润"中，使弱者变强，强者更强，教师整体实力得以提升，教师间差距缩小。

第四，发展的阶段性与连续性。教师传授的主要载体——知识日新月异，专业技术愈来愈复杂，更新的速度也愈来愈快，任何人很难只靠十年或二十年正规教育，就具备一生所需要的工作能力。因此，教师专业发展是一件活到老、学到老的终身化的事情。教师只有不断地进修和研究，以

---

① 谢惠存：《教师专业发展的途径》，载《运城学院学报》2008 年第 2 期。

终生学习为基本理念，才能不断促进自身的发展，确保教学的知识和能力符合时代的需求。

第五，发展的自主性。教师专业发展是个体自主发展的过程，因此具有强烈的个人色彩。因为人不仅能把握自己与外部世界的关系，而且具有把自身的发展当作自己认识的对象和自觉实践的对象，人能构建自己的内部世界。只有达到了这一水平，人才在完全意义上成为自己发展的主体，① 从而把个体对自身发展的影响提高到自觉水平，实现质的转变。

教师专业发展是以人为本的发展过程，是具有职业幸福感的发展过程。追寻职业幸福感，就要找到教师职业对于社会而言的外在价值与对于从业者教师而言的内在价值之间统一的基点，找到获得外在与内在相统一的尊严与欢乐之源，教师需要充分调动教师的自主发展意识，把握职业成长中的主动权，在提升的同时保持特色，突出优势。

教师专业发展，是以教师自身主体性觉醒为前提，把教师发展的外在动力转变为内在动力，促进教师主动进行专业发展和提升。教师是具有自我发展需要和意识的群体，这一向度保证教师不断自觉地促进自我专业成长，它是教师自我专业发展的内在动力。

二、学区教师专业发展的操作

（一）学区教师专业发展的操作框架

教师专业发展归根结底就是人力资源的开发管理。这一观念是随着管理的价值取向更加突出以人为本，以提升能力为本，以追求知识的创新为本而转变的。可以说，教师专业发展已由单纯的经验管理、制度管理，进入到基于人力资源的开发管理，其中最为重要的是人的智慧的开发与知识的增长，它是人力资源中极其宝贵与核心的要素。因此，我们将以学区教师学习共同体为载体，探讨以知识管理为核心的学区教师专业发展的操作方式。其操作方式如图 8-3。

---

① 叶澜等著：《教师角色和教师发展新探》，教育科学出版社 2001 年版，第 240 页。

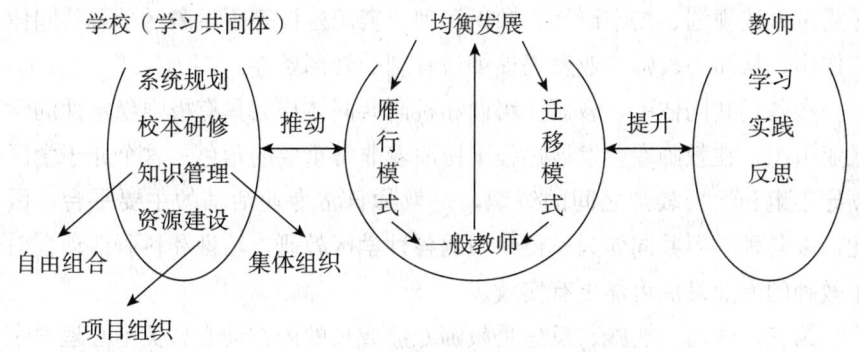

图 8-3　学区教师专业发展操作框架

第一，教师专业发展是主客体双向作用的结果。以往教师的培训比较强调教师技术和知识的传授，实际上将教师置于被动发展的状态。因此，内因与外因共同推动教师的专业发展，是主观与客观的结合，但内因往往是决定教师专业成长深度的主要因素。有学者指出，狭隘、规范、重复的生活方式使教师成为外在制度和规范的仆从，在这种生存方式下教师逐渐丧失了自主的精神和创造的意识。教师要挣脱这种奴役并拥有独立的精神和创造的意识，依靠的是不断的学习。

教师专业能力的提高，必须着眼和根植于教育实践，教育实践是教师发展的肥田沃土。教师应当与学校日常生活联系在一起，与身边的教学和学生的变化联系在一起，并根据自身的实践进行系统的反思，从而更好地改进和提高自身的教育教学工作，促进自身的专业发展。因此，学区努力引领、激活各学习共同体的发展，激发学校名师的引领作用，为教师专业发展提供外部条件，教师个体通过学习、实践、反思等途径提升自我，二者归一，推动教师专业的均衡发展。

第二，学习共同体是影响教师专业发展的外部条件。学区内教师的学习共同体可以分为组织学习共同体（如学校开展全校性的组织学习，这种全员参与所构成的学习共同体就属于组织学习共同体）、项目学习共同体（指基于学校内部行政分工，以项目为单位组成的学习共同体，如教研组、年级组、科研组等）、自由组合共同体（当学校行政能力无法涉及的时候，教师可根据自己的专业发展需要，自由组合学习共同体，如师徒结对等。这种学习共同体有时具有极强的隐蔽性，是前二者的有效补充）。

学区内各项共同体能否发挥有效作用，需借学校管理手段去激活。学区通过系统规划、校本研修、知识管理、资源建设等手段激活学习共同体的作用，从而为教师专业发展提供最有利的外部条件。

在各类共同体中，教研、培训和科研共同体作为具有极强稳定性的学区亚组织，在教师专业发展过程中扮演着非常重要的角色。这个介于学区领导小组和学校教师之间的组织，是教师日常专业活动的主要平台，因此，以各种学习共同体为单位组织的各种学区教研、培训和科研活动，对于教师的专业发展可能更有实效。

第三，学习、实践、反思是教师专业成长的内在动力。美国心理学家波斯纳（G. J. Posner）认为："没有反思的经验是狭隘的经验，至多只能形成肤浅的知识。如果教师仅仅满足于获得经验而不对经验进行深入思考，那么他的发展将大受限制。"[①] 因此，他提出了教师成长的公式：成长＝经验＋反思。同时，考尔德希德（J. Calderhead）也说："成功的有效率的教师倾向于主动地创造他们事业中的重要事情，包括他们的教育目的、课堂环境以及他们自己的职业能力。"[②] 因此，反思可以帮助教师把经验和理论联结起来，从而更加有效地运用自己的专业技能。

第四，名师是带动教师专业能力整体提升的关键。名师作为学科带头人，对学校本学科发展起重要作用。充分发挥名师的领雁作用，推动名师专业精神、专业能力、专业理念、专业知识向一般教师迁移，实现以强带弱、双向发展的目标，达到使名师更强、一般教师向名师成功转化的结果。其中，名师的辐射作用是通过雁行模式、迁移模式来实现的。

（二）学区教师专业发展的策略

1. 以有效的管理为保障，确保教师的可持续发展

政府要高度重视学区内教师的专业发展，将学区内教师的专业发展作为学区建设的核心工作来抓。为了在学区建设中促进教师的专业发展，学区要制定《学区科研管理办法》、《学区教师继续教育管理办法》、《学区骨干教师培养办法》、《学区教坛新秀培养办法》、《学区名师工程实施方案》、《学区培训工作方案》和《学区教研工作方案》等促进学区教师专业发展

---

① 王艳红：《让教学反思伴随数学教师专业成长》，载《陕西教育（教学版）》2011 年第 11 期。

② 李蔚芸：《实践·反思·提高》，载《考试（高考英语版）》2007 年第 81 期。

的政策和制度，在区级层面总体规划学区教师专业发展的目标、方向、程序和措施，为学区教师专业的可持续发展奠定扎实的政策保障。

2. 以名师工程为抓手，促进教师的高位发展

区教育局遵循教育人才发展的规律，采用协调管理、目标激励、分层培养的策略，为学区教师向高位发展搭建发展平台。如越秀区学区名师培养计划包含名校长、名教师、名班主任三个系列，按照选拔、培养及管理三个方面进行操作实施。在管理方面，制定名校长、名教师、名班主任管理和奖励办法，完善区域教育高层次人才的培养和使用的机制和政策，形成有利于人才发展和发挥的良好环境；在选拔和分层培养方面，按照教学年限、教学特长、教学质量、科研课题、论文发表或专著出版、成果获奖和学科荣誉等标准，在学区教坛新秀、优秀教师和学科骨干教师的基础上，经过学校与学区推荐，学科评审组听课和大评审组评审，选拔出区名校长、名教师、名班主任；在目标激励方面，建立名校长、名师和名班主任档案，以科研课题为载体，签订目标考核任务书，通过名校长工作室，培养一批在学科方面有较高素质和水平的人才队伍，带动一批年轻教师的成长，引领教师向高层次发展，促进区域教师的均衡发展。

3. 以培训为途径，促进教师的均衡发展

为了促进学区教师的均衡发展，以更新教师的教育观念为核心，以学科专业培训为基础，以现代远程教育为依托，分层、分类、分学科地进行学区的各种培训活动。在行政层面，学区组织行政部门干部、培训者、校长、骨干教师、全体教师五个层次的人员分别进行全员培训。在学科层面，精心设置具有针对性和实效性的学科专业培训课程体系，共分六大模块：一是各专业学科教育教学理论的培训，二是学科教学中的热点和难点问题的培训，三是学科课堂教学能力与艺术的培训，四是现代信息技术与学科教学整合的培训，五是校本研究方法的培训，六是学科校本课程设计与开发的培训。学区通过分层、分类、分学科的各种培训活动，解决学区教师在教育教学实践中遇到的问题，提升教师的教育教学理论与实践水平，促进教师的均衡发展。

4. 以英语工程为纽带，拓宽教师的教育视野

英语教育工程是学区名师培训的特色项目。区政府采取"走出去，请进来"等策略，积极、有效地开展名师和优秀教师的培训工作，全面提升

学区校长、教师的英语口语交际能力，拓宽教师的教育视野，促进教师的专业发展。其中，"走出去"是指学区每年通过考核选拔一批名校长和名教师到英国和美国高校进行为期一个月的短期培训，对欧洲国家的文化教育进行零距离的接触，开拓名师的视野，更新名师的教育教学理念及提高他们的英语水平，使区域名师具备国际教育视野。同时，组织区域名校长、名教师到江浙地区、中山大学等进行了为期一个月的异地培训，开拓名校长、名教师的视野，使名校长、名教师能够学习其他地区先进的教育教学经验，从而提高自身的教育管理与教育教学水平，促进自身专业的可持续发展。

"请进来"是指通过外专局和中介机构考核聘请英语国家的英语教育专家和本地高校的教授到学区开展教育教学活动。一是利用假期对学区中小学英语教师进行每期 10 天的封闭培训。二是利用节假日时间，送学区的优秀教师到中山大学等高校进行短期培训。通过这些培训，转变名教师们的教育教学理念，进一步提高名教师的专业水平和专业能力。

5. 以英特尔未来教育为契机，提高教师信息技术与学科的整合能力

英特尔未来教育培训是融合多种先进的教育教学理念，以任务驱动的方式，让教师在完成单元作品集的过程中领悟新思想、新方法的一种培训方式。该培训方式能够使信息技术与学科课程整合的英特尔教育理念深入到学区的学校和教师心中。学区采用"以自学为主，以展示交流为辅"的培训策略，为参与教师营造愉悦的学习氛围。同时，强化主讲教师的个别辅导，加强参与教师交流展示活动的目的性，特别是在突破框架问题设计这个难点上，做到责任到人，加强过程测评和培训成果在教学中的应用，积极实践了信息技术与学科课程整合，从而改变教师多年来习以为常的教学方式和教学行为，提高教师信息技术与学科的整合能力及信息素养。

6. 以课题研究为带动，促进教师的和谐发展

学区以教育教学改革与发展的实践问题为课题，以学科教学实际中的难点和热点问题为重点，以学科教学研究为依托，在专家的引领下，依靠学区教师自身的研究力量，通过研究和探讨，解决学区与学校教育教学中的实际问题，提高学区与学校的教学质量和效益。如越秀区中学第一学区以全国教育科学"十一五"规划课题"'四合一'教学模式的普适性研究"作为学区建设的切入点，研究课堂教学，提高教学实效性，推进学区建

设，促进学区教育均衡发展，有效带动推进了学区工作的开展，达到了科研促教、专业培训、有效提升、共同发展的目的，初步实现了让每一个学生都能接受到同样的优质教育。

7. 以教研为核心，促进教师的特色发展

教师的专业发展根植于教研。越秀区以学科课例为载体，以叙事反思为抓手，形成了"自我反思—同伴互助—专业引领"的学区教研策略，提升教师的教学实践能力，促进教师的特色发展。在区域层面，越秀区教育发展中心每学期为学区提供学区教研的主题指引，供学区参考使用；在学区层面，重点对学区教研制定规划，设计专题，搞好活动策划。

在学区层面，抓好三项工作开展学区教研。第一，完善"学区—学科—学校"教学研究小组，并且重视组建学区层面指导学科教师集体协作研究的教研备课组。第二，制订学区教研计划，因地制宜安排学教研时间。第三，选好学教研的课题，开展形式多样的教学热点和学习质量研究。第四，构建课堂教学实例教研模式，使教师们在现场的观察和集体的诊断分析、讨论和研究中，获得新的认知、体验和感悟，并通过反思实现教学重建，从而提高教师们驾驭课堂、优化教学过程的能力和素质。第五，及时奖励学区教研的成果，提供展示的平台。

三、学校教师专业发展的案例

构建学习共同体，促进教师专业发展
——以小学第四学区英语教研组为个案

构建学区管理模式其目的无非是构建立体式学习共同体，实现硬件资源、人力资源、知识资源共享，推动各办学实体——学校办学实力的提升，实现区域教育优质均衡发展。从宏观把控到微观探析，教师专业发展最终都会成为学区建设成功与否的关键因素之一。如何构建高效的学习共同体成了学区管理模式在微观层面集中思考的问题。学区科组是教师专业发展最直接的现实载体，因此，将学区科组打造成实至名归的学习共同体，是推动教师专业发展的落脚点之一。

案例背景

小学第四学区英语教研组是以知识为主体的、以专业为纽带联结的一

个教师群体，是集教学、科研、管理于一体的学校亚组织。其有效运作直接影响着学区与学校的发展。因此，面临学习的挑战与机遇，学区英语教研组着重思考如何加速学区教研组的融合，如何将学区英语教研组营造成一个温暖、快乐、进取的战斗集体，如何实现集体与个体的共赢。最后，提出将学区英语教研组建设定位为打造高效的学习共同体，探寻在集体成长轨道中寻求个人专业成长，实现"集体发展，个人受益"的目标。

案例描述

任何组织的特征都体现于精神层面、制度层面、行为层面。学习共同体的构建自然也离不开这三个层面的打造与完善。因此，学区英语教研组提出了构建学习共同体、促进教师专业成长的三维目标——凝聚力、发展力、竞争力，并提出了打造三维目标所对应的举措。通过学区英语教研组文化建设（精神层面）培育团队的凝聚力，通过专业引领（制度层面）提升教师的专业水平，通过加强知识管理（行为层面）培育教师的教学技能与水平，提升其竞争力。三者互相影响，互为推力。文化建设是共同体建设的灵魂，专业引领是共同体建设的制度保障，知识管理是将学区英语教研组打造成学习共同体的焦点和核心，也是推动具有离散性特点的教师融合的助力器。

1. 文化建设：打造团队凝聚力

群体凝聚力是反映群体倾向于黏合在一起，共同去追求某一目标或对象的动力过程，是反映集体性运动项目群体心理特征的一个重要指标。因此，学习共同体的建设首先要建立正确的组织文化，要克服科组的离散性，培育其凝聚力。学区英语教研组基于学区与学区内学校的实际，确立了"交互、合作、分享、向上"的学区英语教研组文化建设目标。

在精神层面，学区英语教研组提出了"四个一"，即树立一种意识——学习共同体，培养一种核心价值观——集体发展、个人受益，营造一种氛围——团体学习，培育一种精神——积极向上。

构建学习共同体就是要打破交流壁垒，营造一种知无不言、言无不尽的民主研讨氛围。因为合作的、无威胁性的氛围是教师同伴互助取得良好效果的保障之一。学区英语教研组从意识形态去引导教师破除坚冰，摒弃"各自为战"封闭的学习态势，树立在集体中学习成长的意识。引导教学骨干扫除"教会徒弟，饿死师傅"的心态，培育良好的同伴互助氛围。例如，在绩效奖中设立资源共享奖励，对承担学区英语教研组任务、贡献教学资源的予以奖励。其次，在绩效中设置集体奖，一人强没有用，集体强才是真的好。如果整个年级成效高，学区与学校将给予一定的集体奖励。这项措施背后，就是引导教师学会知识资源、智力资源的共享，而不是"留一手"。

2. 专业引领：培育教师发展力

制度是学习共同体得以可持续发展的保障。小学第一学区英语教研组将制度的建设最终归结于对教师专业发展的有效引领，并提出了个性化的策略。从学习、培训、专业规划、教研活动、人员配置等方面为不同层次、不同类型的教师专业发展提供有效引领。

（1）学习制度。学习是教师自我提升的主渠道。学区英语教研组为将个人学习、团队学习、组织学习有效结合，采用"定量定时定人定程序"的方法。定期派教师外出学习、观摩，学习后在学区英语教研组教研活动上汇报学习心得，或上移植课。

（2）"按需而培"的培训制度。大撒网，培训缺乏针对性是当今培训疲劳产生的根源。学区英语教研组提出"按需而培"三原则：研究需要、理念更新需要、实际困难需要，避免出现培训囿于形式、收获甚微的尴尬。

（3）优化人员配置。要营造学习氛围，就必须充分发挥骨干教师的作用。作为小学第一学区英语教研组，人员配置上必须点面均衡，即每个年级有一个骨干教师承担学区英语教研组组长的责任，每个学校还有一个骨干教师来引领校区的内部交流，从而从人员的配置上保障同伴互助的实效。

（4）教学常规手册。学区英语教研组制订了《英语科常规手册》。手册既是一种管理的手段，更有一种风向标的指引作用。《常规手册》整合优秀教师经验，帮助较弱教师成长。此外，学区英语教研组以学期为单位，制订教学常规要求、词汇教学要求，以常规促进科组整体水平。总之，通过常规化要求抽离、梳理科组知识，将隐性知识催生为显性知识，并建立基础教学引领机制。

（5）轮流式教研制度。轮流式教研制度，就是让每个人轮流进行学区英语教研主题发言，每个人都亮出自己的风采，使学区英语教研组教师不出学区，法宝日日新。

（6）专业发展规划。"预则立，不预则废。"个人与行政指引相结合，教师先自我定位（实践型、经验型、科研反思型、名师专家型）。在此基础上，根据个人专业素养及专业技能，制订个人成长专业发展规划，学校予以梯度培养。

3. 知识管理：激发教师竞争力

知识经济时代，信息以几何级数更新换代。教学是以知识传授为主体的工作方式。因此，知识的有效管理将成为教师竞争力的主要影响因素之一。针对当今教师知识存在现状，学区英语教研组针对知识管理中的两大方面进行改革。第一，基于知识的离散性，通过知识的整合进行学区英语教研组内部的资源共享。第二，基于知识存在的低水平现状，以主题为单位，进行知识提炼。

（1）建立资源库，提供共享平台。

以信息技术为手段，建立四通八达的共享通道，实现教师高效的知识管理，推动教师知识的采撷、吸收、运用、创新。资源库是最好的知识"储存器"与"处理器"。

学区英语教研组资源库。学区英语教研组在学区网站下，成立学区英语教研组的资源库。资源库实用性强，直指教学一线需求，通过交流、分享，大大地节省了教师们备课的时间。此外，实名制的资源标识，不仅打破了教师"闭关锁国"的现状，同时也充分调动了教研组教师的积极性，如根据课题建立了 phonics 资源库、词汇资源库。学区英语教研组还按日常教学需要，建立了课件库、试题库、儿歌库、chant 库、教学设计库、小学英语教学理论库等。

个人知识库。信息技术可以让教师在网络上浏览、获取同行们的资源，也可以为教师知识的获取、积累、应用和创新提供一个有效的平台。教师可以在学区网站的个人阵地上构建自己的知识库，将显性与隐性知识收集起来，进行知识编码，使知识资源更加有序化。同时，在构建个人知识库的同时，也是在将知识内化，从而使知识处于随时可用的状态。

（2）知识提炼，促进教师专业发展。

提炼就是将零散的知识变为整体，将操作性知识转化为理性思考，最终提升教师的专业发展。学区英语教研组通过主题式教研活动，以及教科研一体化的方式将实践性知识理论化。

主题式的教研活动。通过找主题、定主题，构建"发现问题—组织团队—学习准备—设计、实施—总结反思"的教研模式，通过对主题的攻破实现认识的提升。

教科研一体化。"问题就是课题，工作就是研究"，是学区英语教研组一直追求的常态化科研目标。学区英语教研组将教研与科研一体化，最终打破了科研、教学两条腿走路的状态，从而最终将实践知识提升为理论成果，并在研究中催生出研究型教师，如学区英语教研组通过课题帮助教师找兴趣点、找特色、找亮点、铸风格。而这个过程是教师自我管理、内涵提升的过程。教师们借助知识管理这一"无影脚"，使科组教师"风格各异，百花齐放"，有效地避免了"近亲繁殖"的弊端。

案例探析

（1）学习共同体的建设应关注体系建设。教师专业发展是学校建设的关键。学习共同体是教师专业发展的主推力。通过学习共同体的打造，引领教师群体的专业发展是知识经济时代的明智选择之一。然而，学习共同体具有较强的非行政性色彩。因此，学习共同体的建设需要体系化，以强凝聚力共同体的合力推动教师专业发展。

（2）激发教师的成就动机是推动教师专业发展的前提，学习是专业发展的基础。只有教师具有了强烈的专业发展的成就动机，才能不懈地追求自身专业技能和水平的提高，任何外部力量都不能代替教师的自我发展动机。而成才就需要学习，学习共同体必须是一个有学习力的团队，是一个以学习为纽带的可持续发展且具竞争力的联合体。

四、学校教师专业发展的分析

20 世纪 80 年代以来，许多西方学者认为教师专业发展应该强调教师之间的合作、对话和分享，教师合作已经成为教师专业发展的主要途径。因此，构建学习共同体成为教师专业发展的主要方式之一。学习共同体可能存在于我们已有的正式管理架构中，如（行政导向的）年级组、（学科导向的）教研组等，但是在更多的场合中，它们可能跨部门、跨学科或者跨年级，甚至跨越学校，和校外的同仁或者研究人员一道由于共同关心的问题聚集在一起，它们可能以非正式的状态存在于校园生活之中。因此，正式的组织性的学习共同体具有稳定性，是教师专业发展的必要载体，具有学科专业特点。而非正式的共同体具有自发性，是教师对自我专业发展自我提升与完善的本能需求，更有利于学科的跨越。随着学科间的交叉与交流的增多，通过人才培养需求的增加，教师的专业发展需要将两类共同体有效结合，既要有深厚的专业功底，又要有丰富跨学科的知识背景。鉴于此，我们认为，以学区教研组为载体的学习共同体在促进教师专业发展方面应从以下几方面进行改进。

第一，开展针对性的学区培训。学区培训指源于学区与学校课程和整体规划的需要，由学区发起组织，旨在满足个体教师的工作需求的校内培训活动。学区培训的方式可以是多种多样的，如优秀教师负责型、培训机构合作型、培训基地自建型、教育技术辅导型等。① 教师受工作的生态环境影响，具有一定的群体特性，这种群体特性会以共性的方式存在于组织中。因此，基于学校整体发展的需要以及教师的群体特性，开展学区培训才能解决实际问题，才能按需而培，才能对症下药。

第二，构建多维度学习共同体，实现多角度跨越发展。管理要处理的问题，一半是技术问题，一半是人的心理问题，因此，教师专业发展应以学习共同体的构建为契机。

第三，拓展学区课题研究，提升教师专业水平。首先，要以学区课题研究引领教师专业发展。由于学区课题研究是基于学区与学校实际的研究，因此大力开展学区课题研究不仅有助于新知识领域的探索，也有助于满足不同层次专业发展水平的教师对自身专业发展的需求，更有助于教师专业素质的提升和学科专业的建设。其次，要以学术团队为依托，开展研究活动。狭隘、规范、重复的生活方式使教师成为外在制度和规范的仆从，在这种生存方式下教师逐渐丧失了自主的精神和创造的意识。教师专业化，尽管基于教师个体的发展，但真正实现教师专业化必须是教师团队整体有质的改变，也就是说学术团队中的每一位教师都把研究活动作为自己职业、生活的必要组成部分，都能感到学术团队中的研究活动不仅能学习到他人的宝贵经验，也能通过学术团队的交流与合作，促进自身的专业发展。

---

① 李西亭、张丹：《教师专业发展的策略探析》，载《现代教育科学》2007年第10期。

第九章

区域学区管理推进均衡发展的绩效评价

义务教育要以推进均衡发展为突破口，那么在区域、学区间实现均衡发展就显得更为重要了，因为这是实现国家、省际、区县义务教育均衡化的基础所在。实行义务教育均衡发展，就是使受教育者享有入学权利和机会的公平，不同地区之间、不同学校之间以及不同群体之间的教育资源配置相对均衡，享受教育结果的均衡，从而促进教育公平。教育公平是制定本方案的核心思想，也是贯穿本方案的核心价值观，其目标在于促进相关政府部门加强对教育工作的管理和领导，推动教育均衡发展，为在更大区域内实现教育均衡发展以及构建和谐社会奠定基础。学区义务教育均衡发展评价目标就是通过学区综合评价区域内义务教育均衡发展的程度，找出义务教育均衡发展的推进方向和领域。下面，以越秀区为研究案例，通过学区管理模式的实施，对区域义务教育均衡发展状况进行评价探讨。

第一节 学区均衡发展的评价指标

根据学区内义务教育均衡发展的方向和领域，经过各学区和专业的讨论，筛选出学区均衡发展的评价指标，具体如下。

一、评价原则

在对学区义务教育均衡的情况进行发展评价的时候，我们必须落实和执行以下准则。

(一)导向性

评价必须具有引导的作用和功效。其原因是非常明显的。第一,通过学区管理,促进义务教育的均衡发展,为解决当前的教育公平问题提供可操作的范式。第二,学区义务教育均衡发展评价,除了应该考虑解决当前的问题之外,也要关注避免有可能带来的负面影响,避免因评价方案不够周全而导致产生新的问题,形成恶性循环。

(二)灵活性

学区是在探讨中摸索的义务教育均衡模式之一,并没有固定的模式。因此我们的评价方案是根据中心城区——广州市越秀区教育发展的实际情况而制定的,它体现了南部沿海发展地区中心城区的学区管理的方法和区域义务教育均衡发展的方向。

(三)渐进性

在我国社会、经济持续发展的背景下,在不同时期,义务教育均衡发展的重点会有所不同。所以,评价方案要有利于义务教育均衡发展的持续进行,发挥评价的改进和调控功能。

(四)整体性

义务教育均衡发展,不只注重对单个方面的评价,更要注重对区域义务教育整体均衡发展状况的评价。因此,其评价指标是从区域经济与社会整体协调、硬件资源、人力资源和知识资源等整体的角度进行设计的。

二、指标框架

按照上述设计原则,学区义务教育均衡化评估体系,一共分为6个一级指标,38个二级指标。具体框架如表9-1。

表9-1　学区义务教育均衡发展评估指标体系框架体系

评估领域	一级指标	二级指标	说明
起点公平	1. 入学机会	1.1　按时入学率	1. 分别在小学、初中阶段校际间进行比较。
		1.2　入学统调率	
		1.3　非服务区学生人数占在校生总数的比例	
		1.4　进城务工农民子女入学率	

评估领域	一级指标	二级指标	说明
起点公平	2. 享受资源	2.1　学校类型	2. 是否按政策规定统调学生入学。
		2.2　省一级优质学校或规范化学校	
		2.3　在校学生数	
		2.4　办学班额	
		2.5　专任教师数	
过程公平	3. 经费保障	3.1　生均预算内教育经费	1. 考察政府在教育财政投入、使用情况以及相应的经费保障机制。 2. 部分指标按省、市有关义务教育规范化的标准执行。
		3.2　生均预算内教育事业费	
		3.3　生均预算内公用经费	
		3.4　教育费附加	
		3.5　新增教育经费	
		3.6　校舍维修经费	
		3.7　教师工资福利支出	按教师职称分类统计。
		3.8　教师培训、进修经费均值	
	4. 设施设备	4.1　生均占地面积	有规定标准的按相应标准执行。
		4.2　生均校舍面积	
		4.3　生均运动场地面积	
		4.4　生均教学仪器设备值	
		4.5　生均图书数	
		4.6　百生均计算机数	
		4.7　信息化经费投入	
		4.8　分组实验开出率	
	5. 师资配备	5.1　师生比	注重计划、实施和成效。
		5.2　班师比	
		5.3　教师学历达标率	
		5.4　中级专业技术职务教师比例	
		5.5　高级及以上专业技术职务教师比例	
		5.6　名师占专任教师的比例	
		5.7　教坛新秀占专任教师的比例	

续表

评估领域	一级指标	二级指标	说明
过程公平	5. 师资配备	5.8　教师年龄段情况	注重计划、实施和成效。
		5.9　校长轮岗与教师跨校交流	
		5.10　参加区级以上培训的教师比例	
结果公平	6. 教育质量	6.1　毕业生毕业率	分小学和初中分别统计。
		6.2　毕业生毕业考试合格率	
		6.3　毕业生升学率	

说明：在对各所学校进行评估、收集原始数据的基础上，还要采纳基尼系数进行分析，得出最后结论。

三、指标说明

一个成熟的评价体系，要剔除比较难以收集的数据，要采用准确、可靠的数据和切实可行的量化方法，注重可操作性原则。因此，学区义务教育均衡发展评价指标，要点包括入学机会、经费保障、条件设施、师资配备和教育质量等。

1. 入学机会分为 4 个二级指标

1.1　按时入学率。入学率是反映教育普及程度和入学机会是否平等的比较可靠的、通行的指标。在这里，把"按时入学率"作为一个指标，目的在于督促政府要对教育的统筹安排，务必解决适龄少年儿童的义务教育学习问题，这是基本要求。

1.2　入学统调率。入学统调率是指根据省市的有关政策，小学按地段入学，初中不能进行考试招生，统一进行电脑派位、特长生等入学方式，此类学生占学校人数的比例。在条件成熟的时候，可以把示范高中的大部分招生指标均衡分配到区域内的所有初中，推进义务教育均衡发展，提倡办好所有初中，高中招生指标分配比例的评价不仅仅是政策要求，还反映了对义务教育阶段学校的一视同仁。

1.3　非服务区学生人数占在校生总数的比例。随着社会的发展，越来越多的非服务区的学生随父母在辖区内就读。这些学生也需要享受义务教育，也经常受到一定的限制。"非服务区学生人数占在校生总数的比例"

的指标一是考察对弱势群体的关注程度，二是考察政府对非服务区学生的安置是否与本地区学生一视同仁。

1.4　进城务工农民子女入学率。进城务工农民子女是指符合当地条件，户籍登记在外省（区、市）、本省外县（区）的农村，随务工父母到输入地的城市、县镇（同住）并接受义务教育的农民工子女。

2. 享受资源分为 5 个二级指标

2.1　学校类型。学校类型分为完全小学、九年一贯制学校、独立初中和完全中学。

2.2　省一级优质学校或规范化学校。省一级优质学校或规范化学校按照省教育厅对省一级学校或规范化学校的规定填写。

2.3　在校学生数。填报经上级主管部门批准的具有学籍（包括临时学籍）的在校学生数，不含小学附设学前班、幼儿园的幼儿数。

2.4　办学班额。班额偏大或者过小，均不利于学生发展。该指标主要考察政府有没有按要求提供足够的学位（班额才不会过大），以及是否合理布局学校的问题。

2.5　专任教师数。专任教师是指专职从事教学工作的人员，包括临时（时间在一年内）调去帮助做其他工作的人员（不调离学校，暂不任课），不包括调出做其他工作时间在一年以上的和连续病休一年以上，又不符合退休退职条件、经县以上医院证明并经县以上教育行政部门批准的原教学人员，不包括已调离教学岗位担负行政领导工作或其他工作的原教学人员。

3. 经费保障分为 8 个二级指标

3.1　生均预算内教育经费。

3.2　生均预算内教育事业费。

3.3　生均预算内公用经费。

这 3 个二级指标旨在考察政府在教育财政投入、使用情况以及相应的经费保障机制，各指标按省、市有关义务教育规范化的标准执行。

3.4　教育费附加。教育费附加主要考察教育费附加向城镇薄弱学校的倾斜程度。

3.5　新增教育经费。新增教育经费主要考察新增教育经费用于城镇薄弱学校的情况。

3.6　校舍维修经费。因为历史原因，学校的校舍新旧不一，需要维修的程度也不一样。该指标仅考察政府对学校危房旧房的维修改建力度，但不作义务教育均衡化的统计，因为每个年度每所学校的校舍维修经费不可能是固定的，而是根据实际情况支出的。若作为一个统计指标，有过于片面之嫌。

3.7　教师工资福利支出。教师的收入是一项关系到义务教育均衡化是否成功的关键因素。因为办好一所学校，除了要有良好的硬件环境，良好的管理水平，拥有一支优秀的教师队伍也是必不可少的。

考虑到每所学校的人员结构不一定一样，即使政府都按照有关要求发放教师工资，但如果简单统计教师平均工资，那么老教师多一点的学校，高级教师多一点的学校的数值就会高，考察也会过于片面。因此，该指标在收集数据的时候，要分开教师职称来分类统计。比如"中学高级教师"、"中学二级教师"之类，这样的比较才有意义，也才能比较直观地看到学区之间、学校之间教师工资收入的情况，看出是否均衡。

3.8　教师培训、进修经费均值。教师的工资收入只是收入的一个显性部分。教师收入的隐性部分，其实就是是否有机会参加各类培训。对教师而言，培训、进修既是提高自己素质水平的一个途径，也是本身的一项福利制度，这是以往容易忽略的地方。培训预示着学校管理水平、教学水平的提高。通过这个指标，加强对教师培训的管理力度，着眼培训的均衡情况，以免出现"大校培训多，小校看得多"的情况，促进在师资力量建设方面的均衡力度，有效促进义务教育均衡化的发展。

4. 设施设备分为7个二级指标

4.1　生均占地面积。

4.2 生均校舍面积。

4.3 生均运动场地面积。

4.4 生均教学仪器设备值。

4.5 生均图书数。

这5个二级指标，旨在考察在相对同等的城区环境下，义务教育阶段学校是否都能够得到一视同仁的对待，在数量、质量上均予以保障，这是义务教育均衡发展中需要关注的重要问题。

4.6　百生均计算机数。该指标考察各义务教育阶段学校的信息化投入水平是否一致和均衡程度的高低。这个指标，只要重视，是不难达到相对均衡的程度的。

4.7　信息化经费投入。信息化经费投入主要包括硬件（含校园网）建设与维护费用、资源建设费用和信息技术培训费用的总计。

5. 师资配备分为 10 个二级指标

在专任教师方面，师生比、学历、职称等都是常用的指标。

5.1　师生比。可以考察各义务教育学校间的生源情况、政府是否按要求配齐配足教师。

5.2　班师比。可以考察各义务教育学校间的教师情况、政府是否按要求配齐配足教师。

5.3　教师学历达标率。这是一项基本指标，旨在考察各义务教育学校间的教师分布是否相对合理。

5.4　中级专业技术职务教师比例。

5.5　高级及以上专业技术职务教师比例。在涉及师资水平的时候，职称是一个相对容易考察的参照系。毕竟要评上一个中级以上的职称，是需要教学实效和教学资历的。这个指标主要是考察各校师资队伍水平是否相对均衡。

5.6　名师占专任教师的比例。

5.7　教坛新秀占专任教师的比例。这两个指标主要是考察学校拥有区级以上名校长、名教师和教坛新秀数，引导学校注重对名教师的培养，发挥名师的带头作用和骨干作用。

5.8　教师年龄段情况。这个指标，主要考察教师年龄结构问题，主要在于引导解决部分学校存在因教师整体年龄偏大导致年龄断层和活力不足的问题，促使加强教师交流。

5.9　校长轮岗与教师跨校交流。该指标重在引导学区内优质教育资源实现共享，促进教师队伍的健康、良性发展。当然，这需要一个过渡时间来完成，在评估中需要灵活处理，不能简单为评估而轮岗和交流，失去交流的实效性。

5.10　参加区级以上培训的教师比例。该指标重在引导教师重视职后教育。

6. 教学质量分为 3 个二级指标

6.1 毕业生毕业率。毕业率意味着学生是否达到了最起码的学业成就，意味着一定的结果公平，这也是衡量义务教育均衡程度的一个指标。

6.2 毕业生毕业考试合格率。这是督促各义务教育学校进一步关注大众学生的指标，旨在防止只培养尖子生（可以从"优秀率"看出）而忽视一般学生的情况发生。作为义务教育均衡化的一个宗旨，就是教育公平。关注合格率，就能关注教育公平，关注结果公平了。

6.3 毕业生升学率。义务教育只是一个初级阶段，就现阶段我国的教育培养机制而言，学生在学习完成九年义务教育以后，绝大部分还可以进入高一级的学校就读。这个指标，能比较直观地考察出各个学校的情况，衡量义务教育均衡化程度。

四、统计方法

（1）可以用表格式、图表等方式公布部分指标结果。如生均占地面积之类，这类处理方式，比较符合一般人的阅读习惯，可以让人们对学区义务教育均衡化程度有一个初步的认识。

（2）为了更加客观科学地进行评价，收集各所学校相应的原始数据，汇总成学区数据。但有些指标并不能简单对比各校之间的单项数据，应该采用一个比较科学的统计数据来说明问题，如采用差异系数或基尼系数进行分析，可以比较科学、客观地考察出本地义务教育发展的均衡状况，并作出相对科学的分析。

基尼系数是经济学常用的一种统计方法，它是国际上现行用来综合考察居民内部收入分配差异状况的一个重要分析指标，主要计算在全部居民收入中用于进行不平均分配的那部分收入占总收入的百分比。由于基尼系数给出了反映居民之间贫富差异程度的数量界线，可以较客观、直观地反映和监测居民之间的贫富差距，预报、预警和防止居民之间出现贫富两极分化，因此得到世界各国的广泛认同和普遍采用。根据国际惯例，基尼系数在0.2以下，表示"高度平均"，0.2～0.3表示"相对平均"，0.3～0.4为"比较合理"。同时，国际上通常把0.4作为"警戒线"，认为0.4～0.6为"差距偏大"，0.6以上为"高度不平均"。我们也可依据这些国际惯例，对学区义务教育均衡化程度进行分析，得出相对合理的评估结果。

第二节 学区均衡发展的综合分析

由于历史、现实的原因，越秀区各校之间的发展必然存在不均衡。2007 学年开始，越秀区在局属学校义务教育阶段启动实施"构建学区管理模式"项目，以学区内资源共享及交流合作为途径，推动教育优质均衡发展。区内共分为 12 个学区，每学区以若干所不同层次且地理位置相对集中的学校组成。我们借鉴经济学分析方法，通过 2007 年、2009 年、2011 年的教育资源数据的比较，分析学区管理模式实施前、中、后，区内资源整合前、中、后，区基础教育均衡发展情况，对学区运作管理模式促进区域义务教育均衡发展现状进行实证研究。

正如前面有关教育均衡内涵和理论分析中所说，教育均衡发展包括受教育机会均等、教育资源配置和教育条件均衡、教育过程的均衡和教育结果的均衡。从这一基本思想出发，我们在测度教育均衡度时，分别从以下几方面选定考察指标。其中教育资源配置，我们采用生均图书数量、生均占地面积、生均建筑面积与中级以上教师百分率等测量；教育均衡结果，通过进城务工子女的入学率、中考总分平均分及升学率和区域教育均衡发展状况满意度等测量。

测量指标主要通过测量基尼系数。基尼系数最大为"1"，表示绝对不平均，即 100％的资源被一个单位的人全部占有了；最小等于"0"，表示分配绝对平均，即完全平等，没有任何差异。实际数值只能介于 0 至 1 之间。

其计算公式为：

$$G = 1 + \sum Y_i P_i - 2\sum \left(\sum P_i\right)' Y_i$$

上式中，G 代表基尼系数，Y_i 代表第 i 组人口总收入占全部人口总收入的比例，P_i 代表第 i 组人口数占全部人口总数的比重，$\left(\sum P_i\right)'$ 表示累计到第 i 组的人口总数占全部人口总数的比重。

一、中学部分综合分析

（一）入学起点均衡

1. 非服务区学生人数占在校生总数的百分率

表 9-2　非服务区学生人数占在校生总数百分率基尼系数

组别	个数	2007 年在校生总数	2007 年非服务区学生	2007 年非服务区学生（%）	基尼系数
1组	8	8 969	1 896	0.21	0.396 154 67
2组	6	6 948	858	0.12	0.245 217 05
3组	8	7 565	1 213	0.16	0.243 235 56
4组	7	6 355	1 784	0.28	0.342 678 7
全区	29	29 837	5 751	0.19	0.364 788 1

组别	个数	2009 年在校生总数	2009 年非服务区学生	2009 年非服务区学生（%）	基尼系数
1组	8	8 279	1 776	0.21	0.416 458 72
2组	7	6 344	1 233	0.19	0.368 783 47
3组	6	6 635	1 517	0.23	0.233 673 08
4组	7	5 927	1 444	0.24	0.351 986 16
全区	28	27 185	5 970	0.22	0.369 259 32

组别	个数	2011 年在校生总数	2011 年非服务区学生	2011 年非服务区学生（%）	基尼系数
1组	7	7 197	1 585	0.22	0.350 295 74
2组	5	5 179	935	0.18	0.254 429 28
3组	6	6 567	1 864	0.28	0.226 397 52
4组	7	5 900	1 721	0.29	0.274 992 51
全区	25	24 843	6 105	0.25	0.307 376 36

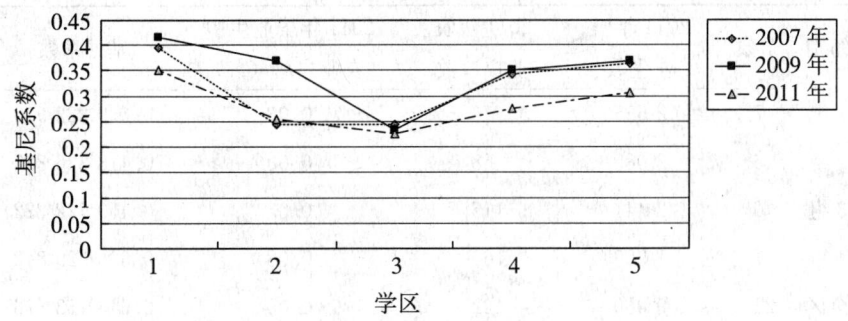

图 9-1　非服务区学生人数占在校生总数百分率基尼系数对照图

从表 9-2 和图 9-1 可见，非服务区学生人数占在校生总数的百分率在学区管理模式实施前、中、后，全区的基尼系数在警戒线以下，都处于比较合理的状态，并且从 2007 年至 2011 年，全区的基尼系数逐步从比较合理趋向于相对均衡的状态，说明学区管理模式在为初中学生提供"入学机会均等"方面有效。但中学第一学区的基尼系数有起伏，说明学区管理模式在具体的学区管理中需要时间的调控。

2. 进城务工农民子女入学率

表 9-3　进城务工农民子女入学率基尼系数

组别	个数	2007 年毕业生数	2007 年农业户口数	2007 年毕业生中农业户籍（%）	基尼系数
1 组	8	3 177	45	0.01	0.814 565 217
2 组	6	2 178	9	0.00	0.795 715 778
3 组	8	2 645	11	0.00	0.707 089 552
4 组	7	2 493	129	0.05	0.682 345 958
全区	29	10 493	194	0.02	0.836 577 517

组别	个数	2009 年毕业生数	2009 年农业户口数	2009 年毕业生中农业户籍（%）	基尼系数
1 组	8	2 934	48	0.02	0.774 752 475
2 组	7	2 816	63	0.02	0.608 398 9
3 组	6	2 413	50	0.02	0.642 709 411
4 组	7	2 006	189	0.09	0.652 928 704
全区	28	10 169	350	0.03	0.771 492 027

组别	个数	2011年毕业生数	2011年农业户口数	2011年毕业生中农业户籍（％）	基尼系数
1组	7	2 555	70	0.03	0.609 222 959
2组	5	2 085	68	0.03	0.418 336 887
3组	6	2 441	115	0.05	0.479 722 222
4组	7	1 999	169	0.08	0.636 329 842
全区	25	9 080	422	0.05	0.643 153 876

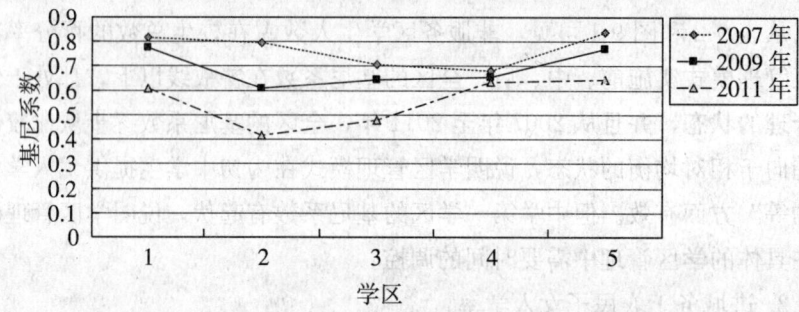

图 9-2 进城务工农民子女入学率基尼系数对照图

从表 9-3 和图 9-2 可见，进城务工农民子女入学率在学区管理模式实施前、中、后，全区的基尼系数都处于高度不均衡的状态，但从 2007 年至 2011 年，全区的基尼系数逐步从 0.83 的高度不均衡趋向于 0.64 的差距偏大，其中有两个学区的基尼系数已接近 0.4 的警戒线，说明学区管理模式在为初中学生提供"入学机会均等"方面有效。

3. 办学班额

表 9-4　办学班额基尼系数

组别	个数	2007年在校学生数	2007年班数	2007年班额	基尼系数
1组	8	8 969	188	47.71	0.019 760 981
2组	6	6 948	143	48.59	0.056 517 523
3组	8	7 565	162	46.70	0.035 864 346
4组	7	6 355	139	45.72	0.038 966 266
全区	29	29 837	632	47.21	0.040 614 83

组别	个数	2009 年在校学生数	2009 年班数	2009 年班额	基尼系数
1组	8	8 279	187	44.27	0.058 776 779
2组	7	6 344	146	43.45	0.096 431 988
3组	6	6 635	144	46.08	0.033 083 24
4组	7	5 927	137	43.26	0.058 239 57
全区	28	27 185	614	44.28	0.068 749 473

组别	个数	2011 年在校学生数	2011 年班数	2011 年班额	基尼系数
1组	7	7 197	167	43.10	0.108 439 963
2组	5	5 179	134	38.65	0.063 425 658
3组	6	6 567	154	42.64	0.042 806 949
4组	7	5 900	140	42.14	0.059 741 131
全区	25	24 843	595	41.75	0.081 214 598

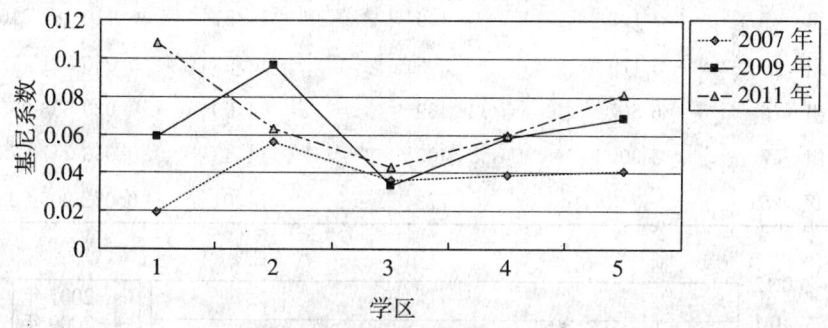

图 9-3　办学班额基尼系数对照图

从表 9-4 和图 9-3 可见，办学班额在学区管理模式实施前、中、后，全区的基尼系数都处于高度均衡的状态，但从 2007 年至 2011 年，全区的基尼系数略有微小的起伏，说明在学区管理模式实施前，区域为初中学生提供"享受入学资源"均等方面，所采取的措施有效。

4. 专任教师数

表 9-5 专任教师数基尼系数

组别	个数	2007 年在校学生数	2007 年专任教师数	2007 年专任教师	基尼系数
1组	8	8 969	581	15.44	0.019 760 981
2组	6	6 948	392	17.72	0.056 517 523
3组	8	7 565	486	15.57	0.035 864 346
4组	7	6 355	394	16.13	0.038 966 266
全区	29	29 837	1853	16.10	0.065 384 571

组别	个数	2009 年在校学生数	2009 年专任教师数	2009 年专任教师	基尼系数
1组	8	8 279	553	14.97	0.049 528 553
2组	7	6 344	427	14.86	0.096 294 785
3组	6	6 635	435	15.25	0.016 966 4
4组	7	5 927	398	14.89	0.041 459 712
全区	28	27 185	1813	14.99	0.057 470 228

组别	个数	2011 年在校学生数	2011 年专任教师数	2011 年专任教师	基尼系数
1组	7	7 197	496	14.51	0.110 182 216
2组	5	5 179	399	12.98	0.050 021 413
3组	6	6 567	469	14.00	0.030 693 055
4组	7	5 900	409	14.43	0.053 747 575
全区	25	2 4843	1 773	14.01	0.072 905 803

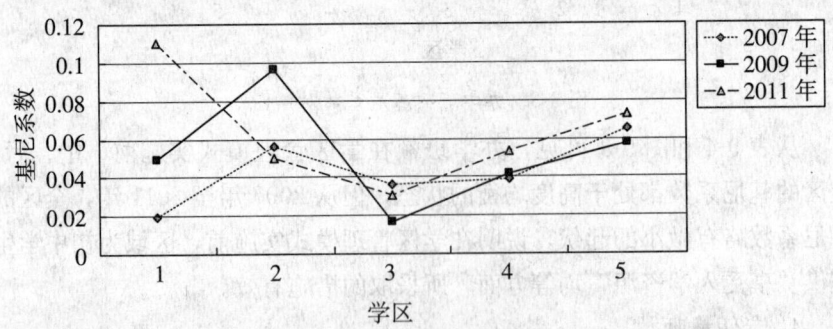

图 9-4 专任教师数基尼系数对照图

从表 9-5 和图 9-4 可见，专任教师数在学区管理模式实施前、中、后，全区的基尼系数都处于高度均衡的状态，说明在实施学区管理模式前，区域为初中学生提供"享受入学资源"均等方面，所采取的措施有效。

（二）教育过程均衡

1. 生均占地面积

表 9-6　生均占地面积基尼系数

组别	个数	2007 年在校学生数	2007 年学校占地面积	2007 年生均占地面积	基尼系数
1 组	8	8 969	165 085	18.41	0.019 760 981
2 组	6	6 948	54 927	7.91	0.056 517 523
3 组	8	7 565	124 594	16.47	0.035 864 346
4 组	7	6 355	145 424	22.88	0.038 966 266
全区	29	29 837	490 030	16.42	0.419 929 185

组别	个数	2009 年在校学生数	2009 年学校占地面积	2009 年生均占地面积	基于系数
1 组	8	8 279	173 418	20.95	0.058 776 779
2 组	7	6 344	72 756	11.47	0.096 431 988
3 组	6	6 635	107 002	16.13	0.033 083 24
4 组	7	5 927	151 972	25.64	0.058 239 57
全区	28	27 185	505 148	18.58	0.358 725 488

组别	个数	2011 年在校学生数	2011 年学校占地面积	2011 年生均占地面积	基尼系数
1 组	7	7 197	152 746	21.22	0.256 894 445
2 组	5	5 179	61 598	11.89	0.237 053 326
3 组	6	6 567	125 787	19.15	0.252 919 617
4 组	7	5 900	119 097	20.19	0.282 501 348
全区	25	24 843	459 228	18.49	0.294 112 789

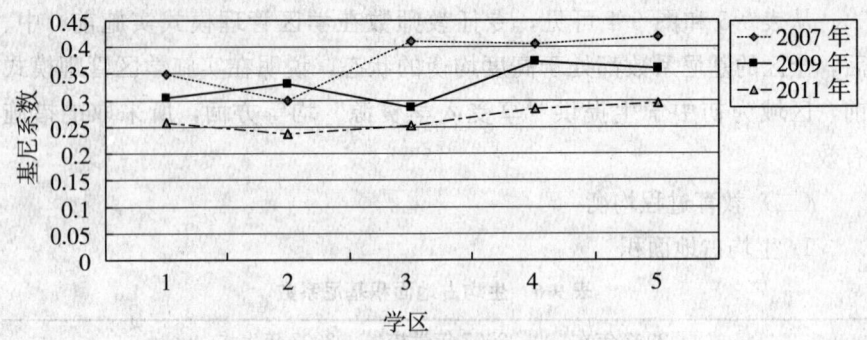

图 9-5 生均占地面积基尼系数对照图

从表 9-6 和图 9-5 可见，生均占地面积在学区管理模式实施前，全区的基尼系数超出 0.4 的警戒线，处于差距偏大的状态，学区管理模式实施后，生均占地面积的基尼系数从 0.42 的差距偏大状态转化为 0.35 的比较合理的状态，再从 0.35 的比较合理状态转化为 0.29 的相对均衡状态，说明学区管理模式对教育资源配置均衡有效。

2. 生均校舍面积

表 9-7 生均校舍面积基尼系数

组别	个数	2007 年在校学生数	2007 年校舍建筑面积	2007 年生均校舍建筑面积	基尼系数
1 组	8	8 969	162 254	18.09	0.305 438 509
2 组	6	6 948	95 818	13.79	0.241 828 146
3 组	8	7 565	129 543	17.12	0.335 594 225
4 组	7	6 355	115 884	18.24	0.383 719 35
全区	29	29 837	503 499	16.87	0.341 053 141

组别	个数	2009 年在校学生数	2009 年校舍建筑面积	2009 年生均校舍建筑面积	基尼系数
1 组	8	8 279	159 555	19.27	0.250 670 125
2 组	7	6 344	112 757	17.77	0.218 078 583
3 组	6	6 635	113 380	17.09	0.237 195 205
4 组	7	5 927	91 536	15.44	0.246 051 933
全区	28	27 185	477 228	17.55	0.251 746 427

组别	个数	2011年在校学生数	2011年校舍建筑面积	2011年生均校舍建筑面积	基尼系数
1组	7	7 197	123 763	17.20	0.274 628 416
2组	5	5 179	82 754	15.98	0.179 317 244
3组	6	6 567	111 899	17.04	0.248 820 631
4组	7	5 900	81 012	13.73	0.278 885 461
全区	25	24 843	399 428	16.08	0.261 109 872

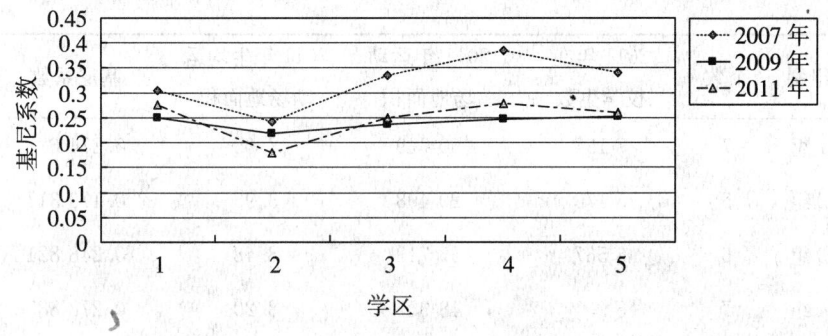

图 9-6　生均校舍面积基尼系数对照图

　　从表 9-7 和图 9-6 可见，生均校舍面积在学区管理模式实施前，全区的基尼系数处于比较合理的状态，学区管理模式实施后，生均校舍面积的基尼系数从 0.34 的比较合理状态转化为 0.26 的相对均衡状态，说明学区管理模式对教育资源配置均衡有效。

　　3. 生均运动场地面积

表 9-8　生均运动场地面积基尼系数

组别	个数	2007年在校学生数	2007年运动场地面积	2007年生均运动场地面积	基尼系数
1组	8	8 969	60 123	6.70	0.305 439
2组	6	6 948	21 589	3.11	0.241 828
3组	8	7 565	43 311	5.73	0.335 594
4组	7	6 355	45 601	7.18	0.383 719
全区	29	29 837	170 624	5.72	0.446 99

组别	个数	2009 年在校学生数	2009 年运动场地面积	2009 年生均运动场地面积	基尼系数
1组	8	8 279	154 188	18.62	0.585 679
2组	7	6 344	29 672	4.68	0.318 293
3组	6	6 635	74 211	11.18	0.440 82
4组	7	5 927	48 142	8.12	0.392 675
全区	28	27 185	306 213	11.26	0.530 549

组别	个数	2011 年在校学生数	2011 年运动场地面积	2011 年生均运动场地面积	基尼系数
1组	7	7 197	50 749	7.05	0.274 628
2组	5	5 179	20 468	3.95	0.179 317
3组	6	6 567	55 713	8.48	0.248 821
4组	7	5 900	48 355	8.20	0.278 885
全区	25	24 843	175 285	7.06	0.375 505

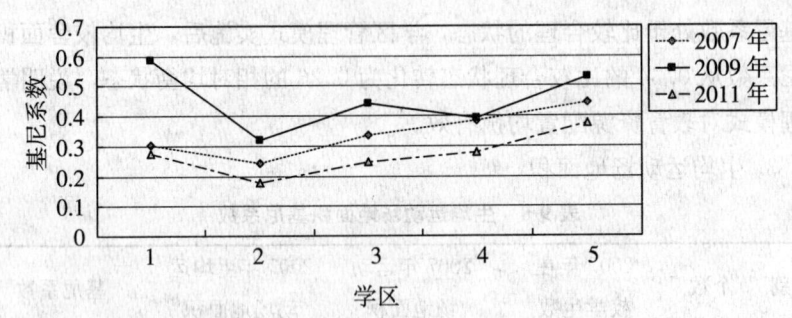

图 9-7 生均运动场地面积基尼系数对照图

从表 9-8 和图 9-7 可见，生均运动场地面积在学区管理模式实施前，全区的基尼系数超出 0.4 的警戒线，处于差距偏大的状态，学区管理模式实施后，生均运动场地面积的基尼系数从 0.45 的差距偏大状态转化为 0.37 的比较合理状态，说明学区管理模式对教育资源配置均衡有效。但中学第一学区的基尼系数有起伏，说明学区管理模式在具体的学区管理中需要时间的调控。

4. 生均教学仪器设备值

表9-9 生均教学仪器设备值基尼系数

组别	个数	2007年在校学生数	2007年教学仪器设备值面积	2007年生均教学仪器设备值面积	基尼系数
1组	8	8 969	5 800.62	0.65	0.488 217
2组	6	6 948	2 478.43	0.36	0.301 587
3组	8	7 565	4 497.43	0.59	0.577 128
4组	7	6 355	2 787.58	0.44	0.524 554
全区	29	29 837	15 564.06	0.52	0.561 195

组别	个数	2009年在校学生数	2009年教学仪器设备值面积	2009年生均教学仪器设备值面积	基尼系数
1组	8	8 279	5 887.21	0.71	0.352 88
2组	7	6 344	3 895.07	0.61	0.409 463
3组	6	6 635	5 352.71	0.81	0.349 508
4组	7	5 927	3 205.26	0.54	0.416 198
全区	28	27 185	18 340.25	0.67	0.398 2

组别	个数	2011年在校学生数	2011年教学仪器设备值面积	2011年生均教学仪器设备值面积	基尼系数
1组	7	7 197	5 367	0.75	0.429 19
2组	5	5 179	2 149	0.41	0.392 558
3组	6	6 567	3 208	0.49	0.529 304
4组	7	5 900	4 426	0.75	0.221 515
全区	25	24 843	15 150	0.61	0.425 798

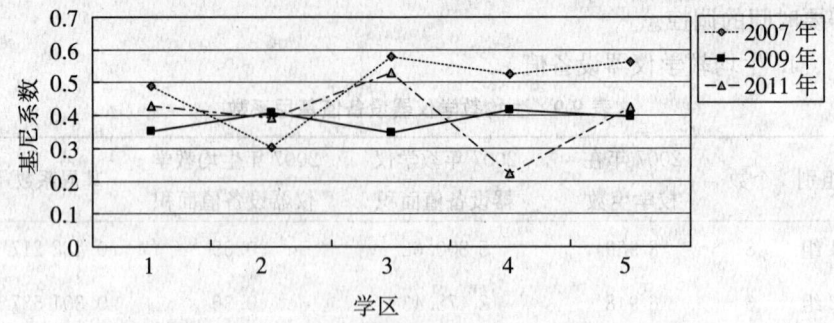

图 9-8　生均教学仪器设备值基尼系数对照图

从表 9-9 和图 9-8 可见，生均教学仪器设备值在学区管理模式实施前，全区的基尼系数超出 0.4 的警戒线，处于 0.56 的差距偏大状态，学区管理模式实施后，生均教学仪器设备值的基尼系数从 0.56 的差距偏大状态转化接近 0.4 的警戒线状态，说明学区管理模式对教育资源配置均衡有效。但中学第三学区的基尼系数有起伏，说明学区管理模式在具体的学区管理中需要时间的调控。

5. 生均图书数

表 9-10　生均图书基尼系数

组别	个数	2007 年在校学生数	2007 年图书	2007 年生均图书	基尼系数
1 组	8	8 969	649 387	72.40	0.280 391
2 组	6	6 948	426 238	61.35	0.279 636
3 组	8	7 565	594 804	78.63	0.253 359
4 组	7	6 355	355 193	55.89	0.262 255
全区	29	29 837	2 025 622	67.89	0.293 91

组别	个数	2009 年在校学生数	2009 年图书	2009 年生均图书	基尼系数
1 组	8	8 279	629 535	76.04	0.239 62
2 组	7	6 344	500 941	78.96	0.245 492
3 组	6	6 635	556 422	83.86	0.196 96
4 组	7	5 927	372 414	62.83	0.367 018
全区	28	27 185	2 059 312	75.75	0.273 4

组别	个数	2011 年在校学生数	2011 年图书	2011 年生均图书	基尼系数
1组	7	7 197	528 733	73.47	0.168 989
2组	5	5 179	534 143	103.14	0.220 822
3组	6	6 567	634 121	96.56	0.153 157
4组	7	5 900	374 036	63.40	0.382 536
全区	25	24 843	2 071 033	83.36	0.265 963

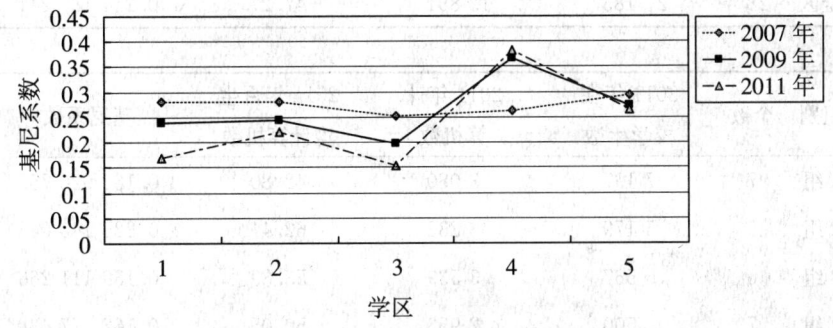

图 9-9　生均图书基尼系数对照图

从表 9-9 和图 9-8 可见，生均图书在学区管理模式实施前、中、后，全区的基尼系数处于相对均衡的状态，但中学第一、第三学区从实施学区管理模式后，生均图书的基尼系数从 0.28 的相对均衡状态转化为 0.16 的高度均衡状态，而中学第四学区从实施学区管理模式后，生均图书的基尼系数从 0.26 的相对均衡状态转化为 0.38 的比较合理状态，说明学区管理模式对教育资源配置均衡有效，但学区管理模式在具体的学区管理中需要时间的调控。

6. 百生均计算机数

表 9-11　百生均计算机基尼系数

组别	个数	2007 年在校学生数	2007 年计算机数	2007 年百生均计算机数	基尼系数
1组	8	8 969	3 204	35.72	0.150 117 021
2组	6	6 948	2 310	33.25	0.195 419 127
3组	8	7 565	3 216	42.51	0.252 304 703
4组	7	6 355	2 799	44.04	0.200 284 797
全区	29	29 837	11 529	38.64	0.215 474 162

组别	个数	2009 年在 校学生数	2009 年计 算机数	2009 年百生 均计算机数	基尼系数
1 组	8	8 279	3 541	42.77	0.192 517 872
2 组	7	6 344	2 957	46.61	0.268 262 839
3 组	6	6 635	3 409	51.38	0.174 800 446
4 组	7	5 927	2 944	49.67	0.155 510 957
全区	28	27 185	12 851	47.27	0.214 187 241

组别	个数	2011 年在 校学生数	2011 年计 算机数	2011 年百生 均计算机数	基尼系数
1 组	7	7 197	3 080	42.80	0.164 626 753
2 组	5	5 179	3 232	62.41	0.225 140 046
3 组	6	6 567	3 539	53.89	0.188 111 266
4 组	7	500	2 953	50.05	0.162 077 438
全区	25	24 843	12 804	51.54	0.203 832 579

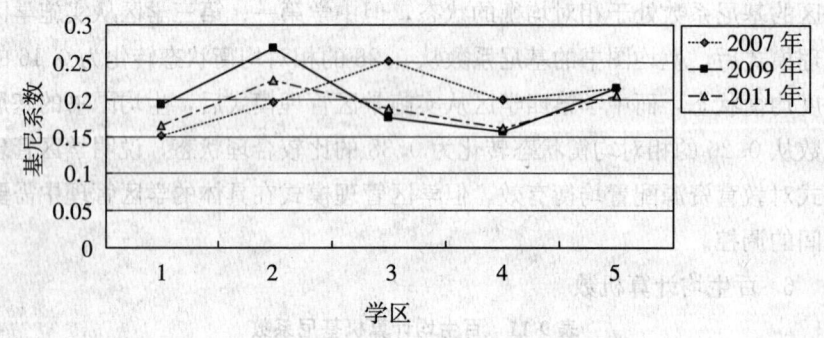

图 9-10　百生均计算机基尼系数对照图

从表 9-11 和图 9-10 可见，百生均计算机在学区管理模式实施前、中、后，全区的基尼系数都处于相对均衡的状态，但从 2007 年至 2011 年，全区的基尼系数略有微小的起伏，但中学第三、第四学区百生均计算机基尼系数从 0.25 的相对均衡状态转化为 0.16 的高度均衡状态，说明学区管理模式对教育资源配置均衡有效。

　　7. 师生比

表 9-12　师生比计算机基尼系数

组别	个数	2007 年在校学生数	2007 年专任教师数	2007 年师生比	基尼系数
1组	8	8 969	581	15.44	0.046 811
2组	6	6 948	392	17.72	0.083 318
3组	8	7 565	486	15.57	0.063 287
4组	7	6 355	394	16.13	0.041 603
全区	29	29 837	1 853	16.10	0.065 384

组别	个数	2009 年在校学生数	2009 年专任教师数	2009 年师生比	基尼系数
1组	8	8 279	553	14.97	0.049 517
2组	7	6 344	427	14.86	0.096 248
3组	6	6 635	435	15.25	0.016 979
4组	7	5 927	398	14.89	0.041 435
全区	28	27 185	1 813	14.99	0.057 448

组别	个数	2011 年在校学生数	2011 年专任教师数	2011 年师生比	基尼系数
1组	7	7 197	496	14.51	0.110 239
2组	5	5 179	399	12.98	0.050 106
3组	6	6 567	469	14.00	0.030 755
4组	7	5 900	409	14.43	0.053 772
全区	25	24 843	1 773	14.01	0.072 95

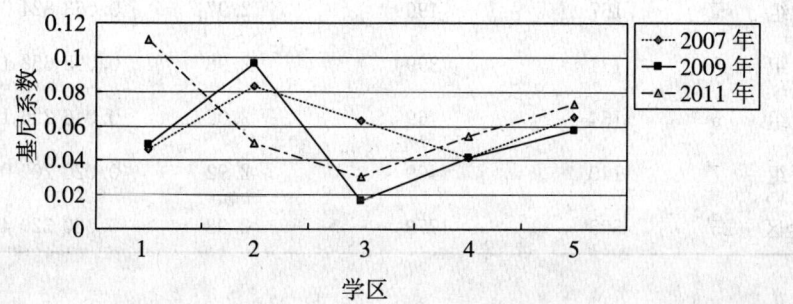

图 9-11　师生比计算机基尼系数对照图

从表 9-12 和图 9-11 可见，师生比计算机在学区管理模式实施前、中、后，全区的基尼系数都处于高度均衡的状态，说明在实施学区管理模式前，区域所采取的措施对师生比有效。

8. 班师比

表 9-13 班师比基尼系数

组别	个数	2007 年班数	2007 年专任教师数	2007 年班师比	基尼系数
1组	8	188	581	3.09	0.048 647 824
2组	6	143	392	2.74	0.030 183 727
3组	8	162	486	3.00	0.079 918 033
4组	7	139	394	2.83	0.045 082 264
全区	29	632	1853	2.93	0.062 142 617

组别	个数	2009 年班数	2009 年专任教师数	2009 年班师比	基尼系数
1组	8	187	553	2.96	0.065 786 661
2组	7	146	427	2.92	0.039 461 758
3组	6	144	435	3.02	0.032 529 24
4组	7	137	398	2.91	0.035 045 742
全区	28	614	1813	2.95	0.047 760 599

组别	个数	2011 年班数	2011 年专任教师数	2011 年班师比	基尼系数
1组	7	167	496	2.97	0.063 824 009
2组	5	134	399	2.98	0.095 658 167
3组	6	154	469	3.05	0.046 286 132
4组	7	140	409	2.92	0.020 209 059
全区	25	595	1773	2.98	0.060 320 452

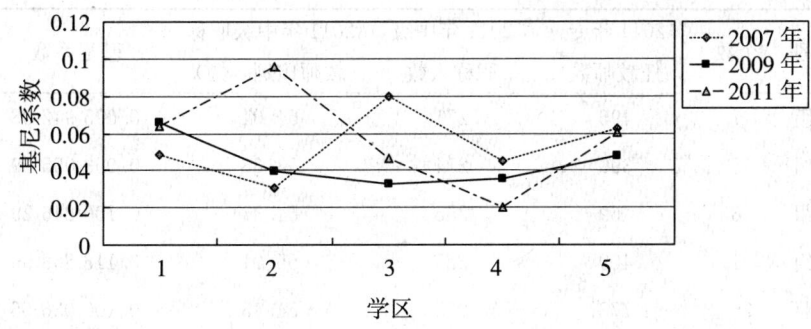

图 9-12　班师比计算机基尼系数对照图

从表 9-13 和图 9-12 可见，班师比在学区管理模式实施前、中、后，全区的基尼系数都处于高度均衡的状态，说明在实施学区管理模式前，区域所采取的措施对班师比有效。

9. 中级专业技术职务教师比例

表 9-14　中级专业技术职务教师比例基尼系数

组别	个数	2007 年专任教师数	2007 年中级职称人数	2007 年中级职称教师比例（%）	基尼系数
1 组	8	581	303	52.15	0.144 387 6
2 组	6	392	207	52.81	0.056 679 07
3 组	8	486	275	56.58	0.101 141 87
4 组	7	394	189	47.97	0.194 356 4
全区	29	1 853	974	52.56	0.135 432 8

组别	个数	2009 年专任教师数	2009 年中级职称人数	2009 年中级职称教师比例（%）	基尼系数
1 组	8	553	309	55.88	0.117 425 65
2 组	7	427	244	57.14	0.079 480 21
3 组	6	435	230	52.87	0.103 485 37
4 组	7	398	206	51.76	0.144 524 86
全区	28	1 813	989	54.55	0.117 763 91

组别	个数	2011 年专任教师数	2011 年中级职称人数	2011 年中级职称教师比例（%）	基尼系数
1 组	7	496	271	54.64	0.095 942 08
2 组	5	399	214	53.63	0.053 065 39
3 组	6	469	255	54.37	0.100 246 29
4 组	7	409	225	55.01	0.118 868 56
全区	25	1 773	965	54.43	0.100 036 66

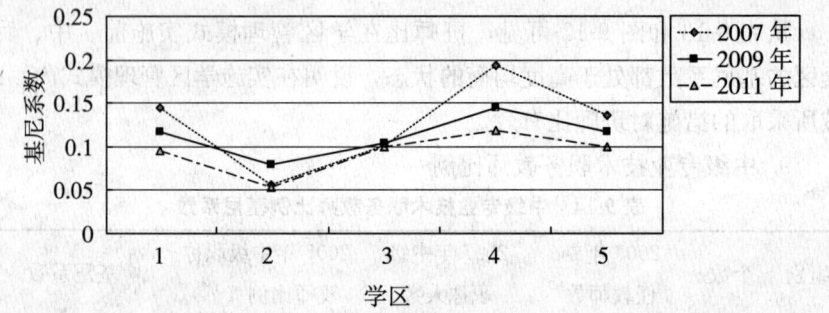

图 9-13　中级专业技术职务教师比例基尼系数对照图

从表 9-14 和图 9-13 可见，中级专业技术职务教师比例在学区管理模式实施前、中、后，全区的基尼系数都处于高度均衡的状态，但从 2007 年至 2011 年，全区的基尼系数逐步趋向于 0.1，说明学区管理模式对教育资源配置均衡有效。

10. 高级及以上专业技术职务教师比例

表 9-15　高级及以上专业技术职务教师比例基尼系数

组别	个数	2007 年专任教师数	2007 年高级职称人数	2007 年高级职称教师比例（%）	基尼系数
1 组	8	581	74	12.736 7	0.181 723
2 组	6	392	34	8.673 5	0.222 658
3 组	8	486	47	9.670 8	0.290 513
4 组	7	394	35	8.883 2	0.235 059
全区	29	1 853	190	10.253 6	0.250 745

组别	个数	2009 年专任教师数	2009 年高级职称人数	2009 年高级职称教师比例（%）	基尼系数
1 组	8	553	75	13.562 4	0.117 426
2 组	7	427	45	10.538 6	0.079 48
3 组	6	435	49	11.264 4	0.103 485
4 组	7	398	35	8.794 0	0.144 525
全区	28	1 813	204	11.252 1	0.234 297

组别	个数	2011 年专任教师数	2011 年高级职称人数	2011 年高级职称教师比例（%）	基尼系数
1 组	7	496	80	16.129 0	0.127 899
2 组	5	399	61	15.288 2	0.116 151
3 组	6	469	56	11.940 3	0.300 466
4 组	7	409	63	15.403 4	0.238 591
全区	25	1 773	260	14.664 4	0.217 319

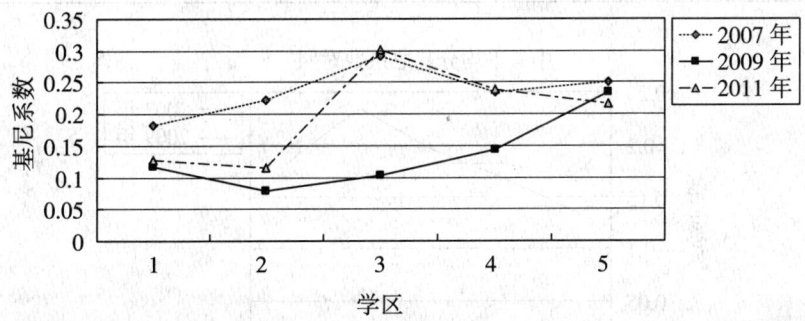

图 9-14　高级及以上专业技术职务教师比例基尼系数对照图

从表 9-15 和图 9-14 可见，高级及以上专业技术职务教师比例在学区管理模式实施前、中、后，全区的基尼系数都处于相对均衡的状态，但从 2007 年至 2011 年，全区的基尼系数逐步从 0.25 趋向于 0.2，说明学区管理模式对教育资源配置均衡有效。

（三）教育结果均衡

1. 中考平均分

表 9-16 中考平均分基尼系数

组别	个数	非学区模式中考人数	非学区模式总分	非学区模式平均分	基尼系数
1组	7	3 034	1 687 229	556.11	0.136 347 738
2组	7	3 214	1 744 101	542.66	0.167 574 43
3组	7	2 122	1 165 193	549.1	0.194 953 366
4组	7	2 368	1 335 914	564.15	0.235 307 063
全区	28	10 738	5 932 437	552.47	0.180 856 981

组别	个数	2009 年中考人数	2009 年总分	2009 年平均分	基尼系数
1组	7	2 638	1 344 904	509.82	0.168 347 438
2组	7	2 787	1 316 125	47 223.72	0.182 023 961
3组	6	2 368	1 148 979	48 521.07	0.181 183 033
4组	7	1 960	1 022 834	52 185.41	0.115 762 116
全区	27	9 753	4 832 842	49 552.36	0.181 985 764

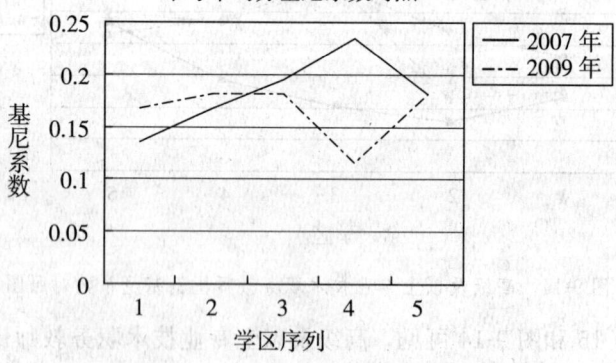

图 9-15 中考平均分基尼系数对比

从表 9-16 和图 9-15 可知，构建学区管理模式前后，中考平均分没有发生变化。构建学区管理模式前，除第四学区外，中考平均分基尼系数处于高度均衡的状态。构建学区管理模式后，第四学区中考平均分基尼系数从 0.23 的相对均衡的状态转化为 0.11 的高度均衡状态，说明学区管理模式，能较有效地促进教育结果均衡。

2. 中考毕业率

表 9-17 中考毕业率基尼系数

组别	个数	2007 年实际毕业人数	2007 年毕业人数	2007 年毕业率（%）	基尼系数
1 组	8	3 177	3 157	99.37	0.003 939 88
2 组	6	2 178	2 162	99.27	0.003 532 66
3 组	8	2 645	2 556	96.64	0.015 607 62
4 组	7	2 493	2 450	98.28	0.012 483 13
全区	29	10 493	10 325	98.40	0.011 524 45

组别	个数	2009 年实际毕业人数	2009 年毕业人数	2009 年毕业率（%）	基尼系数
1 组	8	2 934	2 888	98.43	0.006 025 86
2 组	7	2 816	2 756	97.87	0.021 505 01
3 组	6	2 413	2 310	95.73	0.016 208 75
4 组	7	2 006	1 967	98.06	0.011 088 95
全区	28	10 169	9 921	97.56	0.015 684 92

组别	个数	2011 年实际毕业人数	2011 年毕业人数	2011 年毕业率（%）	基尼系数
1 组	7	2 555	2 503	97.96	0.012 040 99
2 组	5	2 085	2 042	97.94	0.007 416 79
3 组	6	2 441	2 315	94.84	0.028 047 98
4 组	7	1 999	1 970	98.55	0.012 788 66
全区	25	9 080	8 830	97.25	0.017 663 85

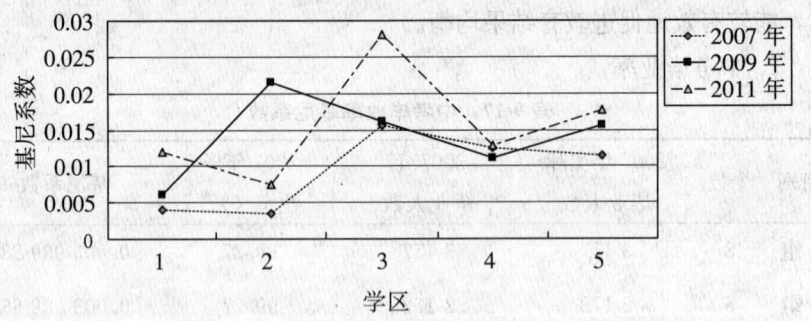

图 9-16　中考毕业率基尼系数对比

从表 9-17 和图 9-16 可见，中考毕业率在学区管理模式实施前、中、后，全区的基尼系数都处于高度均衡的状态，说明在实施学区管理模式前，区域所采取的措施有效。

3. 毕业生升学率

表 9-18　毕业生升学率基尼系数

组别	个数	2007 年实际毕业人数	2007 年升学人数	2007 年毕业升学率（%）	基尼系数
1 组	8	3 177	3 157	99.37	0.003 94
2 组	6	2 178	2 162	99.27	0.003 533
3 组	8	2 645	2 556	96.64	0.015 608
4 组	7	2 493	2 450	98.28	0.012 483
全区	29	10 493	10 325	98.40	0.011 524

组别	个数	2009 年实际毕业人数	2009 年升学人数	2009 年毕业升学率（%）	基尼系数
1 组	8	2 934	2 888	98.43	0.006 026
2 组	7	2 816	2 756	97.87	0.021 505
3 组	6	2 413	2 310	95.73	0.016 209
4 组	7	2 006	1 967	98.06	0.011 089
全区	28	10 169	9 921	97.56	0.015 685

组别	个数	2011 年实际毕业人数	2011 年升学人数	2011 年毕业升学率（%）	基尼系数
1 组	7	2 555	2 503	97.96	0.012 041
2 组	5	2 085	2 042	97.94	0.007 417
3 组	6	2 441	2 315	94.84	0.028 048
4 组	7	1 999	1 970	98.55	0.012 789
全区	25	9 080	8 830	97.25	0.017 664

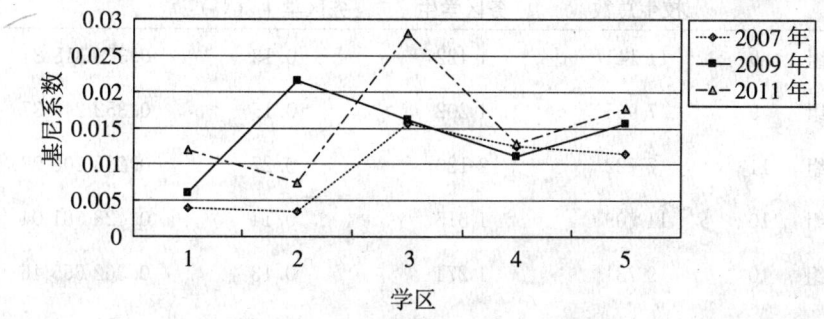

图 9-17 毕业生升学率基尼系数对比

从表 9-18 和图 9-17 可见，毕业生升学率在学区管理模式实施前、中、后，全区的基尼系数都处于高度均衡的状态，说明在实施学区管理模式前，区域所采取的措施有效。

二、小学部分综合分析

（一）入学起点均衡

1. 非服务区学生人数占在校生总数的百分率

表 9-19 非服务区学生人数占在校生总数百分率基尼系数

组别	个数	2007 年在校生总数	2007 年非服务区学生	2007 年非服务区学生（%）	基尼系数
1 组	10	11 779	1 613	0.14	0.374 630 19
2 组	9	8 445	1 115	0.13	0.358 727 79
3 组	13	9 122	2 111	0.23	0.239 703 49
4 组	10	12 134	2 620	0.22	0.617 827 07

续表

组别	个数	2007 年在校生总数	2007 年非服务区学生	2007 年非服务区学生（%）	基尼系数
5 组	10	10 191	1 171	0.11	0.426 143 89
6 组	15	11 296	3 635	0.32	0.389 686 24
全区	67	62 967	12 265	0.19	0.447 708 19

组别	个数	2009 年在校生总数	2009 年非服务区学生	2009 年非服务区学生（%）	基尼系数
1 组	9	11 141	1 422	0.13	0.375 318 81
2 组	9	7 905	1 202	0.15	0.352 245 37
3 组	11	7 722	2 120	0.27	0.238 206 98
4 组	10	11 709	1 615	0.14	0.428 581 04
5 组	10	9 731	1 274	0.13	0.362 655 46
6 组	10	11 121	4 105	0.37	0.317 441 33
全区	59	59 329	11 738	0.20	0.420 711 24

组别	个数	2011 年在校生总数	2011 年非服务区学生	2011 年非服务区学生（%）	基尼系数
1 组	8	10 225	2 472	0.24	0.429 131 21
2 组	8	7 574	1 372	0.18	0.261 086 18
3 组	10	7 297	2 614	0.36	0.228 158 06
4 组	9	11 043	1 919	0.17	0.309 057 82
5 组	10	9 591	1 609	0.17	0.338 482 77
6 组	11	12 945	4 909	0.38	0.312 733 08
全区	56	58 675	14 895	0.25	0.390 346 22

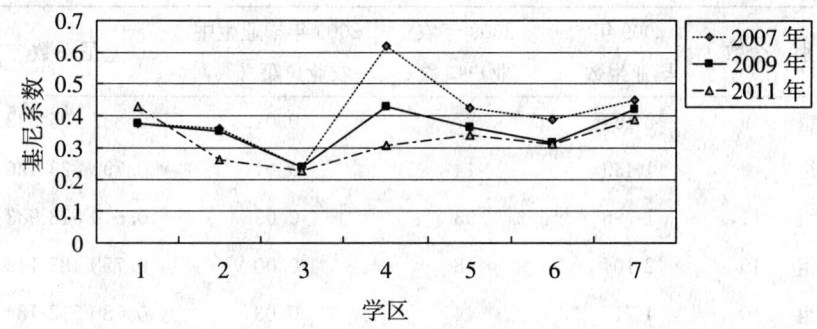

图 9-18　非服务区学生人数占在校生总数百分率基尼系数对照图

从表 9-19 和图 9-18 可见，非服务区学生人数占在校生总数的百分率在学区管理模式实施前、中，全区的基尼系数超过 0.4 的警戒线，处于差距偏大的状态；学区管理模式实施后，全区的基尼系数低于 0.4 的警戒线，并且从 2007 年至 2011 年，全区的基尼系数逐步从 0.44 的差距偏大状态趋向于 0.39 的比较合理状态，说明学区管理模式在为小学生提供"入学机会均等"方面有效。但小学第一学区的基尼系数从 0.37 的比较合理状态转化为 0.42 的比较合理状态，说明学区管理模式在具体的学区管理中需要时间的调控。

2. 进城务工农民子女入学率

表 9-20　进城务工农民子女入学率基尼系数

组别	个数	2007 年毕业生数	2007 年农业户口数	2007 年毕业生中农业户籍（%）	基尼系数
1组	10	2 266	25	0.01	0.802 934 537
2组	9	1 531	31	0.02	0.595 708 364
3组	13	1 919	33	0.02	0.725 296 049
4组	10	1 963	15	0.01	0.762 370 541
5组	10	1 714	48	0.03	0.738 145 049
6组	15	2 103	177	0.08	0.892 529 911
全区	67	11 496	329	0.03	0.842 499 597

组别	个数	2009年毕业生数	2009年农业户口数	2009年毕业生中农业户籍（%）	基尼系数
1组	9	2 164	27	0.01	0.837 196 533
2组	9	1 439	14	0.01	0.791 823 426
3组	11	1 796	93	0.05	0.610 518 983
4组	10	2 104	8	0.00	0.753 483 146
5组	10	1 716	44	0.03	0.780 512 18
6组	10	1 858	262	0.14	0.779 034 416
全区	59	11 077	448	0.04	0.858 867 597

组别	个数	2011年毕业生数	2011年农业户口数	2011年毕业生中农业户籍（%）	基尼系数
1组	8	1 625	26	0.02	0.729 375 272
2组	8	1 395	21	0.02	0.756 130 064
3组	10	1 437	81	0.06	0.680 756 014
4组	9	1 848	3	0.00	0.888 888 889
5组	10	1 725	43	0.02	0.824 757 282
6组	11	2 169	276	0.13	0.754 185 975
全区	56	10 199	450	0.04	0.842 779 309

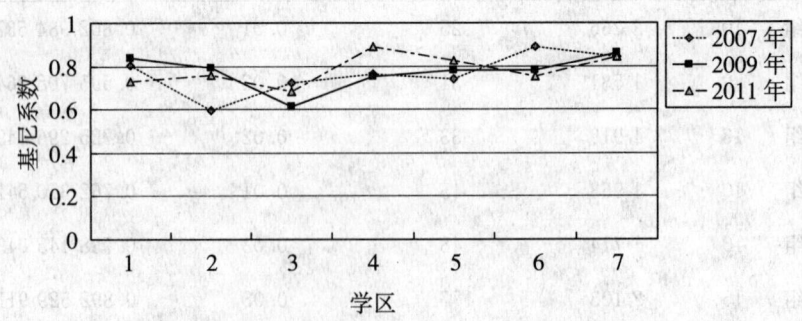

图 9-19　进城务工农民子女入学率基尼系数对照图

　　从表 9-20 和图 9-19 可见，进城务工农民子女入学率在学区管理模式实施前、中、后，全区的基尼系数都处于高度不均衡的状态，其中有两个学区的基尼系数分别从 0.8 下降为 0.73、0.89 下降为 0.75，说明学区管理模式在为学生提供"入学机会均等"方面有效。

3. 办学班额

表 9-21 办学班额基尼系数

组别	个数	2007 年在校学生数	2007 年班数	2007 年班额	基尼系数
1 组	10	11 779	261	45.13	0.029 179 74
2 组	9	8 445	201	42.01	0.065 513 656
3 组	13	9 122	231	39.49	0.039 324 811
4 组	10	12 134	279	43.49	0.033 387 216
5 组	10	10 191	237	43.00	0.023 171 413
6 组	15	11 296	274	41.23	0.041 582 905
全区	67	62 967	1 483	42.46	0.050 836 916

组别	个数	2009 年在校学生数	2009 年班数	2009 年班额	基尼系数
1 组	9	11 141	259	43.02	0.837 196 533
2 组	9	7 905	196	40.33	0.791 823 426
3 组	11	7 722	204	37.85	0.610 518 983
4 组	10	11 709	279	41.97	0.753 483 146
5 组	10	9 731	237	41.06	0.780 512 18
6 组	10	11 121	273	40.74	0.779 034 416
全区	59	59 329	1 448	40.97	0.054 321 803

组别	个数	2011 年在校学生数	2011 年班数	2011 年班额	基尼系数
1 组	8	10 225	243	42.08	0.023 302 418
2 组	8	7 574	191	39.65	0.041 674 673
3 组	10	7 297	195	37.42	0.038 594 63
4 组	9	11 043	271	40.75	0.045 932 197
5 组	10	9 591	240	39.96	0.027 102 238
6 组	11	12 945	310	41.76	0.052 618 177
全区	56	58 675	1 450	40.47	0.048 586 01

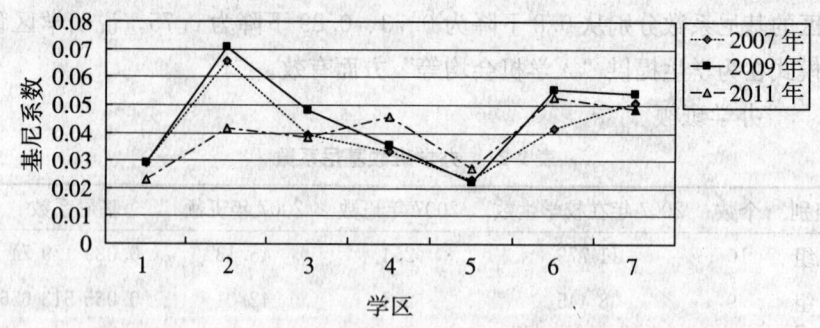

图 9-20 办学班额基尼系数对照图

从表 9-21 和图 9-20 可见，办学班额在学区管理模式实施前、中、后，全区的基尼系数都处于高度均衡的状态，但从 2007 年至 2011 年，全区的基尼系数从 0.05 下降为 0.048，说明学区管理模式对学生提供"享受入学资源"均等方面有效。

4. 专任教师数

表 9-22 专任教师数基尼系数

组别	个数	2007 年在校学生数	2007 年专任教师数	2007 年专任教师	基尼系数
1组	10	11 779	569	20.70	0.044 120 666
2组	9	8 445	432	19.55	0.075 282 747
3组	13	9 122	505	18.06	0.053 363 271
4组	10	12 134	594	20.43	0.040 925 477
5组	10	10 191	491	20.76	0.031 851 263
6组	15	11 296	602	18.76	0.097 560 949
全区	67	62 967	3 193	19.72	0.070 811 122

组别	个数	2009 年在校学生数	2009 年专任教师数	2009 年专任教师	基尼系数
1组	9	11 141	573	19.44	0.036 366 581
2组	9	7 905	445	17.76	0.095 374 022
3组	11	7 722	480	16.09	0.069 370 031
4组	10	11 709	614	19.07	0.043 930 305

续表

组别	个数	2009 年在校学生数	2009 年专任教师数	2009 年专任教师	基尼系数
5 组	10	9 731	515	18.90	0.030 798 936
6 组	10	11 121	608	18.29	0.110 545 515
全区	59	59 329	3 235	18.34	0.078 308 009

组别	个数	2011 年在校学生数	2011 年专任教师数	2011 年专任教师	基尼系数
1 组	8	10 225	554	18.46	0.023 302 418
2 组	8	7 574	435	17.41	0.041 674 673
3 组	10	7 297	453	16.11	0.038 594 63
4 组	9	11 043	595	18.56	0.045 932 197
5 组	10	9 591	518	18.52	0.027 102 238
6 组	11	12 945	688	18.82	0.052 618 177
全区	56	58 675	3 243	18.09	0.073 057 131

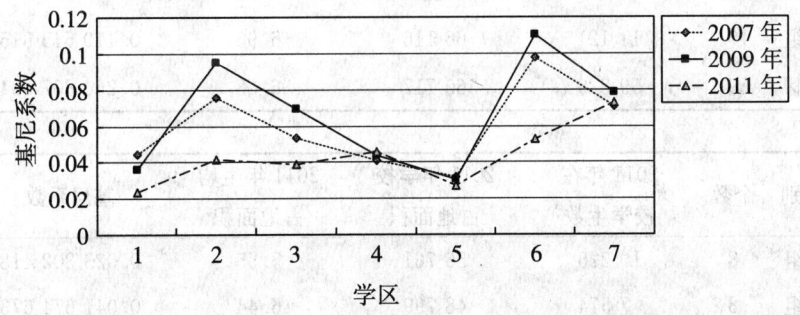

图 9-21　专任教师数基尼系数对照图

从表 9-22 和图 9-21 可见，专任教师数在学区管理模式实施前、中、后，全区的基尼系数都处于高度均衡的状态，说明在实施学区管理模式前，区域在为学生提供"享受入学资源"均等方面，所采取的措施有效。

（二）教育过程均衡

1. 生均占地面积

表 9-23　生均占地面积基尼系数

组别	个数	2007 年在校学生数	2007 年学校占地面积	2007 年生均占地面积	基尼系数
1组	10	11 779	62 539	5.31	0.177 229 21
2组	9	8 445	44 916	5.32	0.091 766 46
3组	13	9 122	53 643	5.88	0.145 253 243
4组	10	12 134	59 015	4.86	0.192 073 444
5组	10	10 191	94 939	9.32	0.322 347 356
6组	15	11 296	78 116	6.92	0.278 996 521
全区	67	62 967	393 168	6.24	0.257 298 383

组别	个数	2009 年在校学生数	2009 年学校占地面积	2009 年生均占地面积	基尼系数
1组	9	11 141	56 222	5.05	0.036 366 581
2组	9	7 905	42 181	5.34	0.095 374 022
3组	11	7 722	59 804	7.74	0.069 370 031
4组	10	11 709	61 973	5.29	0.043 930 305
5组	10	9 731	74 421	7.65	0.030 798 936
6组	10	11 121	66 116	5.95	0.110 545 515
全区	59	59 329	360 717	6.08	0.264 807 004

组别	个数	2011 年在校学生数	2011 年学校占地面积	2011 年生均占地面积	基尼系数
1组	8	10 225	56 761	5.55	0.023 302 418
2组	8	7 574	48 799	6.44	0.041 674 673
3组	10	7 297	76 281	10.45	0.038 594 63
4组	9	11 043	79 626	7.21	0.045 932 197
5组	10	9 591	74 010	7.72	0.027 102 238
6组	11	12 945	89 244	6.89	0.052 618 177
全区	56	58 675	424 721	7.24	0.251 504 423

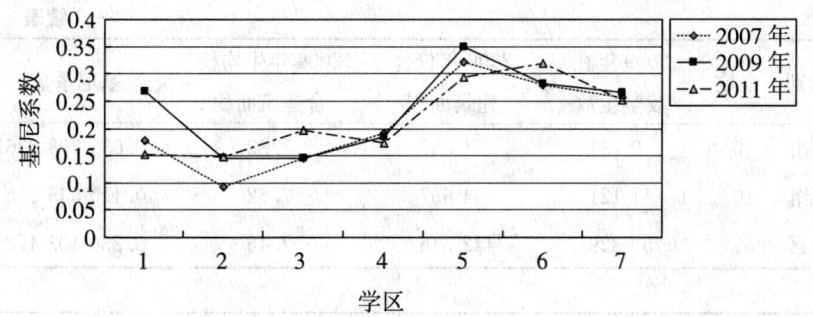

图 9-22　生均占地面积基尼系数对照图

从表 9-23 和图 9-22 可见，生均占地面积在学区管理模式实施前、中、后，全区的基尼系数处于相对均衡的状态，但小学第五学区的基尼系数从 0.32 转化为 0.27，说明学区管理模式对教育资源配置均衡有效。

2. 生均校舍面积

表 9-24　生均校舍面积基尼系数

组别	个数	2007 年在校学生数	2007 年校舍建筑面积	2007 年生均校舍建筑面积	基尼系数
1 组	10	11 779	75 840	6.44	0.195 275 207
2 组	9	8 445	63 233	7.49	0.099 947 143
3 组	13	9 122	74 246	8.14	0.169 625 247
4 组	10	12 134	70 499	5.81	0.181 561 009
5 组	10	10 191	70 042	6.87	0.196 278 654
6 组	15	11 296	88 451	7.83	0.265 996 334
全区	67	62 967	442 311	7.02	0.212 760 909

组别	个数	2009 年在校学生数	2009 年校舍建筑面积	2009 年生均校舍建筑面积	基尼系数
1 组	9	11 141	68 603	6.16	0.065 157 372
2 组	9	7 905	61 884	7.83	0.119 417 42
3 组	11	7 722	81 491	10.55	0.069 370 031
4 组	10	11 709	74 134	6.33	0.043 930 305

续表

组别	个数	2009 年在校学生数	2009 年校舍建筑面积	2009 年生均校舍建筑面积	基尼系数
5 组	10	9 731	71 537	7.35	0.030 798 936
6 组	10	11 121	84 697	7.62	0.110 545 515
全区	59	59 329	442 346	7.46	0.236 403 472

组别	个数	2011 年在校学生数	2011 年校舍建筑面积	2011 年生均校舍建筑面积	基尼系数
1 组	8	10 225	46 526	4.55	0.205 073 35
2 组	8	7 574	46 082	6.08	0.158 680 757
3 组	10	7 297	76 046	10.42	0.225 265 178
4 组	9	11 043	75 847	6.87	0.230 589 827
5 组	10	9 591	54 057	5.64	0.229 168 093
6 组	11	12 945	83 398	6.44	0.317 859 532
全区	56	58 675	381 956	6.51	0.268 907 509

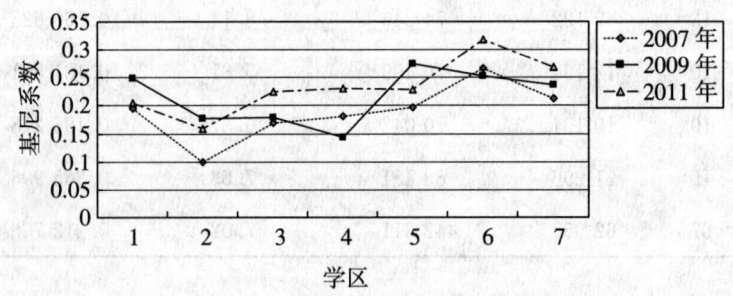

图 9-23　生均校舍面积基尼系数对照图

　　从表 9-24 和图 9-23 可见，生均校舍面积在学区管理模式实施前，全区的基尼系数处于相对均衡的状态，说明区域在实施学区管理模式前所采取的措施有效。

　　3. 生均运动场地面积

表 9-25 生均运动场地面积基尼系数

组别	个数	2007 年在校学生数	2007 年运动场地面积	2007 年生均运动场地面积	基尼系数
1 组	10	11 779	28 524	2.42	0.295 139
2 组	9	8 445	19 883	2.35	0.327 533
3 组	13	9 122	23 251	2.55	0.261 903
4 组	10	12 134	19 817	1.63	0.363 787
5 组	10	10 191	37 792	3.71	0.481 132
6 组	15	11 296	37 961	3.36	0.426 377
全区	67	62 967	167 228	2.66	0.403 479

组别	个数	2009 年在校学生数	2009 年运动场地面积	2009 年生均运动场地面积	基尼系数
1 组	9	11 141	28 435	2.55	0.065 157
2 组	9	7 905	20 006	2.53	0.119 417
3 组	11	7 722	202 991	26.29	0.069 37
4 组	10	11 709	22 972	1.96	0.043 93
5 组	10	9 731	35 158	3.61	0.030 799
6 组	10	11 121	29 470	2.65	0.110 546
全区	59	59 329	339 032	5.71	0.830 094

组别	个数	2011 年在校学生数	2011 年运动场地面积	2011 年生均运动场地面积	基尼系数
1 组	8	10 225	27 249	2.66	0.218 44
2 组	8	7 574	19 238	2.54	0.317 523
3 组	10	7 297	23 530	3.22	0.214 484
4 组	9	11 043	19 437	1.76	0.361 52
5 组	10	9 591	31 696	3.30	0.480 906
6 组	11	12 945	29 470	2.28	0.417 789
全区	56	58 675	150 620	2.57	0.368 519

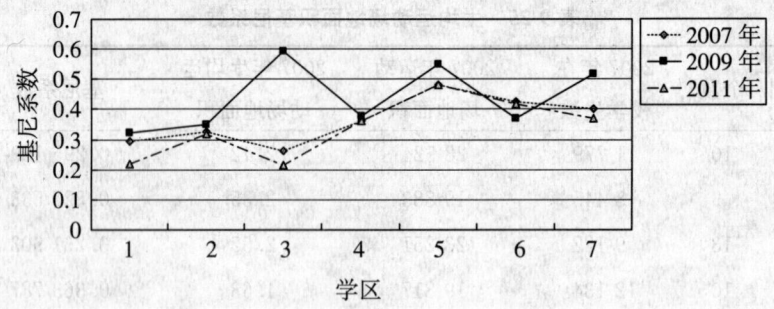

图 9-24 生均运动场地面积基尼系数对照图

从表 9-25 和图 9-24 可见，生均运动场地面积在学区管理模式实施前，全区的基尼系数超出 0.4 的警戒线，处于差距偏大的状态，学区管理模式实施后，生均运动场地面积的基尼系数从 0.4 的差距偏大状态转化为 0.36 的比较合理状态，说明学区管理模式对教育资源配置均衡有效。

4. 生均教学仪器设备值

表 9-26 生均教学仪器设备值基尼系数

组别	个数	2007 年在校学生数	2007 年教学仪器设备值面积	2007 年生均教学仪器设备值面积	基尼系数
1组	10	11 779	1 943.48	0.16	0.470 238
2组	9	8 445	1 691.51	0.20	0.373 057
3组	13	9 122	3 112.08	0.34	0.280 759
4组	10	12 134	3 176.34	0.26	0.402 509
5组	10	10 191	1 822.46	0.18	0.505 291
6组	15	11 296	3 187.74	0.28	0.301 802
全区	67	62 967	14 933.61	0.24	0.392 058

组别	个数	2009 年在校学生数	2009 年教学仪器设备值面积	2009 年生均教学仪器设备值面积	基尼系数
1组	9	11 141	1 603	0.14	0.532 258
2组	9	7 905	1 004	0.13	0.544 974
3组	11	7 722	2 944	0.38	0.274 909
4组	10	11 709	4 099	0.35	0.395 385

续表

组别	个数	2009 年在校学生数	2009 年教学仪器设备值面积	2009 年生均教学仪器设备值面积	基尼系数
5 组	10	9 731	3 320	0.34	0.389 973
6 组	10	11 121	4 406	0.40	0.357 988
全区	59	59 329	17 376	0.29	0.448 808

组别	个数	2011 年在校学生数	2011 年教学仪器设备值面积	2011 年生均教学仪器设备值面积	基尼系数
1 组	8	10 225	1 383	0.14	0.446 429
2 组	8	7 574	449	0.06	0.715
3 组	10	7 297	3 238	0.44	0.360 574
4 组	9	11 043	828	0.07	0.682 703
5 组	10	9 591	1 847	0.19	0.547 619
6 组	11	12 945	4 105	0.32	0.403 021
全区	56	58 675	11 850	0.20	0.568 065

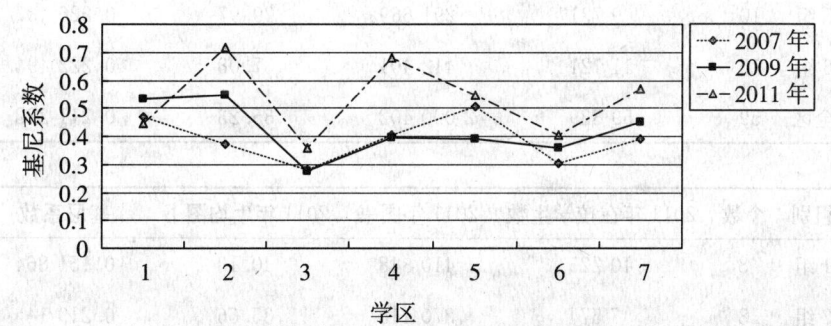

图 9-25　生均教学仪器设备值基尼系数对照图

　　从表 9-26 和图 9-25 可见，生均教学仪器设备值在学区管理模式实施前，全区的基尼系数在 0.4 的警戒线以下，学区管理模式实施后，全区的基尼系数超过了 0.4 的警戒线，说明学区管理模式对小学生均教学仪器设备值无效，且学区管理模式在具体的学区管理中需要时间的调控。

　　5. 生均图书数

表 9-27　生均图书基尼系数

组别	个数	2007 年在校学生数	2007 年图书	2007 年生均图书	基尼系数
1 组	10	11 779	412 953	35.06	0.120 42
2 组	9	8 445	284 493	33.69	0.137 461
3 组	13	9 122	467 607	51.26	0.227 643
4 组	10	12 134	334 104	27.53	0.133 318
5 组	10	10 191	309 641	30.38	0.122 707
6 组	15	11 296	410 017	36.30	0.231 279
全区	67	62 967	2 218 815	35.24	0.209 382

组别	个数	2009 年在校学生数	2009 年图书	2009 年生均图书	基尼系数
1 组	9	11 141	367 637	33.00	0.208 878
2 组	9	7 905	304 105	38.47	0.147 836
3 组	11	7 722	359 772	46.59	0.151 936
4 组	10	11 709	354 818	30.30	0.180 285
5 组	10	9 731	291 669	29.97	0.226 437
6 组	10	11 121	412 401	37.08	0.222 494
全区	59	59 329	2 090 402	35.23	0.211 222

组别	个数	2011 年在校学生数	2011 年图书	2011 年生均图书	基尼系数
1 组	8	10 225	410 348	40.13	0.151 864
2 组	8	7 574	270 115	35.66	0.219 14
3 组	10	7 297	386 083	52.91	0.153 922
4 组	9	11 043	313 174	28.36	0.282 764
5 组	10	9 591	297 888	31.06	0.242 875
6 组	11	12 945	411 005	31.75	0.293 012
全区	56	58 675	2 088 613	35.60	0.250 942

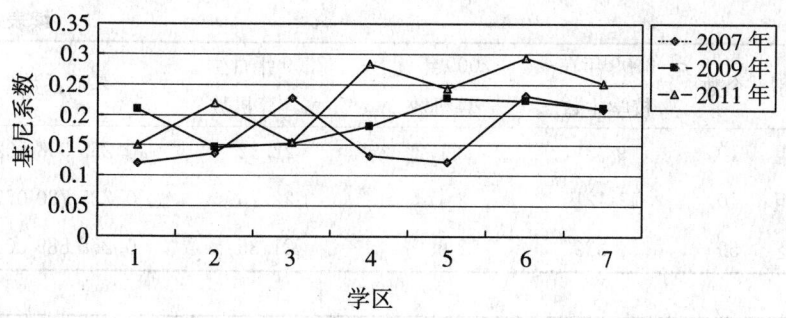

图 9-26　生均图书基尼系数对照图

从表 9-27 和图 9-26 可见，生均图书在学区管理模式实施前、中、后，全区的基尼系数处于相对均衡的状态，说明在实施学区管理模式前，区域对小学生均图书所采取的措施有效。

6. 百生均计算机数

表 9-28　百生均计算机基尼系数

组别	个数	2007 年在校学生数	2007 年计算机数	2007 年百生均计算机数	基尼系数
1 组	10	11 779	1 740	14.77	0.262 966 872
2 组	9	8 445	1 807	21.40	0.106 839 932
3 组	13	9 122	2 164	23.72	0.151 665 475
4 组	10	12 134	2 127	17.53	0.209 551 761
5 组	10	10 191	1 832	17.98	0.192 933 666
6 组	15	11 296	2 403	21.27	0.232 869 081
全区	67	62 967	12 073	19.17	0.210 557 737

组别	个数	2009 年在校学生数	2009 年计算机数	2009 年百生均计算机数	基尼系数
1 组	9	11 141	1 744	15.65	0.310 813 192
2 组	9	7 905	1 778	22.49	0.205 485 739
3 组	11	7 722	2 203	28.53	0.166 595 093
4 组	10	11 709	2 298	19.63	0.288 148 224

续表

组别	个数	2009 年在校学生数	2009 年计算机数	2009 年百生均计算机数	基尼系数
5 组	10	9 731	2 172	22.32	0.255 908 502
6 组	10	11 121	2 474	22.25	0.235 720 077
全区	59	59 329	12 669	21.35	0.258 889 001

组别	个数	2011 年在校学生数	2011 年计算机数	2011 年百生均计算机数	基尼系数
1 组	8	10 225	2 363	23.11	0.138 846 572
2 组	8	7 574	1 660	21.92	0.168 541 711
3 组	10	7 297	2 203	30.19	0.162 778 219
4 组	9	11 043	2 190	19.83	0.151 765 262
5 组	10	9 591	1 795	18.72	0.293 597 167
6 组	11	12 945	2 452	18.94	0.306 891 77
全区	56	58 675	12 663	21.58	0.228 417 779

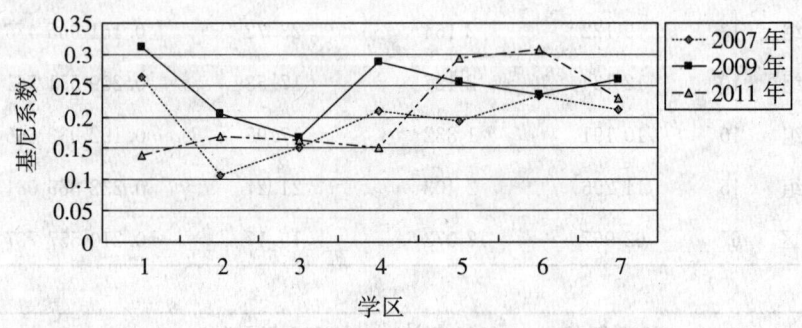

图 9-27　百生均计算机基尼系数对照图

　　从表 9-28 和图 9-27 可见，百生均计算机在学区管理模式实施前，全区的基尼系数处于相对均衡的状态，说明在实施学区管理模式前，区域对小学生百生均计算机数所采取的措施有效。

　　7. 师生比

表 9-29　师生比计算机基尼系数

组别	个数	2007 年在校学生数	2007 年专任教师数	2007 年师生比	基尼系数
1 组	10	11 779	569	20.70	0.044 123
2 组	9	8 445	432	19.55	0.075 322
3 组	13	9 122	505	18.06	0.053 393
4 组	10	12 134	594	20.43	0.040 954
5 组	10	10 191	491	20.76	0.031 883
6 组	15	11 296	602	18.76	0.097 579
全区	67	62 967	3 193	19.72	0.070 822

组别	个数	2009 年在校学生数	2009 年专任教师数	2009 年师生比	基尼系数
1 组	9	11 141	573	19.44	0.310 813
2 组	9	7 905	445	17.76	0.205 486
3 组	11	7 722	480	16.09	0.166 595
4 组	10	11 709	614	19.07	0.288 148
5 组	10	9 731	515	18.90	0.255 909
6 组	10	11 121	608	18.29	0.235 72
全区	59	59 329	3 235	18.34	0.078 311

组别	个数	2011 年在校学生数	2011 年专任教师数	2011 年师生比	基尼系数
1 组	8	10 225	554	18.46	0.037 409
2 组	8	7 574	435	17.41	0.051 885
3 组	10	7 297	453	16.11	0.076 556
4 组	9	11 043	595	18.56	0.065 997
5 组	10	9 591	518	18.52	0.036 259
6 组	11	12 945	688	18.82	0.099 727
全区	56	58 675	3 243	18.09	0.073 033

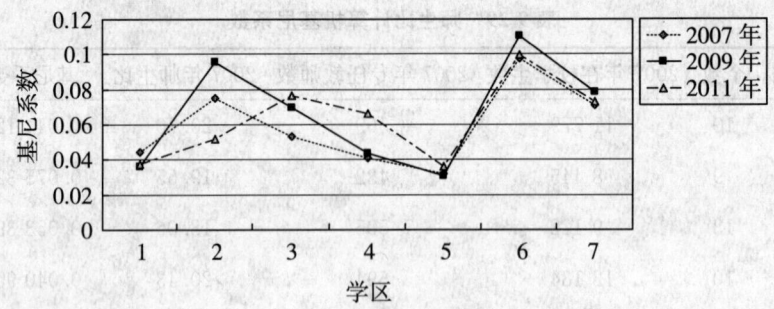

图 9-28　师生比计算机基尼系数对照图

从表 9-29 和图 9-28 可见，师生比计算机在学区管理模式实施前、中、后，全区的基尼系数都处于高度均衡的状态，说明在实施学区管理模式前，区域所采取的措施对小学师生比计算机数是有效的。

8. 班师比

表 9-30　班师比基尼系数

组别	个数	2007 年班数	2007 年专任教师数	2007 年班师比	基尼系数
1 组	10	261	569	2.18	0.047 358 6
2 组	9	201	432	2.15	0.045 925 2
3 组	13	231	505	2.19	0.035 097 4
4 组	10	279	594	2.13	0.030 434 8
5 组	10	237	491	2.07	0.030 921 4
6 组	15	274	602	2.20	0.081 911 5
全区	67	1 483	3 193	2.15	0.050 332 0

组别	个数	2009 年班数	2009 年专任教师数	2009 年班师比	基尼系数
1 组	9	259	573	2.21	0.024 142 384
2 组	9	196	445	2.27	0.031 823 085
3 组	11	204	480	2.35	0.056 058 83
4 组	10	279	614	2.20	0.031 156 463
5 组	10	237	515	2.17	0.022 639 78
6 组	10	273	608	2.23	0.069 702 435
全区	59	1 448	3 235	2.23	0.044 522 496

组别	个数	2011 年班数	2011 年专任教师数	2011 年班师比	基尼系数
1 组	8	243	554	2.28	0.026 004 889
2 组	8	191	435	2.28	0.020 444 566
3 组	10	195	453	2.32	0.066 999 566
4 组	9	271	595	2.20	0.032 286 796
5 组	10	240	518	2.16	0.021 554 117
6 组	11	310	688	2.22	0.067 553 288
全区	56	1 450	3 243	2.24	0.045 816 682

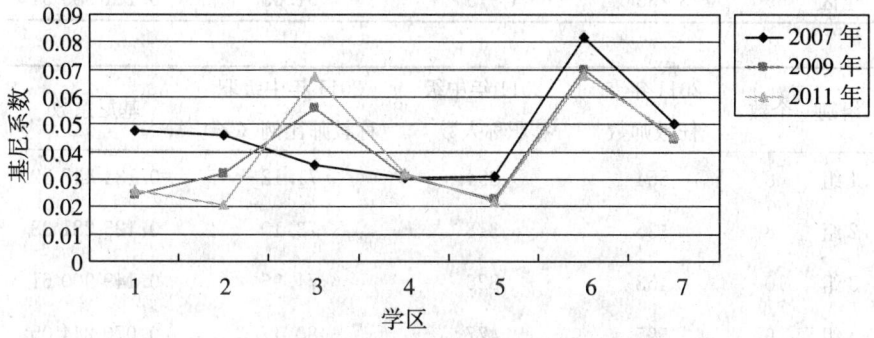

图 9-29 师生比基尼系数对照图

从表 9-30 和图 9-29 可见，班师比在学区管理模式实施前、中、后，全区的基尼系数都处于高度均衡的状态，说明在实施学区管理模式前，区域所采取的措施对班师比有效。

9. 中级专业技术职务教师比例

表 9-31 中级专业技术职务教师比例基尼系数

组别	个数	2007 年专任教师数	2007 年中级职称人数	2007 年中级职称教师比例（%）	基尼系数
1 组	10	569	311	54.66	0.159 610 07
2 组	9	432	278	64.35	0.098 179 43
3 组	13	505	268	53.07	0.132 151 32
4 组	10	594	390	65.66	0.077 342 4
5 组	10	491	314	63.95	0.099 238 3
6 组	15	602	260	43.19	0.193 568 6
全区	67	3 193	1 821	57.03	0.153 710 9

组别	个数	2009 年专任教师数	2009 年中级职称人数	2009 年中级职称教师比例（%）	基尼系数
1 组	9	573	354	61.78	0.024 142 38
2 组	9	445	300	67.42	0.031 823 09
3 组	11	480	246	51.25	0.056 058 83
4 组	10	614	454	73.94	0.031 156 46
5 组	10	515	344	66.80	0.022 639 78
6 组	10	608	277	45.56	0.069 702 43
全区	59	3 235	1 975	61.05	0.161 985 34

组别	个数	2011 年专任教师数	2011 年中级职称人数	2011 年中级职称教师比例（%）	基尼系数
1 组	8	554	394	71.12	0.134 447 32
2 组	8	435	318	73.10	0.125 281 38
3 组	10	453	326	71.96	0.149 900 61
4 组	9	595	477	80.17	0.070 244 05
5 组	10	518	360	69.50	0.107 010 36
6 组	11	688	355	51.60	0.225 952 11
全区	56	3 243	2 230	68.76	0.045 816 68

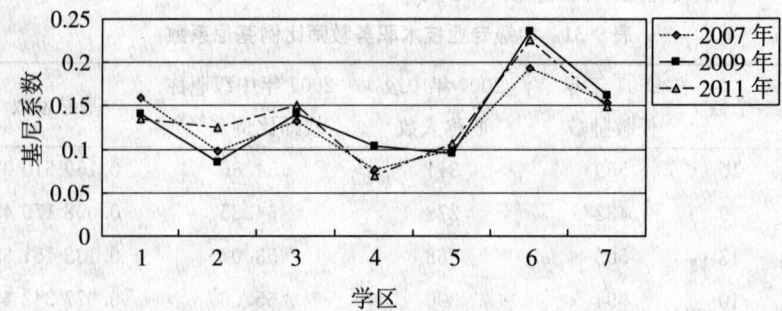

图 9-30　中级专业技术职务教师比例基尼系数对照图

从表 9-31 和图 9-30 可见，中级专业技术职务教师比例在学区管理模式实施前、中、后，全区的基尼系数都处于高度均衡的状态，但 2007 年至 2011 年，全区的基尼系数从 0.15 逐步趋向于 0.045，说明学区管理模式对教育资源配置均衡有效。

　　10. 高级及以上专业技术职务教师比例

表 9-32　高级及以上专业技术职务教师比例基尼系数

组别	个数	2007 年专任教师数	2007 年高级职称人数	2007 年高级职称教师比例（%）	基尼系数
1 组	10	569	1	0.175 7	0.9
2 组	9	432	0	0.000 0	—
3 组	13	505	0	0.000 0	—
4 组	10	594	0	0.000 0	—
5 组	10	491	0	0.000 0	—
6 组	15	602	0	0.000 0	—
全区	67	3 193	1	0.031 3	0.985 075

组别	个数	2009 年专任教师数	2009 年高级职称人数	2009 年高级职称教师比例（%）	基尼系数
1 组	9	573	0	0.000 0	—
2 组	9	445	0	0.000 0	—
3 组	11	480	0	0.000 0	—
4 组	10	614	1	0.162 9	0.9
5 组	10	515	0	0.000 0	—
6 组	10	608	1	0.164 5	0.9
全区	59	3 235	2	0.061 8	0.967 721

组别	个数	2011 年专任教师数	2011 年高级职称人数	2011 年高级职称教师比例（%）	基尼系数
1 组	8	554	0	0.000 0	—
2 组	8	435	0	0.000 0	—
3 组	10	453	0	0.000 0	—

组别	个数	2011年专任教师数	2011年高级职称人数	2011年高级职称教师比例（%）	基尼系数
4组	9	595	1	0.168 1	0.888 889
5组	10	518	0	0.000 0	—
6组	11	688	0	0.000 0	—
全区	56	3 243	1	0.030 8	0.982 143

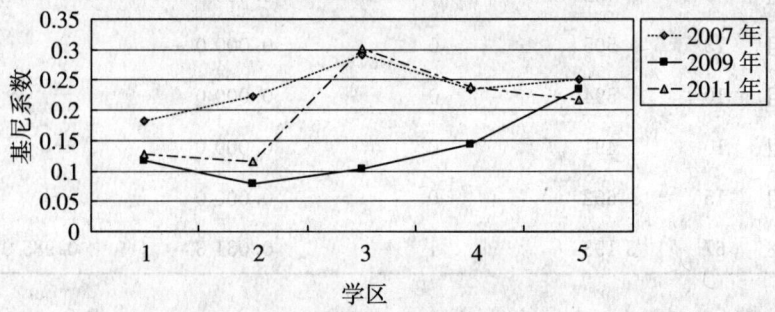

图 9-31　高级及以上专业技术职务教师比例基尼系数对照图

从表 9-32 和图 9-31 可见，高级及以上专业技术职务教师比例在学区管理模式实施前、中、后，全区的基尼系数都处于高度不均衡的状态，说明学区管理模式对小学高级专业技术职务教师比例无效。

（三）教育结果均衡

表 9-33　中学升学率基尼系数

组别	个数	2007年实际毕业人数	2007年升学人数	2007年毕业升学率（%）	基尼系数
1组	8	3 177	3 157	99.37	0.003 94
2组	6	2 178	2 162	99.27	0.003 533
3组	8	2 645	2 556	96.64	0.015 608
4组	7	2 493	2 450	98.28	0.012 483
全区	29	10 493	10 325	98.40	0.011 524

组别	个数	2009 年实际毕业人数	2009 年升学人数	2009 年毕业升学率（%）	基尼系数
1组	8	2 934	2 888	98.43	0.006 026
2组	7	2 816	2 756	97.87	0.021 505
3组	6	2 413	2 310	95.73	0.016 209
4组	7	2 006	1 967	98.06	0.011 089
全区	28	10 169	9 921	97.56	0.015 685

组别	个数	2011 年实际毕业人数	2011 年升学人数	2011 年毕业升学率（%）	基尼系数
1组	7	2 555	2 503	97.96	0.012 041
2组	5	2 085	2 042	97.94	0.007 417
3组	6	2 441	2 315	94.84	0.028 048
4组	7	1 999	1 970	98.55	0.012 789
全区	25	9 080	8 830	97.25	0.017 664

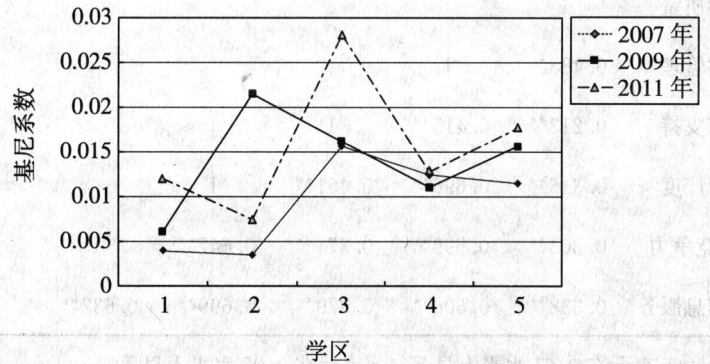

图 9-32 中学升学率基尼系数对照

从表 9-33 和图 9-32 可知，经过构建学区管理模式后，全区的中学升学率基尼系数达到了高度均衡的状态，但内部略有变化，说明学区管理模式对促进中学阶段教育结果均衡有效。

第三节　区域义务教育均衡状况满意度分析

一、调查问卷的统计分析

　　为调查教师和家长对区域教育均衡状况的满意度，以越秀区为案例，对越秀区内学校的教师和家长进行了问卷调查，共发放问卷 450 份，收回有效问卷 413 份。问卷涉及教学质量、教学管理、政府支持、教育广度、教育竞争力和教育信息服务六个方面，反映出区域教育均衡发展的基本情况（见表 9-35）。为检验问卷的科学性，对教学管理、教育广度和信息服务等项目进行了多元回归分析，对教师的教育资源评价进行了方差分析，结果见表 9-36、表 9-37。

表 9-34　越秀区教育均衡现状各维度的相关矩阵

	教学质量	教学管理	政府支持	教育广度	教育竞争力	教育信息服务
教学质量	1					
教学管理	0.488**	1				
政府支持	0.213**	0.415**	1			
教育广度	0.346**	0.696**	0.451**	1		
教育竞争力	0.303**	0.599**	0.374**	0.647**	1	
教育信息服务	0.338**	0.606**	0.379**	0.699**	0.632**	1

　　注：＊＊表示在 0.01 水平上显著；＊表示在 0.05 水平上显著。

　　从表中看出，各维度之间呈显著的正相关，说明这六个维度是紧密联系的，可以从不同的角度反映案例区教育的现状。

表 9-35　越秀区教学管理、教育广度和信息服务等预测区

教育竞争力的多元回归分析表

变量顺序	相关系数	决定系数	增加解释量	F 值	净 F 值	标准回归系数
教育广度	0.647	0.419	0.419	228.464	228.464	0.647
教学管理	0.695	0.483	0.064	147.656	39.268	0.399
信息服务	0.720	0.518	0.035	112.832	22.805	0.255

采用逐步回归的方法，用六个维度来预测区域教育的竞争力时，进入回归方程的显著变量有三个，多元相关系数为 0.720，其联合解释变异量为 0.518，这三个方面可以联合预测区域义务教育竞争力为 51.8%。就个别维度看，教育广度的预测力最佳，其解释量为 41.9%；其次为教学管理和信息服务，其解释量分别为 6.4% 和 3.5%。标准化的回归方程为：竞争力＝0.647×教育广度＋0.399×教学管理＋0.255×信息服务。

表 9-36　越秀区不同教师对区教育资源整体评价的方差分析

变异源	因变量	SS	df	MS	F	P
性别	教学质量	0.079	1	0.079	0.539	0.464
	学校管理	0.114	1	0.114	0.331	0.566
	政府支持	0.442	1	0.442	1.287	0.257
	教育广度	0.054	1	0.054	0.136	0.712
	教育竞争力	1.449	1	1.449	3.493	0.063
	信息服务	0.723	1	0.723	1.040	0.309
年龄	教学质量	0.668	2	0.334	2.274	0.105
	学校管理	0.270	2	0.135	0.391	0.677
	政府支持	0.696	2	0.348	1.013	0.364
	教育广度	0.009	2	0.004	0.011	0.989
	教育竞争力	0.231	2	0.116	0.278	0.757
	信息服务	0.029	2	0.014	0.021	0.980

续表

变异源	因变量	SS	df	MS	F	P
就读年级	教学质量	0.072	3	0.024	0.164	0.920
	学校管理	0.013	3	0.004	0.012	0.998
	政府支持	0.125	3	0.042	0.121	0.948
	教育广度	0.002	3	0.001	0.001	1.000
	教育竞争力	0.035	3	0.012	0.029	0.994
	信息服务	0.007	3	0.002	0.003	1.000

表 9-36 显示不存在统计学上的显著差异。

表 9-37 管理、师资、服务、升学率和知名度等预测区义务教育均衡发展总体满意度的多元回归分析表

变量顺序	相关系数	决定系数	增加解释量	F 值	净 F 值	标准回归系数
师资满意度	0.602	0.362	0.362	232.671	232.671	0.602
升学率满意度	0.639	0.408	0.046	140.990	31.819	0.453
服务意识满意度	0.661	0.437	0.029	105.598	21.015	0.256
管理满意度	0.666	0.443	0.006	80.935	4.347	0.176

采用逐步回归的方法,用六个维度来预测社会(家长)对区教育总体满意度时,进入回归方程的显著变量有四个维度,多元相关系数为0.666,其联合解释变异量为0.443,这四个维度可以联合预测家长对区教育总体满意度为44.3%。就个别维度看,师资满意度的预测力最佳,其解释量为36.2%;其次依次为升学率、服务意识和管理,其解释量分别为4.6%、2.9%和0.6%。标准化的回归方程为:总体满意度=0.602×师资满意度+0.453×升学率满意度+0.256×服务意识满意度+0.176×管理满意度。

二、区域教育均衡发展状况满意度的调查分析

1. 家长对越秀区教育质量的满意度高

据表 9-38 可见，家长选择让自己的孩子在越秀区读中小学主要考虑五个方面的因素，其中除了地理优势即家住在越秀区这一客观因素外，77.7％的家长认为教学质量高是主因，其次是校风好、学生素质高占49.3％，容易获取课外资源和课后管理好分别占 23.1％和 14.6％。

表 9-38　教师认为家长让学生选择在越秀区读书的主要原因分析

原因	频数（次数）	频数（％）	百分比（％）
教学质量高	293	35.5	77.7
容易获取课外资源	87	10.5	23.1
课后管理较好	55	6.7	14.6
住在越秀区	205	24.8	54.4
校风好学生素质高	186	22.5	49.3
总计	826	100	219.1

因此可以从七个方面调查了家长对越秀区教育的满意度情况，从表9-39 可见，这七个维度存在显著的正相关，说明该量表的七个维度所测的方向是一致的，能共同反应家长对越秀区教育的满意程度。从图9-33—图 9-39 所示，家长对越秀区在教育管理、师资、服务意识、升学率、知名度、总体情况等方面均满意程度很高。

表 9-39　越秀区义务教育均衡发展各维度的满意度的相关矩阵

	1	2	3	4	5	6	7
管理满意度	1						
师资满意度	0.808**	1					
总体满意度	0.572**	0.597**	1				
服务意识满意度	0.717**	0.780**	0.587**	1			
升学率满意度	0.559**	0.569**	0.519**	0.514**	1		
知名度	0.133**	0.184**	0.111*	0.169**	0.210**	1	
心理健康关注度	0.545**	0.551**	0.482**	0.522**	0.620**	0.147**	1

注：＊＊表示在 .01 水平上显著；＊表示在 .05 水平上显著。

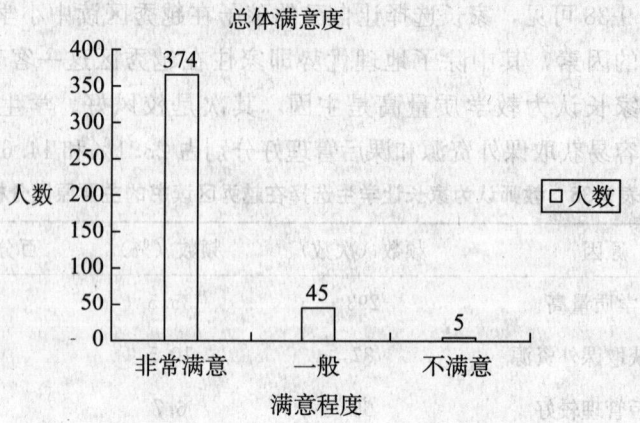

图 9-33　家长对越秀区义务教育均衡发展的总体满意度

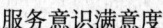

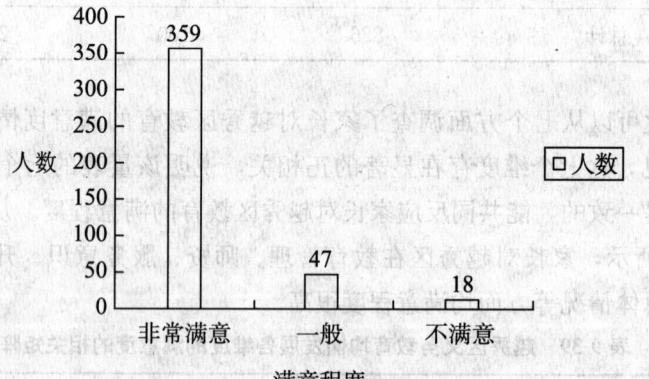

图 9-34　家长对越秀区教育服务意识的满意度

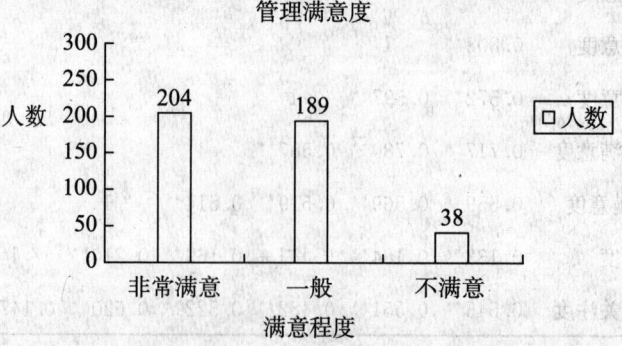

图 9-35　家长对越秀区教育的管理满意度

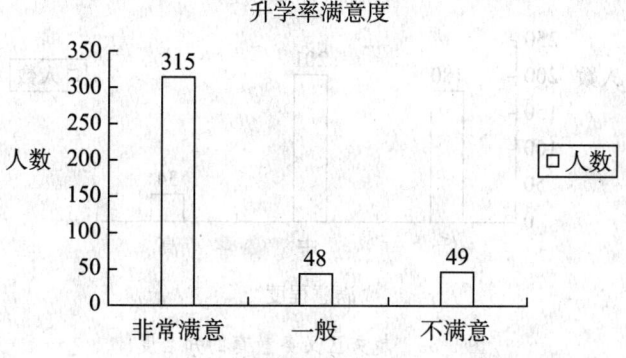

图 9-36 家长对越秀区教育的升学率满意度

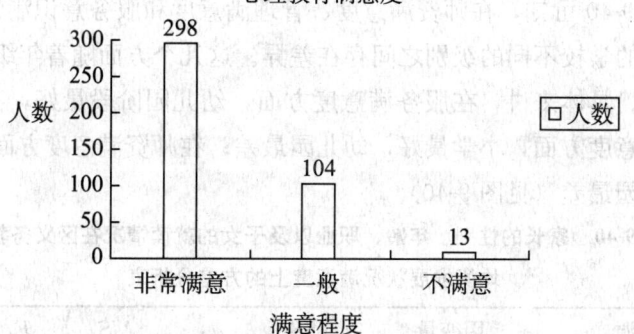

图 9-37 家长对越秀区心理健康教育的满意度

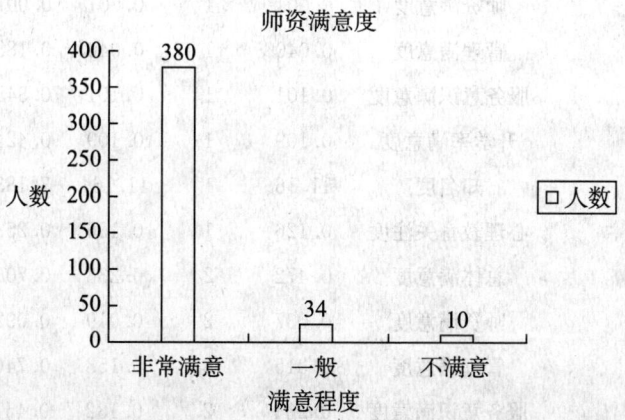

图 9-38 家长对越秀区教育的师资满意度

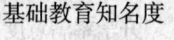

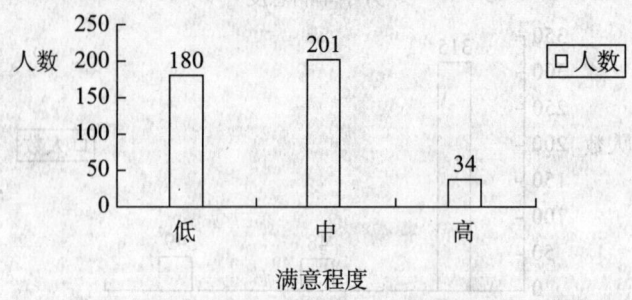

图 9-39　越秀区义务教育的知名度

2. 家长对越秀区教育均衡发展状况满意度与学生就读的学校层级相关

由表 9-40 可知，在师资满意度、管理满意度和服务意识满意度方面，学生就读的学校不同的级别之间存在差异。这几个方面随着年级的增加有递增趋势。具体来讲，在服务满意度方面，幼儿园阶段最好，高中最差；在管理满意度方面，小学最好，幼儿园最差；在师资满意度方面，高中最好，幼儿园最差（见图 9-40）。

表 9-40　家长的性别、年龄、职业以及子女的就读情况在区义务教育
均衡发展状况满意度上的方差分析表

变异源	因变量	SS	df	MS	F	P
性别	总体满意度	1.65	1	1.65	0.000	0.994
	师资满意度	0.001	1	0.001	0.007	0.934
	管理满意度	0.040	1	0.040	0.188	0.665
	服务意识满意度	0.101	1	0.101	0.345	0.558
	升学率满意度	0.109	1	0.109	0.424	0.516
	知名度	11.16	1	11.164	3.183	0.076
	心理教育关注度	0.126	1	0.126	0.253	0.615
年龄	总体满意度	0.472	2	0.236	0.706	0.494
	师资满意度	0.037	2	0.019	0.092	0.912
	管理满意度	0.315	2	0.158	0.746	0.475
	服务意识满意度	0.264	2	0.132	0.451	0.638
	升学率满意度	0.759	2	0.380	1.483	0.229

续表

变异源	因变量	SS	df	MS	F	P
	知名度	9.745	2	4.873	1.389	0.251
	心理教育关注度	0.136	2	0.068	0.137	0.872
子女就读年级	总体满意度	2.017	3	0.672	2.011	0.113
	师资满意度	2.252	3	0.751	3.671	0.013
	管理满意度	5.267	3	1.756	8.307	0.000
	服务意识满意度	3.359	3	1.120	3.817	0.011
	升学率满意度	1.745	3	0.582	2.273	0.081
	知名度	5.272	3	1.757	0.501	0.682
	心理教育关注度	1.304	3	0.435	0.871	0.457
职业	总体满意度	2.331	6	0.389	1.162	0.327
	师资满意度	2.180	6	0.363	1.777	0.104
	管理满意度	1.164	6	0.194	0.918	0.482
	服务意识满意度	1.564	6	0.261	0.889	0.504
	升学率满意度	1.509	6	0.252	0.983	0.437
	知名度	1.129	6	0.263	8.711	0.568
	心理教育关注度	0.578	6	0.096	0.193	0.979

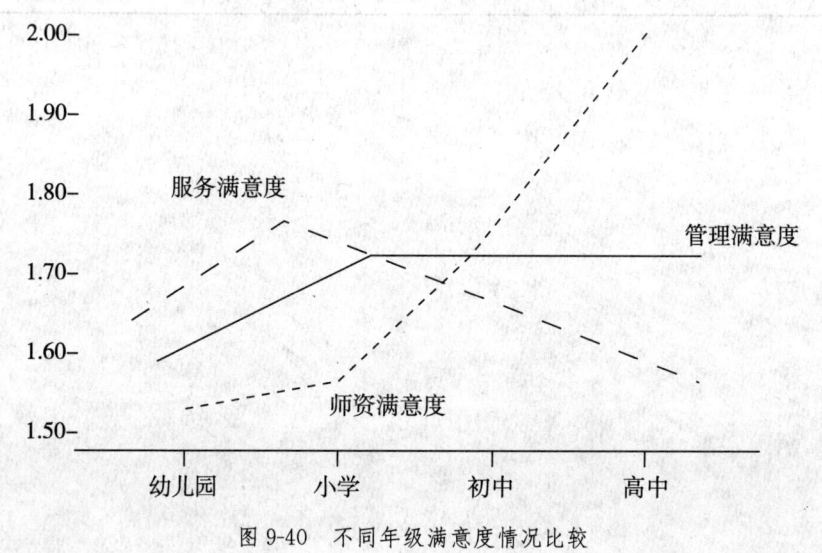

图 9-40 不同年级满意度情况比较

3. 教师对队伍建设及政府教育投入方面的满意度有待提高

据表 9-41 可知，在提高越秀区教育均衡发展方面，教师认为今后主要在队伍建设和政府教育投入这两个方面加大力度，分别占 76.6%、72.2%，其次是提高教学质量以及完善教育经费多元化的投入制度。

表 9-41　教师认为提高越秀区教育均衡发展需迫切解决问题分析

原因	频数（次数）	频数（%）	百分比（%）
提高教学质量	140	10.5	36.0
加强学校内部管理	101	7.5	26.0
加强教师队伍建设	298	22.3	76.6
政府加大教育投入	281	21.0	72.2
完善多元的教育经费投入制度	120	9.0	30.8
加大教育宣传	46	3.4	11.8
采取灵活的招生政策	60	4.5	15.4
大力扶持民办教育	19	1.4	4.9
大力开展教育服务	38	2.8	9.8
整合资源，完善终生教育体系	48	3.6	12.3
加强国际教育交流与合作	53	4.0	13.6
总计	1 339	100.0	344.2

第十章

优化区域学区管理的对策

教育均衡发展不仅是我们的教育理想和价值追求，也是我们制定区域教育政策要遵循的重要原则和衡量区域教育发展的重要标准，更是促进区域经济发展、构建和谐社会的基础。

第一节　优化区域学区管理模式的对策

区域义务教育均衡是由许多分力耦合而成，通过从起点公平到结果公平这一动态发展过程来体现。学区管理模式作为实现区域教育均衡的耦合力之一，它通过硬件资源、知识资源和人力资源三个变量的组合、联系和作用，影响着区域义务教育均衡发展的深度与广度。因此，为了要在全国范围内深化学区管理模式，我们提出以下的对策建议。

一、深化管理机制，为学区发展创设更为良好的制度环境

在研究中我们发现以下问题：第一，学区主任由于没有行政管理权，很难调配学区内学校校长分工完成学区研究任务，出现了学区主任布置的工作学区内校长不配合完成的现象，导致最后学区工作只能由学区主任所在的学校独立完成。第二，学区助理较难指挥学区内各学校管理员的工作，而学区内各学校管理员的工作仅停留在网上上传一些学区工作安排，他们的研究潜能还没有得到充分的发挥，这将不利于学区管理研究的顺利

开展。第三，学区内学校普遍没有一种"我与学区共发展"的意识，普遍没有认识到学区发展对学校自身发展的促进作用，这将在一定程度上影响学校在研究层面上参与学区工作的积极性。第四，学校教师参与学区建设研究的积极性不高，大多数教师还没有认识到学校发展与自身专业发展的关系，这将在一定程度上影响学校教师在研究层面上参与学区工作的积极性和教师的专业发展。

鉴于对以上问题的分析，我们建议采取以下对策。

第一，要建立学区主任与学区校长的组织管理机制，协调好学区主任与学区内其他校长的关系，使学区主任对本学区的发展理念、发展规划、发展措施能够在学区工作组中得到组员的认可与落实。同时，通过学区管理研究，提升区域学校管理队伍的整体水平，培养一支管理水平高、改革意识强、综合素质高、研究水平高、执行能力好的校长队伍。[1]

第二，建立学区助理与学区内学校管理员组织管理机制，明确学区助理与学区内学校管理员的管理关系，学区助理的工作职责，加强其理论与科研方法培训，使学区助理能够有能力组织好学区系列研究活动，统筹与协调安排本学区承担的研究任务，推进学区管理的深入发展。同时，通过学区管理研究，为区域教育培养一支服务意识强、服务质量好、研究能力优、综合素质高，运用教育政策为区域教育寻找和创造发展空间的教育行政管理队伍。[2]

第三，建立有效的评价机制，将学区发展与学区内学校发展捆绑起来，更新校长的办学理念，增加校长的改革意识，提高校长把握、规划学校发展方向的能力，拓展学校的发展机遇，建设品牌学校，实现学区发展带动学校发展和学校发展促进学区发展的目的，满足人民群众对优质教育的愿望；将学校发展与学校教师发展捆绑起来，以"名师培养工程"引领教师的专业发展，拓宽教师的视野，更新教师的知识结构，提升教师的研究能力，实现学校发展促进教师专业发展、教师专业发展提升学校发展水平的目的。[3]

第四，建立科学的人才培养动力机制，为学区的纵深发展提供宝贵的

---

[1][2][3] 蔡定基、周慧：《学区管理内涵与实践——以广州市越秀区为例》，载《中国教育学刊》2010 年第 8 期。

人力资源。人才的实践行为，可以推动区域教育的发展，可以提高区域教育的质量。而人的实践行为则取决于内在需要和周围环境的相互作用，教育主体的内在需要与其赖以生存的环境相互作用，共同形成带有动力源性质的动力机制。动力机制包括人才的内在动力机制与外在社会动力机制。内在动力机制受到外在社会动力机制制约和影响。外在社会机制是社会为人才提供的条件、资源和制度保障等，是对人才的认可和支持，其核心是激励与约束机制，包括人事制度、工资制度、奖惩制度、人才选拔制度、人才流动机制、民主管理制度、政治思想制度等。因此，只有建立科学的人才培养动力机制，才能调动人才的积极性，才能激活他们的创造性，使他们发挥出应有的作用。

二、强化资源整合，充分发挥名校的极化效应与扩散效应

"名校"是一个相对概念，是相对于一般的普通学校而言的。从概念上讲，名校是指校园文化符号丰厚，社会知名度高，为求学者所向往，在校学生及家长有较高满意度，社会满意度和行业认定度较高的学校。学校能提供优质教育，使受教育者成长得更健康，进步更快更大，特长发挥得更鲜明。名校是一种稀缺资源，名校的优质教育具有强烈的市场需求，在一定时期内，名校的优质教育资源暂时还满足不了人民群众日益增长的教育需求。同时，名校是历史形成的产物，是几代人和全社会共同努力的结果，因此就需要对现有教育资源进行合理的整合与利用，充分发挥名校的优势和其社会责任，对名校资源进行极化和扩散，促进优质教育资源的合理配置，提升办学水平，提高教育质量，以较高的教育效率和效益回报社会和人民群众。

三、加大人才培养和引进力度，实现师资队伍配置的均衡

师资力量的均衡是义务教育均衡发展中最重要的方面。根据《越秀区教育人才工程实施方案》及多项配套文件，打造以培养为主、引进为辅，以全方位、多层次的人才交流和管理为平台，通过3～5年的时间，打造一支数量充足、结构合理、师德高尚、业务精良的高素质教育人才队伍，全面提升干部和教师队伍综合素质和专业水平。鉴于此，我们建议采取以下对策。

第一，创新培训模式，实现教师整体水平的提高。继续实施《越秀区名校长、名教师"十一五"培养发展计划》，创新培训模式和培训内容，提高培训实效性；按照教师的成长规律和学校内涵发展的需要，制定阶梯式的、分层分类的培养目标和培养机制。

第二，深入实施名师工程，打造名师梯队。完善以"教坛新秀—区级名教师—市级名教师—省特级教师—省级名教师"为梯次的培养序列，制定名师示范辐射作用管理办法，明确名师示范辐射作用的基本职责和发展目标及具体要求，为名师创设一个发挥示范辐射作用的平台。

第三，建立流动机制，有效调控人力资源的合理配置。制定"双向选择"与"政府调控"相结合的人事调配政策，按照"政策引导、学区统筹、试点先行，逐步推开"的原则，通过实行"定期交流与深化人事制度改革相结合、调整充实与培训提高相结合"的策略，使干部教师交流制度化、规范化，进一步缩小校际间师资力量的差异，实现教育教学水平和教育教学能力的均衡。

第四，完善校长的培养与任用，实现教育管理水平的均衡。以校长为首的管理者队伍建设是学校发展的关键，发展教育必须抓好学校领导干部队伍建设。因此，要继续抓好校长任职资格培训和提高培训，推行校长竞争上岗制和校长负责制，实行定期轮岗和交流制度。建立校长目标考核、责任追究和辞职辞退的运行制度，逐步完善考核、激励和监督制度，通过科学的管理，规范校长的办学行为。

四、强化人力资源整合，充分发挥名师的引领作用

在研究中我们发现，我区有许多名校长、名教师和教坛新秀等宝贵的人力资源。但在实践中，这些宝贵的人力资源的示范性还不充分，起不到应有的引领作用。主要表现在两个方面。其一是名不见"经"传。这里的"经"指的是名校长名教师们经验论述。名校长名教师们是千锤百炼出深山，是千挑万选露芳名，但他们赖以成名的"真经"是什么？在哪里？怎么学？这都需要那些富有启发性和操作性的案例型经验介绍，这样才能使区内名师的"真经"得到广泛的学习和传播。其二是"只闻楼梯声，不见人下来"。名校长、名教师、新秀评出来后基本就束之高阁，有声无迹，虽然其中一些人也设了工作室，但影响不大。因此，我们建议：第一，要将

名师们的宝贵经验集结成册，供广大教师学习；第二，在成立"名师工作室"的基础上，保留传统意义上的"名人面对面"，将区内名师组织起来，成立一个讲师团性质的团队，有组织有计划地让他们巡回演讲或讲座，在巡回中给听众发调查问卷，挖掘区内有实力受欢迎的讲师人才；第三，形成以名师为带头人的学术团队，通过学术团队的学术研究与工作，手把手地带动一批年青教师的成长，提升教师队伍的整体专业水平。

五、强化知识资源整合，充分发挥学术专业引领作用

研究中发现，虽然各学区都设立了自己的教研组，基本形成了以区教育发展中心、学区教研组、学校教研组为框架的三级教研机构，互有优势，各施其能，能从不同层面推动全区整体教育教学质量的提高；但在学区教研组层面，由于该组织是新成立的，在机构和管理方面均存在经验上的不足，它没有区教育发展中心的专业内涵和管理约束（考勤、记分、反馈），也不像学校教研组是学校的直接管理者，组织上还比较松散，教研活动时间缺乏计划和保障，内容上技术含量小，还比较随意、苍白。要解决这些问题需要多管齐下，制度要配套，管理要跟上，教研的内涵更要有质地，能解决实际问题，能激发教师的热情参与。同时，在学区教研起始阶段要教育发展中心专家们的专业引领，更多地下沉到学区教研中，与学区共同构建和完善新的教研组织，培养学区的教研骨干队伍。

六、追求信息资源的高效应用，实现教育信息化的均衡

以教育信息化带动教育现代化是我区教育发展的战略选择。为此要进一步完善教育信息化建设，促进教育信息化应用向重实效、深层次、有特色方向发展；要积极发挥教育信息化优势，加大教育信息资源整合力度，将信息技术由影响教育外在形态向影响教育核心因素转变，推进教育创新；加大信息资源建设与应用力度，使前期投入更好地发挥效益；进一步提高教师课程整合水平及学生信息素养，使教育信息化这一区域教育特色更加鲜明、完善和成熟。

第二节 优化区域教育均衡发展的对策

教育发展是一项系统工程，教育均衡是一项长期的任务，是政府工作的目标和追求的价值取向。因此，为了在全国范围内促进区域义务教育持续发展，保持区域义务教育均衡动态、螺旋上升的发展趋势，提出以下对策建议。

一、优化区域教育均衡发展的政策

推动教育均衡发展，促进教育公平责任在政府。政府采取有力措施，提供更多的优质教育资源，为学校发展创造更好的政策环境是关键所在。因此，政府在实现区域基础教育均衡发展上可采取以下政策。第一，教育计划和财政的政策。政府可在学校设置、招生计划分配、教育经费分配、人事编制等方面对学校给予更多的政策倾斜，切实解决学校发展中存在的突出问题。第二，教育人事的政策。政府可制定对学校校长和教师进行选拔、任用、调配、培训、考核、奖惩、工资标准、福利标准等一系列的激励政策，激发广大教育工作者和教师从事教育工作的热情和信心，培养和留住一批优秀的人才，确保区域义务教育均衡与持续发展。第三，教育督导的政策。政府可制定对学校的教育管理、教育教学水平、学校持续发展等进行监督与检查的一系列政策，确保学校教育质量的均衡、和谐、持续发展，为办人民满意的教育奠定坚实的基础。第四，教育信息服务的政策。政府可制定向学校提供反映教育教学实际情况、特征和发展趋势、规律等各种教育信息的政策，确保区域教育均衡发展与运行。

二、优化区域教育均衡发展的途径

结合我区作为中心城区的区情，我们认为，要在全区范围内实现区域教育均衡发展的主要途径，可从以下几方面开展。第一，实现学区间教育均衡发展。目前，学区间的教育发展仍存在着一定的差距，要实现学区间教育的均衡发展，就要加大对学区教育的投入和督导力度。第二，实现学校间教育均衡发展。学区内学校教育发展的不均衡是造成学区发展不均衡的主要原因。因此，要不断地削峰填谷，使学校教育在原有发展的基础获得持续、优质发展，实现区域义务教育动态、螺旋上升的均衡发展趋势。第三，实现不同阶段教育的均衡发展。区域基础教育是由学前教育、小学阶段教育、初中阶段教育、高中阶段教育和职业教育构成，而我区的学前教育、小学阶段的教育发展相对较均衡，初中阶段和高中阶段的教育则处于均衡发展的过程中，特别是高中阶段的教育。因此，要加大初中阶段教育，特别是高中阶段教育均衡发展的力度。第四，实现不同群体间的教育均衡发展。目前，影响教育均衡的群体主要是校长、教导主任、教师群体和学困生群体等。因此，要加大培养和培训的力度，促进各个群体的均衡发展。

三、优化区域义务教育均衡发展的对策

（一）创新管理机制

由于区域教育均衡发展是一种动态、螺旋上升的发展趋势，也是一个漫长的发展过程。而如何有效解决区域义务教育均衡发展过程中的问题，是区域教育管理机制必须面临的问题。因此，创新管理机制是不断促进区域义务教育均衡发展的关键和保障。如建立和完善义务教育均衡发展的检测制度，定期对学校间的差距进行监测和分析，逐步建立规范化、科学化和制度化的义务教育质量监测评估体系和教学指导体系；建立人才培养和交流机制，促进学校间人才的均衡发展；建立学区均衡发展的激励机制，促进学区间的均衡发展；建立学区内学校均衡发展的激励机制，促进学校间的均衡发展。

（二）推进教育公平

区域义务教育不均衡主要表现在入学机会的不公平、教育过程的不公平、教育结果的不公平。因此，要进一步推进教育公平，就要做到以下几点。第一，深化现代学校制度改革。按照区域义务教育均衡发展的思想，改革学校制度，进一步调整学校结构。第二，改革招生制度，实现入学机会的公平。坚决按照就近入学的原则，努力从生源上缩小学校间的差距，即起点的差距，促进学校间合理的教育竞争，以满足社会的需求。第三，创新教学内容和教学方法，实现教育过程的公平。坚持将素质教育真正落

实到课堂，依据国家课程标准，从有效的角度设计与实施课堂教学，最大限度地发挥学生的潜能，提高教学质量，促进学生的全面与个性发展，使学生在校期间能够享受到高质量的教育。第四，构建科学的评价体系，实现教育结果的公平。由于目前的评价方式比较划一，不利于学校的均衡发展，因此要构建科学的评价体系，实现教育结果的公平。

（三）优化资源配置

科学、合理的优化教育资源配置是区域义务教育均衡发展的前提和基础。而要优化教育资源配置，首先，要建立教育资源配置的平衡机制，加大对"谷底"学校的投入，缩小学校间资源配置的差异。其次，要实施区域义务教育均衡发展的政策，在教育经费分配、硬件资源配备、校长与师资配备、教师培训与发展机会等方面体现公平与均衡。再次，实行教育资源共享，促进区域内优质教育资源的流动，使区域内的优质教育资源发挥最大的效应。

（四）进行教育补偿

优质教育资源是有限的，而社会对优质教育资源的需求则是无限的，为了鼓励共享优质教育资源，就要对优质教育资源共享贡献多的学区和学校进行教育补偿。如何补偿？可以以评价的方式，通过"资源共享信息化管理平台"采集优质教育资源共享信息，再通过座谈、访谈、核查等形式，从学区管理、学区资源、学区交流、成果成效四个维度，管理理念、管理机制、知识共享、场室共享、教师交流、行政交流、综合活动、获奖情况、学区发展、学区特色、场室奖励11个因子的定量评价，获得学区建设的基本信息，并通过定性评估对学区建设的状况进行研究分析，从而对各学区的工作作出科学判断和客观评价。然后，教育局依据各学区的获奖等级，发放相应的教育补偿奖金，补偿学校对优质教育资源最大化效益的发挥。

（五）打造校长队伍

俗语说，一个好校长，就是一所好学校。校长队伍的建设在教育均衡发展中起着牵引的作用。因此，要实现区域义务教育均衡发展，就要打造一支既懂教育又懂管理的高素质校长队伍。第一，实行校长职级制和落聘制，从根本上解决校长队伍配置不均衡的现状，从管理上提高现有学校的办学水平。第二，打破校际壁垒，实行校长校际间的合理流动，从管理人员配置上推动区域教育均衡发展。第三，实行校长挂职制，让更多普通学校的校长到名校挂职锻炼，学习名校先进的管理经验，带动普通学校管理水平的提高。第四，实行名校长评选制，让更多的在普通学校干出成绩、敢于创新、勇于突破的校长成为名校长。第五，成立"名校长"工作室，充分发挥名校长的典型作用和辐射作用，通过工作室带出更多的名校长。

（六）建设教师队伍

教师配置、教师素质、教师专业水平和教师队伍建设不仅是义务教育均衡发展的关键，也是深化素质教育的关键。因此，要实现区域义务教育均衡发展，就要建设一支专业水平优、综合素质高的教师队伍。第一，实行教师调配制，派遣优秀师范毕业生和选调优秀教师到普通学校任职，在教师配置上实现均衡。第二，实行骨干教师轮岗制，对骨干教师进行统一调配，按照一定的年限和比例进行定期轮岗，促进名校和普通学校的教学交流和教学水平的提高。第三，实行援教制，选派名校的名教师到普通学校示教，帮助普通学校提高学科教师的整体水平。第四，实行见习制，选派普通学校有发展前途的教师到名校见习锻炼，促进普通学校优秀教师的成长。第五，实行新秀评选制，让更多的新教师脱颖而出，加快新教师的成长。第六，实行名教师评选制，让更多的在普通学校理念先进、教法创新、经验丰富、特色鲜明的教师成为名教师。第七，实行名教师出国学习制，选派部分名教师到国外学习，开阔名教师的视野，提升名教师的理论水平。第八，实行名教师工作室制，充分发挥名教师的典型作用和辐射作用，通过工作室带出更多的名教师。

（七）提升学校办学品位

办学品位是对教育追求的一种境界和选择，是对学校发展的辨析与指引力，它引领着学校的持续发展，它告诉人们学校的办学目标是什么，学校要培养什么样的人才，学校的办学方式是什么。因此，学校办学品位的提高，是义务教育均衡发展的动态表现。要提升学校的办学品位，第一，要追求优质教育。因为只有优质的教育资源和教育质量，才会有高度、持久的办学效益和社会信誉，才会得到公众的承认和仿效，才会显示出学校持续发展的生命力。第二，要追求特色教育。因为学校在均衡发展的过程中，要"用心"办教育，要根据学校自身的实际情况，有创意地形成自己的办学风格，使学生享受优质的教育过程和教育结果，促进学生全面与个性发展。第三，要追求持续发展。因为办学品位的提高是在稳定的办学宗旨和目标的指引下，几代校长和教师经过长期的有计划、有步骤、坚持不懈努力的结果，是几代校长和教师不断攀登、继承与创新的结果。因此，学校要不断地优化硬件资源、人力资源和知识资源的建设，从内涵发展上促进学校的持续发展。第四，要追求文化建设。学校以传授人类文化知识、培养发展人为己任，因此学校的发展离不开校园文化建设。校园文化是学校物质文化、制度文化、精神文化的高度融合统一，它是学校的"魂"，它的形成不仅需要一个长期积淀的过程，也需要校长的坚守、付出与全体员工的努力，更需要加强对教师的管理与培养。因此，学校要不断地促进文化建设，使学生在教育过程中享受到良好的教育氛围和文化熏陶，获得精神的幸福，提升学生的精神境界和综合素质。

（八）扩大优质教育资源

目前，我国教育资源发展中最突出的问题是人民群众对优质教育的需求与优质教育资源供给不足的矛盾。因此，要实现区域教育均衡发展，就要扩大优质教育资源。第一，采取有效措施，调整教育政策，优化学校布局，实现优质教育资源的最大化。第二，实行规范化学校建设，走内涵式发展道路，重视办学思想、管理制度和师资队伍的创新，不断提高教育管理水平和教师队伍的专业水平，形成学校的办学特色。第三，在教学领域进一步深化素质教育，全面提高教育质量，努力提高每一所学校的教育教学质量。

（九）优化信息化管理

信息化管理既是当前教育所必需的一种教育教学管理条件，同时也是实现区域教育均衡发展的一种必要管理手段。因此，实现区域教育均衡发展，就要实现信息化管理。第一，配备与完善教育信息技术设施，搭建教育信息管理技术平台，实现区域内教育资源共享。第二，加强对教师和管理人员的信息技术能力培训，做到管理专业化，使用规范化，最大限度地提高投资效益。第三，实现信息化管理，用信息社会的思维方式、管理理念进行区域教育均衡化管理，使教育均衡化发展的信息传输更便捷，从而实现信息资源的共享，拆除传统的一层一级的管理藩篱，使管理者与学校、教师之间的交流和沟通更直接，提高管理效率，降低管理成本。

（十）建立评价标准和监控机制

实现区域教育均衡发展已成为全社会的共识，成为政府制定教育政策要遵守的重要原则，已成为衡量与评价区域教育发展的重要标准。因此，要实现区域教育均衡发展，就要建立科学的评价标准和监控机制。第一，创立评估机制，确保教育均衡发展的公平性。第二，建立科学、有效的区域教育均衡发展的评价指标，对区域务教育学校的办学条件和教育质量进行全面的评估。第三，制定区域教育均衡发展指数，通过经济学的基尼系数测量区域教育均衡发展状况，及时掌握区域教育均衡发展情况和趋势，并提供预警。

第十一章

结论及有待进一步研究的问题

第一节　研究的主要结论

学区管理模式与区域教育均衡发展相生相伴，无论是国外还是国内部分地区，通过学区管理促进区域义务教育均衡发展都取得了一定的成功，并使学区管理模式成为实现区域义务教育均衡发展的现实选择。本研究以学区管理模式为研究核心，以教育均衡理论和学习型组织理论为理论基础，围绕学区管理模式的提出、学区管理模式的界定、学区管理模式的运作机制、学区管理模式的信息化支撑平台、各种操作模式的选择、学区内学校均衡与特色发展的分析和深化对策等具有逻辑顺承关系的相关主题依次展开分析与论述。通过理论分析，统计数据分析与验证，信息化支撑平台的建设，相关案例的研究，分析与探寻学区管理模式的理论体系、操作模式，分析学校均衡与特色发展的关系及实现方式，形成深化学区管理与促进区域义务教育均衡发展的对策。通过分析研究，形成以下基本结论。

第一，在南部沿海地区中心城区和全国部分地区，在教育从"教育条件均衡的初级阶段"迈向"教育质量均衡的高级阶段"的过程中，教育资源对区域教育均衡发展的影响是非常重要的。尽管实现区域教育资源共享的方式多种多样，但学区管理则不言而喻是一种非常重要的实现方式。本研究明晰了立足于南部沿海地区中心城区、适合全国不同地区的学区和学区管理的定义：学区是区域教育机构根据教育教学的实际需要，将不同层次且地理位置相对集中的若干所学校组成资源共享、交流合作及共同发展的协作体，是为居住在一定地理空间范围内的儿童提供公共教育的区域单位；学区管理是在原有的区域教育管理和学校教育管理之间的一种以空间地域为界线，以地域内所有教育资源为内容，由教育行政机构、教育教学研究与培训机构、学校共同组织策划的整合教育资源、实行人才交流、实现资源共享、搭建发展平台、促进义务教育均衡发展的一种新型教育管理机制。①

第二，本研究通过分析南部沿海发达地区的中心城区——广州市越秀区学区管理模式的典型案例，归纳与总结出立足于南部沿海地区中心城区、适合全国不同地区的学区管理的特征：学区教育教学运行与管理的相对独立性，学区内部的相对同质性，学区内部的极化性，学区内部的扩散性，学区内部的系统性，学区内部的微观空间性，学区间的相对差异性，学区间的趋同性，学区间教育利益的一致性，学区间教育利益的矛盾性和学区间学习的团队性。

第三，学区管理模式是在区域教育资源内部分配不均和社会对教育发展的需求等内外因素共同影响下而产生的，其根源在于内部因素，即教育资源的分配不均。因此，本研究认为，促进区域教育均衡发展的学区管理，其内部影响要素是空间、资源（包括物质、人力、知识）、技术、制度和愿景，各要素通过相互联系与相互作用，达到资源配置与利用的最大化和教育效率、效益的最大化，从而促进区域义务教育均衡发展。

第四，本研究通过分析南部沿海发达地区的中心城区——广州市越秀区学区管理模式的典型案例，归纳与总结出改革区域教育管理机制，建立立足于南部沿海地区中心城区、适合全国不同地区的学区"一体化"管理机制和操作范式，从区域层面、学区层面、学校层面改革管理体制，形成联动机制，通过建立学区信息化平台、学区绩效评价机制实行学区高效管理，促进区域义务教育均衡发展。

第五，本研究通过分析南部沿海发达地区的中心城区——广州市越秀

---

① 蔡定基、周慧：《学区管理内涵与实践——以广州市越秀区为例》，载《中国教育学刊》2010 年第 8 期。

区学区管理模式的典型案例，归纳与总结出立足于南部沿海地区中心城区、适合全国不同地区的区域层面学区管理模式的操作范式：建立学区管理体系，建设学区管理平台，形成学区管理机制，成立学区教研组，探索各学区管理操作模式，实现学区教学资源共享，实现学区人力资源共享，搭建合作发展平台和建立学区评价体系。

第六，本研究通过分析南部沿海发达地区的中心城区——广州市越秀区学区管理模式的典型案例，归纳与总结出适合全国不同发展背景与发展条件的学校组合的三种学区管理模式：基于知识管理的"联盟模式"、基于资源管理的"集群模式"和基于品牌管理的"集团模式"，为全国不同地区区域内不同发展背景和发展方向的学校提供了操作范式。

第七，本研究通过分析南部沿海发达地区的中心城区——广州市越秀区学区内学校均衡发展的典型案例，归纳与总结出立足于南部沿海地区中心城区、适合全国不同地区的学区内学校均衡发展的定义：在"以县为主"的区域教育资源首次配置下，构建半行政性的学区共同体，进行教育资源的二次整合，通过资源共享、以强带弱、优势互补、资源开发等形式，拉近学区内学校在办学理念、教育理念、师资水平、办学软硬件、教学质量上的差距，从而保障学区内每一个受教育者在教育起点、教育过程、教育结果上的公平。同时，也归纳总结出立足于南部沿海地区中心城区、适合全国不同地区的学区内学校均衡发展的操作范式。并在此基础上，归纳总结出学区内学校在均衡发展的同时，实施特色发展的操作范式，在一定程度上解决了学校均衡发展与特色发展的矛盾。

第八，本研究通过分析南部沿海发达地区的中心城区——广州市越秀区学区管理模式对促进区域义务教育均衡发展的实证研究，验证了立足于南部沿海地区中心城区、适合全国不同地区的学区管理模式不仅是促进区域义务教育均衡发展的有效方式之一，也是影响着区域义务教育均衡发展的深度与广度的重要因素。

第九，学区管理的发展需要政府的支持与培育，政府应采取有力措施，提供更多的优质教育资源，为学校发展创造更好的政策环境。同时，政府要创新管理机制和和科学的监控机制，促进区域义务教育均衡与公平发展，满足人民群众对教育发展的需求。

第十，学区管理的发展需要学校全体教职员工的支持与积极参与，通过学区管理，提升区域学校教育教学队伍的整体水平，培养一支管理水平高、改革意识强、执行能力好、教学水平高、研究水平高、综合素质高的校长队伍和教师队伍。

第十一，学区管理的发展需要信息化支撑，通过信息化管理更新管理手段，创新管理方式，从而使管理者与学校、教师之间的交流和沟通更直接，从而提高管理效率，降低管理成本。

第二节　研究的不足与展望

学区管理模式的研究是近年来促进区域教育均衡发展的研究热点。在国内，对促进区域教育均衡发展的学区管理模式的发展较成熟的研究成果不多。三年来，在跟踪国内外学区管理理论发展的同时，我们对广州市越秀区学区管理进行了大量的案例研究和探索性研究，并作为该研究的主要研究内容。但是，仍存在一些不足之处和有待进一步研究的问题。

第一，依托信息化平台，进行学区管理。但还存在一些问题，如需要调动管理人员的积极性，教师的交流要进一步深化，资源的质量仍有提高的空间等。下一阶段，结合学区的试验经验，有必要对学区平台进行升级，以配合学区的进一步深化应用。学区管理平台要完善的主要包括两方面。一方面是完善积分统计。目前，学区平台仅仅对硬件资源提供者和使用者，以及教育资源的提供者进行积分，而其他人员对平台的贡献没有使用积分量化。因此，要增加平台管理人员的积分统计，增加资源评价的积分统计，完善学区交流活动的积分体制等。另一方面，学区内教师的交流主要是通过学区交流活动以及网上备课组来实现。但目前学区管理平台未能实现教师间的实时在线交流。因此，下一阶段要优化教师的交流方式，增加即时通信系统，提供视频、音频、文字、多媒体等交流方式，从而实现教师间实时的交流和互动。同时，把学区管理平台的所用应用系统整合到即时通信系统中，实现单点登录，教师可以通过即时通信系统直接进入学区平台，避免重复登录，使学区管理平台的使用更加人本化。

第二，学区管理模式是近年来出现的促进区域教育均衡发展的方式，相对成熟的学区管理模式不多。本研究虽然构建了区域层面的学区管理操作模式和不同背景与发展条件学校组合的三种学区管理操作模式，但由于时间和条件等各种因素的限制，对学区内学校均衡发展和学区均衡发展数据的采集和统计分析需要进一步加强研究。同时，学区管理模式在典型学区进行了探索，但研究的重点仅在学区内，对学区间的交流和区域间交流则由于时间和条件等因素的影响，目前还没有大范围的开展。因此，希望今后进一步加强这方面的研究工作。

第三，由于学区管理涉及教育管理体制的改革、教育管理人员和教师在区域内流动等的问题，涉及政府决策和管理体制，未能充分发挥其研究应有的效果。因此，本研究对深化学区管理和实现区域教育均衡发展提出了政策和进一步发展的建议。但由于在区域教育均衡发展中还会出现各种各样的新情况和新问题，对这一领域的研究还要进一步的跟踪、总结与创新。

主要参考文献

1. 孙培青、李国均主编：《中国教育思想史》第 3 卷，华东师范大学出版社 1995 年版。

2. 余凯成等编著：《人力资源管理》，大连理工大学出版社 2001 年版。

3. ［美］迈克尔·波特著，陈小悦译：《国家竞争优势》，华夏出版社 2002 年版。

4. 叶澜等著：《教师角色和教师发展新探》，教育科学出版社 2002 年版。

5. 冯大鸣主编：《沟通与分享：中西教育管理领衔学者世纪汇谈》，上海教育出版社 2002 年版。

6. 贾华强等著：《经济可持续发展的人力资源开发》，中国环境科学出版社 2002 年版。

7. 陈孝彬主编：《外国教育史》，人民教育出版社 2003 年版。

8. 罗志勇著：《知识共享机制研究》，北京图书馆出版社 2003 年版。

9. 朱家存著：《教育均衡发展政策研究》，中国社会科学出版社 2004 年版。

10. 彭世华著：《发展区域教育学》，教育科学出版社 2004 年版。

11. 张海经主编：《现代学校管理制度的探索与实践》，广东教育出版社 2004 年版。

12. 张毅龙编著：《基础教育管理》，岳麓书社 2005 年版。

13. 潘海燕主编：《教师的教育科研与专业发展》，中国轻工业出版社 2006 年版。

14. 侯光明等著：《组织系统科学概论》，科学出版社 2006 年版。

15. 黄林芳著：《教育机制发展论》，上海财经大学出版社 2006 年版。

16. ［法］雅基·西蒙，热拉尔·勒萨热著，安延译：《法国国民教育的组织与管理》，教育科学出版社 2007 年版。

17. 孙孔懿著：《学校特色论》，人民教育出版社 2007 年版。

18. 周南照等主编：《教师教育改革与教师专业发展》，华东师范大学出版社 2007 年版。

19. 付亚和、许玉林主编：《绩效管理》，复旦大学出版社 2007 年版。

20. 赵海东著：《资源型产业集群与中国西部经济发展研究》，经济科学出版社 2007 年版。

21. ［美］Germaine L. Taggart, Alferd P. Wilson 著，赵丽译：《提高教师反思力 50 策略》，中国轻工业出版社 2008 年版。

22. 翟博著：《教育均衡发展论》，人民教育出版社 2008 年版。

23. 经济合作与发展组织编，胡丽娟译：《创新网络——走向学校管理和教育管理的新模式》，教育科学出版社 2008 年版。

24. 王晋堂著：《教育：从均衡走向公平》，北京师范大学出版社 2008 年版。

25. 陈钰芬、陈劲著：《开放式创新机理与模式》，科学出版社 2008 年版。

26. 包国宪、鲍静主编：《政府绩效评价与行政管理体制改革》，中国社会科学出版社 2008 年版。

27. 孙亚玲著：《课堂教学有效性标准研究》，教育科学出版社 2008 年版。

28. 孙绵涛、罗建河著：《西方当代教育管理理论流派》，重庆大学出版社 2008 年版。

29. 白万纲著：《战略联盟——集团横向管控的外延表现》，中国发展出版社 2008 年版。

30. 王风彬、赵民杰编著：《企业集团管控体系——理论·实务·案例》，经济管理出版社 2008 年版。

31. ［美］彼得·圣吉著，张成林译：《第五项修炼——学习型组织的艺术与实践》，中信出版社 2009 年版。

32. 李宝元著：《人力资本论基于中国实践问题的理论阐释》，北京师范大学出版社 2009 年版。

33. 丁钢主编：《全球化背景下的教师专业发展创新计划》，北京师范大学出版社 2009 年版。

34. 马健生主编：《现代教育制度与思想》，高等教育出版社 2009 年版。

35. 李作学编著：《人力资源管理》，人民邮电出版社 2009 年版。

36. 陶继新主编：《名校长核心教育力》，西南师范大学出版社 2009 年版。

37. ［美］戴维·B. 秦亚克著，赵立玮译：《一种最佳体制——美国城市教育史》，上海人民出版社 2010 年版。

38. 蔡定基主编：《构建学区管理模式 促进教育优质均衡发展》，广东教育出版社 2010 年版。

39. 薛澜、李腾：《知识促进发展：第二届全球知识大会后记》，载《光明日报》2000 年 4 月 3 日。

40. 章清：《传统：由知识资源到学术资源》，载《中国社会科学》2000 年第 4 期。

41. 郭朝红、王彬：《美国学区的特点与运行机制》，载《上海教育科研》2001 年第 1 期。

42. 黄兆良：《知识资源及其物化》，载《资源科学》2001 年第 7 期。

43. 司江伟：《20 世纪刚性管理与柔性管理发展的对比》，载《科学管理研究》2003 年第 8 期。

44. 刘芳：《教师专业发展之策略》，载《教育探索》2003 年第 9 期。

45. 陶西平：《教育优质均衡发展的重要保证》，载《教育科学研究》2004 年第2 期。

46. 商丽浩：《审视美国教育筹资制度》，载《比较教育研究》2004 第5 期。

47. 乐毅：《学区学校质量管理的一种有效尝试：标准、理论与实践》，载《教育理论与研究》2004 第9 期。

48. 王倩：《民国教育史上一次"昙花一现"的大学院与大学区制的试行》，载《河北师范大学学报（教育科学版）》2004 年第9 期。

49. 张振华：《对人力资源概念内涵与外延的界定》，载《阴山学刊》2004 年第11 期。

50. 北京市东城区教育委员会：《新型学区管理组织结构与运行机制》，载《北京教育》2005 年第2 期。

51. 查品洋：《大型高中"学区"运行机制及管理体系的构建与实施》，载《义务教育参考》2005 年第7 期。

52. 牛慧、石瑞芹、梁慧娟：《现代教育技术用于"教师网上集体备课"的实践探索》，载《全球教育展望》2005 年第8 期。

53. 李奕：《实行学区化管理　实现区域内各类教育资源的深度整合》，载《中小学管理》2006 年第2 期。

54. 杨清、詹伟华：《构建区域教育管理的"亚单元结构"》，载《中小学信息技术教育》2006 年第2 期。

55. 洪浩：《美国义务教育管理的特点》，载《教育情报参考》2006 年第3 期。

56. 李瑛：《我国教师专业发展研究综述》，载《巢湖学院学报》2006 年第8 期。

57. 柳清秀、唐勇：《在学习型社区中实施扁平化教育管理的思路》，载《广西社会科学》2006 年第10 期。

58. 卢娜：《学区化管理的实践与思考》，载《辽宁教育研究》2007 年第2 期。

59. 北京市东城区教委：《学区化管理：义务教育均衡发展的新探索》，载《前线》2007 年第3 期。

60. 姚莉：《学区管理》，载《辽宁教育》2007 年第7 期。

61. 李西亭、张丹：《教师专业发展的策略探析》，载《现代教育科学》2007 年第10 期。

62. 王超：《欧洲高等教育一体化与多元化并存的合理性、实质及启示》，载《外国教育研究》2008 年第2 期。

63. 谢惠存：《教师专业发展的途径》，载《运城学院学报》2008 年第2 期。

64. 柳艳芳：《联合学区：教育均衡化的有益实践》，载《天津教育报》2008 年3 月7 日第3 版。

65. 金加其：《基于网络平台的"一课多研"》，载《全球教育展望》2008 年第 6 期。

66. 吴佩国：《构建区域教师成长共同体》，载《上海教育科研》2008 年第 6 期。

67. 熊梅、李洪修：《教师专业发展：一种合作的视角》，载《外国教育研究》2008 年第 9 期。

68. 严云鸿：《高校柔性管理的本质及其体现》，载《社科纵横》2008 年第 12 期。

69. 邱运山：《践行中心学校管理模式 推进学区教育均衡发展》，载《湖北教育（教育教学）》2009 年第 2 期。

70. 《2008 年越秀区国民经济和社会发展统计公报》，2009 年 3 月。

71. 薛弥、许良：《美国三级教育行政管理体制的简介及启示》，载《上海理工大学学报》2009 年第 3 期。

72. 冯刚、姚志强：《美国学区管理权利分布发展态势》，载《世界教育信息》2009 年第 5 期。

73. 王平：《论知识资源：概念辨析及其操作化》，载《图书·情报·知识》2009 年第 7 期。

74. 周生芳：《学区制改革中的机构调整与挑战——基于 F 县的案例分析》，载《当代教育科学》2009 年第 8 期。

75. 冯刚、姚志强：《美国学区管理方式的发展态势》，载《天津电大学报》2009 年第 9 期。

76. 陈军：《区域推进：建设特色学校是义务教育均衡发展的走向》，载《人民教育》2010 年第 3 期。

77. 蔡定基、黄崴：《学区管理信息化支撑平台应用价值分析——以广东省广州市越秀区为例》，载《中国教育学刊》2010 年第 3 期。

78. 尹祥：《中小学学校特色研究述评》，载《江苏教育研究》2010 年第 4 期。

79. 漆新贵、蔡宗模：《特色学校建设：内在生成的理念》，载《中小学学校管理》2010 年第 6 期。

80. 于胜刚、邬志辉：《简述美国农村学区布局调整（1930—1998）》，载《学术论坛》2010 年第 6 期。

81. 蔡定基、周慧：《学区管理内涵与实践》，载《中国教育学刊》2010 年第 8 期。

后记

本书是全国教育科学"十一五"规划国家一般课题"构建学区管理模式，促进基础教育均衡发展"的研究成果。

本课题始于 2008 年，立项之初，叶选平同志以"春华秋实"题词励志，令人铭恩感德。研究和实验历时多年，几易其稿，终于如期完成。在成书之际，衷心感谢广东省教育厅、广州市教育局，特别是广州市副市长贡儿珍、越秀区区委书记武延军、区长王焕清、副区长于欣伟等同志的关心和支持。越秀区作为全国知名的教育强区，始终把教育放在优先发展的位置，历届区委、区政府高度重视教育，实施科教兴区、人才强区的战略方针，运筹帷幄，高屋建瓴地把握教育的脉搏，通过各种举措，加大公共资源的整合力度，进一步推进区域教育均衡发展，促进教育公平，满足人民群众对优质教育的需求。2007 年，越秀区委、区政府决定在区属学校义务教育阶段启动实施"构建学区管理模式"建设项目，以贯彻落实教育部《关于进一步推进义务教育均衡发展的若干意见》精神，进一步推进越秀教育均衡发展，促进教育公平。

在整个研究过程中，越秀区教育局的同事们辛勤工作，大力配合，感人至深，特别是 10 个学区的校长、教师们，为本书的撰写提供了丰富的实践经验和案例素材，为课题的顺利开展提供了切实的帮助。

我还深受我的老师——中山大学黄崴教授的恩泽，在整个研究过程中，他都给予我悉心的帮助和指导。他以严谨的治学态度、缜密的思维能力、深厚的理论功底影响着我，使我在研究过程中始终抱着严肃、科学、认真的态度。

同时，中山大学副校长喻世友教授、越秀区人民政府副区长于欣伟在百忙之中为本书作序，这让我深受鼓舞与鞭策；还令我深受感动的是人民教育出版社郭戈、吕达、张廷凯、刘立德等先生为本书的编写出版给予的大力支持和帮助。

最后，我要对理解、支持和关心我的家人以及给予我任何形式帮助的朋友们致以诚挚谢意。

本书只是我研究区域教育均衡问题的开始，有许多问题还待深入研究。由于本人水平有限，本书还存在一些不足之处，敬请各位行家指正，欢迎更多的同行关注学区建设，共同促进教育均衡发展。

蔡定基

2012 年 10 月于广州